포스트휴머니즘의 쟁점들

포스트휴머니즘의 쟁점들

Issues in Posthumanism

지은이	강우성, 김성호, 박인찬, 유선무, 이동신, 정희원, 황정아
펴낸이	조정환
책임운영	신은주
편집	김정연
디자인	조문영
홍보	김하은
총서 분류	카이로스총서 74 Mens
도서 분류	1. 인문학 2. 사회학 3. 철학 4. 현대철학 5. 문학 6. 문화이론 7. 페미니즘
ISBN	9788961952613 93300
값	18,000원
초판 인쇄	2021년 5월 24일
초판 발행	2021년 5월 27일
종이	화인페이퍼
인쇄	예원프린팅
라미네이팅	금성산업
제본	정원제책
펴낸곳	도서출판 갈무리
등록일	1994. 3. 3.
등록번호	제17-0161호
주소	서울 마포구 동교로18길 9-13
전화/팩스	02-325-1485/070-4275-0674
웹사이트	galmuri.co.kr
이메일	galmuri94@gmail.com

이 저서는 2019년 대한민국 교육부와 한국연구재단의 지원을 받아 수행된 연구이며(NRF-2019S1A5C2A02082683), 서울시립대학교 도시인문학총서 26권으로 출판되었습니다.

일러두기

1. 단행본, 전집, 정기간행물, 보고서, 언론사에는 겹낫표(『 』)를, 논문, 논설, 기고문, 기사, 텔레비전이나 유튜브 방송의 제목, SNS 포스팅 제목 등에는 홑낫표(「 」)를, 단체, 학회, 협회, 연구소, 유튜브 계정, 텔레비전 프로그램 이름, 전시, 공연물에는 가랑이표(〈 〉)를 사용하였다.

2. 저자는 〈엑스 마키나〉 영화 이미지와 관련하여 저작권자에게 문의하였으나, 미처 저작권 허가를 받지 못한 이미지가 있다. 이미지 저작권 관련 사항은 저자의 이메일(heewon2@uos.ac.kr)로 연락을 부탁드린다. (Despite the continuous attempt to contact the copyright holder, we are unable to get any notice or permission to use the published images in due time. We apologize for any inadvertent infringement and invite appropriate rights holders to contact the author at heewon2@uos.ac.kr.)

서울시립대 도시인문학연구소는 2019년 9월부터 '디지털폴리스의 인문적 비전'을 주제로 학제적 연구를 수행하고 있다. 그동안 〈한국연구재단〉의 인문학 진흥 사업인 인문한국HK 사업으로 축적된 '글로벌폴리스의 인문적 비전'에 대한 성찰을 바탕으로, 점차 가속화되어 가고 있는 기술 문명의 발전 속에서 새로운 도시공동체의 가치를 모색하기 위한 다양한 연구가 진행 중이다. 그 첫걸음으로 『포스트휴머니즘의 쟁점들』을 발간하게 되었다. 그렇다면 왜 포스트휴머니즘인가? '글로벌폴리스'가 전지구화 시대의 산물인 '글로벌 도시'Global City에 대한 비판적 성찰을 위한 개념이었다면, 디지털 시대로의 전환이 불가피하게 야기한 과학기술의 헤게모니 속에서 새로운 윤리를 묻는 동시에 인간으로서의 정체성이 해체되고 재구성되는 양상을 조망하는 최근의 포스트휴머니즘 논의는 '디지털폴리스'Digital Polis 개념을 정립하기에 알맞은 첫 단추가 될 것으로 생각된다.

이 책에서 상술하고 있는 바와 같이 포스트휴머니즘을

비롯해 트랜스휴머니즘, 슈퍼휴머니즘 등 다양한 언명 아래 전개되고 있는 휴머니즘 '이후'에 대한 고민과 상상의 기원과 갈래는 다양하다. 도나 해러웨이의 「사이보그 선언」이 1985년에 출간된 것을 감안하면 비인간 주체로서 기계와 인간의 관계에 대한 본격적인 문제의식이 제기된 역사는 짧지 않다. 더 오래전으로 거슬러 올라가 세속화와 계몽주의로 대표되는 인간중심적 가치가 만개한 시대를 근대라고 부를 수 있다면, 이에 대한 비판으로서 포스트모던과 포스트휴먼의 접점을 가정해 볼 수 있다. 박인찬은 포스트휴먼의 출현이 "근대의 과학혁명과 산업혁명이 없었더라면 거의 불가능했"음을 지적하는데, 포스트휴먼은 '포스트'post의 중의적 의미가 내포하듯이 근대적인 물적 토대의 연장선상에서 그 '다음에'next to 오는 것이자 근대적 휴먼 '이후'after에 나타난 것으로서 휴먼 또는 휴머니즘에 대한 결별을 포괄한다. 이런 의미에서 포스트휴머니즘을 비롯해 비인간주의, 반인간주의 등 휴머니즘의 패권을 비판하고 나선 다양한 갈래의 이론들이 그것이 자처하는 만큼 인간(중심)주의의 오래된 역사를 얼마나 효과적으로 무화시킬 수 있는지에 대한 논의는 이제야 시작된 것이 아닐까 한다. 따라서 이 책은 소위 '포스트' 시대의 새로운 해방적인 가치로서 포스트휴머니즘에 열광하거나 그것이 사실은 근대적 휴머니즘과 단절될 수 없는 연장선상에 있음을 환기하는 대신, 인간중심주의 이후에 제기된 다양한 쟁점들을 고루 조망한다.

이 책은 크게 세 부분으로 구성된다. 1부 '포스트휴머니즘과 비인간주의'에서는 과학기술의 발달과 함께 당장 우리의 삶에 닥쳐올 인식론적·윤리적·존재론적 문제로서 포스트휴머니즘을 개괄한 뒤, 동물 담론과 포스트휴먼 이슈가 연계되는 지점을 살핀다. 또한 비인간주의와 정서·정동 이론을 중심으로 스피노자Baruch Spinoza와 로런스D. H. Lawrence를 비교해봄으로써 인간중심주의 이후에 대한 다양한 흐름에 대해 고찰해 본다.

박인찬의 「포스트휴먼으로 가는 길: 인간과 기계의 공共진화를 중심으로」는 포스트휴머니즘을 둘러싼 다양한 논의들에 대한 심도 있는 성찰을 담고 있다. 이 글의 전반부는 포스트휴먼의 시대구분과 정의를 시도하면서 트랜스휴머니즘과 대척점에 있는 비판적 포스트휴머니즘에 대해 소개한다. 후반부에서는 각각 영화 〈바이센테니얼 맨〉과 〈블레이드 러너〉의 원작이 된 아이작 아시모프의 「200살을 맞은 인간」과 필립 딕의 『안드로이드는 전기 양을 꿈꾸는가?』를 매즐리시Bruce Mazlish가 주창한 '인간과 기계의 공진화'라는 맥락에서 다시 읽는다. 이러한 이론적 논의에 이어 어느덧 SF소설의 고전이 된 작품들을 재조명함으로써 포스트휴머니즘이라는 큰 틀 아래 어떤 상이한 가치관이 개진될 수 있는지에 대한 흥미로운 통찰을 담고 있다.

황정아의 「동물과 인간의 '(부)적절한' 경계 : 아감벤과 데리다의 동물담론을 중심으로」는 포스트휴먼 논의의 중요한 한 축인 이른바 '동물로의 선회'Animal Turn가 위태로운 양방향성 위에 놓여 있음을 지적한다. '동물로의 선회'는 인간의 '동물화'를 연루함으로써 인간중심성을 내포하는 동시에 그러한 인간중심성 극복을 지향하기 때문이다. 인간과 동물의 경계에 대한 아감벤과 데리다의 담론을 중점적으로 비교하는 이 글에서 필자는 각각 '중지'와 '복잡화'로 대변되는 이들 동물이론의 끝자락에서 인간이 택할 수 있는 자리를 로런스의 에세이를 통해 고민해 본다. 그럼으로써 동물에 대한 존중, 타자와의 공존 가능성을 손쉽게 말하기 어려운 순간을 포착하고 있다.

김성호의 「로런스와 스피노자 : 비인간주의와 정서·정동이론을 중심으로」는 1990년대 이후 다종다기하게 분화되어 온 정서·정동이론에서 스피노자가 광범위하게 호출되어 온 이른바 스피노자 '열풍'을 배경으로 한다. 그동안 스피노자를 통해 로런스를 읽는 작업이 주로 들뢰즈^{Gilles Deleuze}를 경유하여 이루어졌다면, 김성호는 이 글에서 스피노자와 로런스를 직접 대면시키고자 한다. 이 글은 스피노자와 로런스가 갖는 접점들과 분기점들을 고루 살피면서 둘의 관계를 단순화하지 않으면서도 서로 다른 방식으로 근대적 관념론에 맞서 싸운 두 사람의 사유를 세밀히 비교한다. 이 글에서 김성호는 비인간주의와 차별화의 논리, 정서와 앎의 관계를 중심으로 로런스와 스피노자의 사유를 함께 보며 이에 대해 치열히 고민하고 있다.

2부 "'신유물론'과 문학 읽기"에서는 '신유물론'을 개괄하면서 이러한 이론적 흐름이 문학 읽기와 갖는 접점을 모색한다. '신유물론'에 작은따옴표가 있는 까닭은 영어 'New Materialism(s)'의 우리말 번역으로서 통용되고 있는 신유물론 이외에도 다양한 번역어 대안이 존재할 수 있기 때문이다. 예컨대 이동신의 글에서 '신사물론'으로 소개되는 'New Materialism'은 유선무의 글에서는 '신유물론'으로 번역되었는데, 이는 객체지향 존재론^{OOO, Object-oriented ontology}, 사변적 실재론^{Speculative Realism} 등 다양한 최근의 이론적 논의들을 아우른다.

유선무의 「신유물론 시대의 문학 읽기」는 "21세기 현재 철학, 문화이론, 과학기술학, 페미니즘 등 다양한 분과 학문에서 고도의 초학제성을 가지며 큰 영향력을 행사하고 있는 사유"인 신유물론이 문학비평 이론과 조우하는 방식을 비판적으로 분석한다. '신유물론들'이라는 글의 소제목에서도 알 수 있듯이 사변적 실재론, ANT라고도 불리는 행위자–연결망 이론, 생기론적 유물론, 객체지향 존재론, 하먼Graham Harman의 비유물론, 버러드Karen Barad의 행위적 실재론agential realism 등 신유물론의 다양한 흐름들에 대한 충실한 안내를 담고 있으면서도 문학 연구자의 관점에서 이를 비판적으로 재구성하는 훌륭한 길잡이이다.

이동신의 「좀비라는 것들 : 신사물론과 좀비」는 포스트휴머니즘에서 출발하되 신사물론에 집중하여 '사물스러움'의 의미를 되묻는다. 특히 하먼의 '도구–존재' 이론을 통해 '사물스러움'의 의미를 밝히면서 이를 바탕으로 몰스의 소설 『리메이닝』을 읽는다. 이 글은 『리메이닝』에 등장하는 좀비가 괴물이기에 앞서 '사물'임을 주장하며 좀비의 사물성을 드러내는 장르로서 좀비소설을 재정의하고 있다.

3부 '인간중심주의, 안드로이드, 젠더'는 인공지능시대의 인간중심주의를 주제로 인간을 대표하는 남성 주체가 그 타자로서 안드로이드나 여성-기계에게 욕망을 투사하는 과정에서 생산되는 남성중심적 환상에 주목한다.

강우성의 「인공지능시대의 인간중심주의와 타자화」는 최근 인공지능 담론의 근본적 질문이 인간중심주의를 어떻게 극복할 것인가에 놓여 있음에 주목하면서, 알렉스 갈랜드의 영화 〈엑스 마키나〉에 대한 분석을 통해 감정 능력을 갖춘 기계인간이라는 비전의 환상성을 파고든다. 인공지능시대가 제기하는 문제가 여전히 "남성에 의한 여성의 지배, 인종적 소수자에 대한 억압, 낯선 존재에 대한 타자화"라는 낯익은 폐해임을 밝히는 이 글의 통찰은 우리 시대가 여전히 인간중심주의의 강력한 자장 아래에 놓여 있음을 일깨운다.

정희원의 「인공 행위자의 감정 능력과 젠더 이슈 : 『미래의 이브』와 여성 안드로이드」는 비슷한 문제의식을 공유하면서 강우성의 글이 다룬 시대의 전후를 고루 살핀다. 딥 블루와 알파고의 대국이 인류 정보기술 역사에서 중요한 한 페이지를 차지하고 있는 한편, 내비게이션과 스마트폰 속의 '빅스비'는 여성의 목소리로 안내하고 응대하는 인공 생명에 부과된 젠더 격차에 문제를 제기한다. 테크놀로지의 발전 과정에서 종종 기계의 '지적 능력'을 남성적인 것으로, '상냥함'으로 대변되는 공감과 감수성 등의 감정 능력을 여성적인 것으로 재현하는 젠더 문화가 18세기 감성의 문화culture of sensibility 이후 자동인형의 젠더적 분화와 무관하지 않음을 주장하면서, 19세기 소설인 오귀스트 빌리에 드 릴아당의 『미래의 이브』를 거쳐 영화 〈엑스 마키나〉와 2020년 12월에 잠시 출현했다 사라진 '여성' 챗봇 '이루다'를 연속되는 흐름으로 읽어 본다.

마지막으로 책이 나오기까지 도움을 주신 모든 분들에게 감사를 표한다. 소중한 연구 결과를 출판할 수 있도록 원고를 주신 필자 선생님들께 한 분 한 분 깊은 감사 인사를 드린다. 책의 편집 과정에서 미숙함과 여러 사정으로 필자 선생님들을 괴롭혀 드렸음에도 불구하고 보내주신 배려와 따뜻한 응원에 깊이 감사드린다. 연구와 생활 모두에서 든든한 동료가 되어주신 도시인문학연구소 선생님들의 지원이 없었다면 이 책은 나오지 못했을 것이다. 특히 여유와 방만 사이에서 종잡을 수 없이 헤매고 있는 엮은이를 끝까지 믿어주신 갈무리 김정연 선생님께 톡톡히 마음으로 빚졌음을 고백해야겠다.

2021년 4월
엮은이 정희원

1부 포스트휴머니즘과 비인간주의

포스트휴먼으로 가는 길 :
인간과 기계의 공진화를 중심으로
박인찬

동물과 인간의 '(부)적절한' 경계 :
아감벤과 데리다의 동물담론을 중심으로
황정아

로런스와 스피노자 :
비인간주의와 정서·정동이론을 중심으로
김성호

포스트휴먼으로 가는 길

인간과 기계의 공진화를 중심으로

박인찬

1. 인간, 죽음 없는 삶을 택하다

"인간은 누구나 세상의 종말을 차지하고 싶어 하지."(DeLillo, 2016, p. 3)[1] 미국 소설가 돈 드릴로의 최신작 『제로 K』를 보면 살날이 얼마 안 남은 부인과 함께 인체 냉동보존의 길을 택한 남자의 첫마디가 눈길을 사로잡는다. 백만장자 로스 록하트는 '컨버전스'라고 이름 붙인 자신의 비밀 연구단지로 아들 제프를 불러, 종말에 순종하는 여느 인간들과 달리 자신의 둘째 부인 아티Arti는 최첨단 인조장기가 개발될 때까지 육체와 머리를 분리해 절대영도絶代零度에[2] 보존시키는 인체 냉동보존 수술cryonics에 들어갈 것이며, 자기도 곧 그 뒤를 따를 거라고 통보한다. 왜 이들이 "잠시 죽었다가, 영원히 살고자"(ZK 114) 하는지는 수술 전 그들과 많은 대화를 나눴던 한 여성이 제프에게 던지는 질문에서 드러난다 : "우리는 원하지도 않았는데 태어났어요. 똑같은 식으

---

1. 드릴로의 『제로 K』로부터의 인용은 이후 본문 속에 ZK와 함께 쪽수만 적는다.
2. 영어로는 개발자인 켈빈 경(卿)의 이름을 따서 Zero Kelvin, 혹은 Zero K라고 하며, 열역학적으로 생각할 수 있는 최저온도 -273.15℃를 가리킨다. 실제로 미국 애리조나주 스캇스데일에 위치한 〈알코어 생명연장재단〉(Alcor Life Extension Foundation)에는 현재 144개의 인체가 액체질소 속에 냉동보관되어 있다.

로 죽어야만 하나요? ··· 주어진 운명을 받아들이기를 거부하는 게 인간으로서의 영광 아닌가요?"(*ZK* 252~53)

죽어야 하는 인간의 운명과 맞서는 부부의 이야기는 죽음 공포를 둘러싸고 펼쳐지는 드릴로의 1984년 대표작 『화이트 노이즈』의 잭Jack과 배벳Babette 부부를 기억하는 독자라면 낯선 주제가 아니다. 전작에서 죽음 공포를 없애기 위해 개발된 다일러Dyler라는 신약이 등장했다면, 신작에서는 냉동보존술, 인공장기술, 나노봇 같은 최첨단 의학기술이 제시되는 게 차이라면 차이다. 비록 삼십 년 이상의 시차가 있지만, 두 작품은 인간의 죽음 문제를 해결해줄 방편으로 과학기술을 부각한다는 점에서 일맥상통한다. 그런데 인간이 생물학적 한계에서 벗어나기 위해 "사이버 휴먼"(*ZK* 67)이 되고 그 과정에서 뇌를 분리해 전기장치에 보존한다는 『제로 K』의 설정은 최근에 트랜스휴머니즘이니 포스트휴머니즘이니 하는 용어들과 뒤섞여 입에 자주 오르내리는 실제 사건과 화제를 떠올리게 한다. 가령, 작품에서 언급되는 인체 냉동보존은 미국에 실제로 존재하는 〈알코어 생명연장재단〉에서 모티브를 따왔는가 하면, 뇌를 보존했다 다시 살리는 연구는 인간의 마음을 컴퓨터를 통해 이식받은 로보 사피엔스ROBO Sapiens가 머지않아 인류의 계보를 이을 거로 전망한 로봇공학자 한스 모라벡의 『마음의 아이들』을 연상시킨다. 그리고 죽음 너머의 "초월, 정상적인 경험 너머의 시적 강렬함의 가능성"(ZK 47~48)에 대한 록하트의 열망은 기술이 인간을 초월하는 특이점에 도달하는 순간 인류는 불멸의 단계에 이를지 모른다는 『특이점이 온다』의 저자 레이 커즈와일의 주장과도 맞닿아 있다. 그동안 인간과 과학기술의 관계에 천착해온 작가답게 드릴로는 과학기술이 전례 없이 발전하고 있는 소위 포스트휴먼 시대의 변화상을 인간을 넘어서려는 인간의 욕망과 연관 지어 진단하고 있다.

그렇다면 포스트휴먼이란 무엇인가? 자주 혼용되고는 하는 트랜스휴머니즘과는 어떻게 다른가? 그러한 개념적 혼란과 복잡성은 어디에서 비롯되는가? 원래는 기조 강연의 목적으로 기획되었던 이 글은 그러한 물음들로 시작한다.[3] 글의 전반부에서는 포스트휴먼의 시대구분과 정의를 시도하는 가운데 트랜스휴머니즘과 대척점에 있는 비판적

---

3. 이 글은 2017년 4월 22일에 개최된 영미문학연구회 봄 정기학술대회('인간 이후의 문학: 기계, 좀비, 재난')에서 포스트휴머니즘에 관한 기조 강연 겸 기계와 인간의 문제를 다루는 논문으로서 처음 발표되었다. 이 글이 포스트휴머니즘의 동향에 관한 소개와 로봇을 소재로 한 작품론으로 구성된 것은 그러한 연유에서다.

포스트휴머니즘에 대해 살펴볼 것이다. 이어서 후반부에서는 그러한 포스트휴머니즘의 핵심을 잘 드러내는 주제로서 '인간과 기계의 공진화'에 대해 아이작 아시모프Isaac Asimov와 필립 K. 딕Philip K. Dick의 대표작을 중심으로 논의하게 될 것이다.

2. 포스트휴먼, 트랜스휴머니즘, 비판적 포스트휴머니즘

우리는 지금 포스트휴먼 시대로 접어들고 있다. 여기서 포스트휴먼이란, 대표적인 트랜스휴머니즘 철학자 닉 보스트롬에 따르면, "기본적인 능력이 현재의 인간을 근본적으로 넘어서서 우리의 현 기준으로 더는 명백하게 인간이라고 할 수 없는 미래의 존재"를 가리킨다.(Bostrom, 2005) 포스트휴먼에 대한 국내 평자들의 정의도 대부분 여기에 따른다.[4] 이 정의에 『사피엔스』의 저자 유발 하라리의 인류사적 시대구분을 적용하자면, 포스트휴먼 시대는 십만 년 전

---

4. "인간의 생물학적 조건을 극복한 인간 이후의 존재"(이경란, 2016), "기본적인 능력이 근본적으로 현재의 인간을 넘어서기 때문에 현재의 기준으로는 더 이상 인간이라 부를 수 없는 존재"(신상규, 2014), "현생 인류로서의 인간이 크게 변모한 존재 일반"(김건우, 2016, 32쪽) 등과 같이 대부분 이 정의를 따른다.

지구에 존재했던 여러 인간 종種 중에 유일하게 살아남아 오늘날의 '인간/휴먼'이 된 호모 사피엔스가 인간의 지적 설계 때문에 다른 종으로 대체되거나, 혹은 바로 그 지적 능력 때문에 세계 전체가 멸망할지도 모를 갈림길에 서 있는 지금부터 근 미래의 시대를 말한다(하라리, 2015, 587쪽).[5] 이것을 기원후의 이전 시대들과 비교해서 살펴보자면, 포스트휴먼 시대는 기원후부터 중세까지의 신神 중심 시대와 근대의 인간/휴먼 중심 시대에 이어 출현한 탈근대의 인간/휴먼 이후 시대를 말한다. 이 세 번째 시대에서 포스트모던에 인접해 있는 포스트휴먼은 시기상으로는 20세기 말 혹은 21세기 초부터지만,[6] 근대의 과학혁명과 산업혁명이 없었더라면 거의 불가능했을 것이다. 기계론적 세계관의 등가물로서든, 산업혁명의 중요한 물질적 계기로서든, 기계의 발명과 그에 따른 대량생산, 과학기술의 확산은 역설적으로 인간 중심이던 시대가 근대를 거치면서 기계, 물건, 상품

---

5. '인간/휴먼'이라고 쓴 것은 오늘날의 호모 사피엔스가 인간 종 중심주의(anthropocentricism)의 '인간'과 휴머니즘의 '휴먼'이 결합한 존재임을 나타내기 위해서다.
6. 이 시기는 평자에 따라 조금씩 다르다. 헤어브레히터는 1990년대를 포스트휴머니즘이 출현한 시기이자 대중화된 시기로 보는가 하면, 모어는 "포스트휴머니즘의 공식화는 21세기 말이 되어서야 가능할 것"이라고 전망한다. Herbrechter, 2013, p. 41 ; More, 1990, p. 6.

과 같은 사물 중심의 시대로 바뀌는 데 적잖게 이바지했기 때문이다. 포스트휴먼 시대는 이러한 물리적 환경을 토대로 근대 이후에 획기적으로 발전한 유전공학, 로봇공학, 인공지능, 나노기술 등의 과학과 기술이 가속화된 결과 인간이 자기 자신을 인간 아닌 다른 존재로 바꿀 수 있는 단계로까지 온 시대라고 할 수 있다.

포스트휴먼은 그것이 제시하는 파격적인 미래상만큼이나 오해나 논란이 많은 게 사실이다. 그 이유는 주로 휴머니즘과의 연관성 때문이다. 이와 관련해서 포스트휴먼의 동의어나 유의어처럼 쓰이는 트랜스휴먼과 트랜스휴머니즘이라는 말을 먼저 살펴볼 필요가 있다. 이 중에 트랜스휴먼은 말 그대로 휴먼에서 포스트휴먼으로의 이행 또는 둘 사이의 과도기적 단계를 나타낸다. 반면에 트랜스휴머니즘은 "포스트휴먼으로의 변화를 긍정하고 지지하는 운동"(신상규, 2014, 105쪽)을 의미한다. 그래서 단순히 중립적인 의미의 진술이기보다는 규범적인 당위와 방향성을 지닌다. 눈여겨봐야 할 것은 그러한 변화를 긍정하고 지지하는 이유다. 대표적인 트랜스휴머니스트이자 드릴로 소설의 배경이 된 〈알코어 생명연장재단〉 회장인 맥스 모어는 "트랜스휴머니즘이 이성과 과학을 중시하고, 진보를 확신하며, 초자연적 '내세'보다 현세에서의 인간 (혹은 트랜스휴먼) 존재를 더 높게 본다는 점에서 휴머니즘의 많은 요소를 공유"하지만, 다양한 최첨단 과학과 기술들로 인해 "우리 삶의 본질과 가능성이 근본적으로 변화할 것임을 인정하고 기대한다는 점에서는 휴머니즘과 다르다."라고 말한다.[7] 모어의 주장에서 보듯이, 트랜스휴머니즘이 긍정하고 지지하는 포스트휴먼으로의 변화는 오히려 인간 종의 무한한 능력을 신뢰하는 근대 휴머니즘의 21세기적 극대화, '슈퍼' 휴머니즘에 가깝다고 할 수 있다.

그렇다면 이것으로 포스트휴먼에 관한 설명이 충분할까? 어떻게 포스트휴먼은 트랜스휴머니즘으로 이해되었을까? 그 단서는 포스트휴먼의 접두사 '포스트'post의 중의적 의미에서 어느 정도 유추할 수 있다. 예전의 포스트모더니즘 논쟁에서처럼, 포스트휴먼의 '포스트'도 '~ 이후의'after 혹은 '~ 다음의'next to의 두 가지 뜻으로 해석될 여지를 갖고 있다. '~ 이후의'로서의 포스트휴먼이 휴먼 혹은 휴머니즘의 '종언' 이후에 새롭게 나타난 것임을 자처한다면, '~ 다

---

7. 모어의 논문은 같은 제목의 두 버전이 존재하는데, 글의 구성과 문장들이 조금씩 다르다. 맨 처음 출판된 곳은 *Extropy*라는 저널이다. 연도 표시 없이 인용한 것은 다음의 출처를 따른다. More, 1996.

음의'로서의 포스트휴먼은 휴먼 혹은 휴머니즘의 계승 혹은 연장을 함축하고 있다. 포스트휴먼은 이러한 모호성이 기본적으로 내재한 개념이다. 하지만 이 점을 십분 고려하더라도, 포스트휴먼의 동의어처럼 쓰이는 트랜스휴머니즘은 휴먼의 종식에 따른 포스트휴먼을 지향하며 인간 존재와 기계의 경계까지 과감하게 해체하고 있지만, 그런데도 인간을 바라보는 시각에서는 근대 휴머니즘에서 크게 벗어나지 않는다. 트랜스휴머니즘의 역사에 관한 글에서 보스트롬도 인정하듯이, "트랜스휴머니즘은 합리적 휴머니즘에 뿌리를 두고 있[을]" 뿐 아니라, "개인들이 자신들의 삶을 계획하고 선택할 수 있는 능력과 권리"로서의 자율성, 독립성, 진보에 대한 신념에 높은 가치를 둔다.(Bostrom, 2005 ; 2003) 이런 점에서 트랜스휴머니즘은 인류가 포스트휴먼으로 진입하게 될 때 "가장 중대한 위협은" 자유민주주의의 근간이자 정의, 도덕성, 행복한 삶 같은 개념에 본질적인 "인간 본성의 변화"가 초래되는 것이라고 맹비난하는 생명 보수주의자 프랜시스 후쿠야마 못지않게 매우 자유주의 휴머니즘적이다.(후쿠야마, 2003, 25쪽) 그리고 모라벡이나 커즈와일 같은 트랜스휴머니스트들이 꿈꾸는 테크노-초월, 즉 육체를 초월한 초超지능Super Intelligence적 존재는 진흙 덩어리를 능가하는 금속과 순수 정신에 대한 근대의 이상에 불과하다. 그뿐만 아니라, 완전성을 지향하는 트랜스휴머니즘의 인간 향상human enhancement 프로젝트는 인체의 장애를 차이가 아니라 반드시 극복해야 하거나 제거되어야 할 결함으로 간주하는 "정상성의 헤게모니를 계속 강화"한다(하대청, 2016, 144쪽). 그리고 다른 한편으로는 인간과 비非인간의 관계를 여전히 인간종 중심에서 바라보고 자연과 그 일부인 기계를 인간 개선의 도구로만 취급한다. 역설적으로 말해, 휴먼을 이용해 가장 센 휴먼, 슈퍼휴먼이 되려고 하는 게 트랜스휴머니즘인 셈이다.

이 글이 표방하는 포스트휴먼은 트랜스휴머니즘으로 경도된 (휴머니즘 '이후'라고 하지만 실제로는 그 '확장판'인) 포스트휴먼보다는 슈테판 헤어브레히터Stefan Herbrechter가 말하는 '비판적 포스트휴머니즘'에 가깝다. 헤어브레히터는 접두사 자체보다는 합성어로서의 중의성에 초점을 맞춘다. 그에 따르면 포스트휴먼은 방점을 어디에 두느냐에 따라 두 개의 형태, 즉 "휴머니즘이 종말에 이르렀다는 거부할 수 없는 경험(**포스트**-휴머니즘)"과 "휴머니즘은 … 비판적 해체의 견지에서 '철저하게 접근'worked through될 필요가 있다는 확신(**포스트**-휴머니즘)"으로 나뉜다(Herbrechter,

2013, p. 16 ; 원저자 강조). 헤어브레히터는 그러한 중의성을 포용하는 개념으로 '포스트-휴머니즘'이란 용어를 사용한다. 그리고 그것을 "**포스트휴먼-이즘**"과 대비시킨다. '**포스트휴먼-이즘**'은 "과학기술에 압도적으로 경도된" 트랜스휴머니즘을 염두에 둔 표현으로, 대중 사이에 퍼져 있다는 뜻에서 "'대중적' 포스트휴머니즘"으로 칭해지기도 한다(같은 책, p. 16~17 ; 원저자 강조).

헤어브레히터가 제시하는 비판적 포스트휴머니즘은 '포스트-휴머니즘'의 중의적 의미를 절충한 것으로 이해할 수 있다. 근본적으로 비판적 포스트휴머니즘은 트랜스휴머니즘과 다르게 탈(근대) 휴머니즘, 즉 근대 휴머니즘의 극복이면서 동시에 휴머니즘의 재창조다. 한마디로 '탈-인간-되기'다. 헤어브레히터에 따르면, "'비판적'이라는 말에는 두 가지 기능이 결합하여, 한편으로는 변화하는 과학기술 문화의 급진성에 열려 있으면서 다른 한편으로는 휴머니즘을 비판해 왔고 일부는 휴머니즘 전통에서 비롯된 사유 전통과의 모종의 연속성을 강조한다." 비판적 포스트휴머니즘이 과학기술의 변화에 열려 있다는 것에는 트랜스휴머니즘과의 거리 두기, 즉 최근 과학기술의 급진적인 면을 진지하게 받아들이되 그 자체를 절대시하거나, 혹은 '휴먼의 종말'을 생각하더라도 "묵시록적 신비주의, 또는 새로운 형태의 영성靈性과 초월에 빠지지 않는다"라는 단서가 따라붙는다(같은 책, p. 3). 그리고 휴머니즘 비판과 관련해서는 후기구조주의에 의해 촉발된 반反휴머니즘의 성과를 이어받되, 휴먼에 대한 새로운 탐구를 시도한다는 뜻이 담겨 있다.

비판적 포스트휴머니즘으로서의 포스트휴먼은 근대 휴머니즘의 근간이 되는 인간, 유럽, 백인, 남성 중심주의적 인간 개념을 해체하고 그것을 대체할 새로운 인간 개념을 모색하려는 시도다. 그 시도들은 단일하지 않을뿐더러 여러 학문 분야에서 종횡무진으로 이루어지고 있어서 체계화하기가 어렵지만 몇 가지 공통된 특징들을 지닌다. 포스트휴먼의 새로운 인간관은 세계를 이해하고 대상화하는 이성적 주체로서 인간을 중심에 놓고, 자연과 기술technology을 인간에 의해 대상화되고 도구화되는 객체로서 위치시키는 인간 중심주의와 그 근대적 이분법을 뛰어넘는다. 어느 이론가들보다 강하게 포스트휴먼을 탈근대적 극복으로 제시하는 로지 브라이도티Rosi Braidotti의 표현을 빌리면, 인간이 존재하는 세계는 "자연-문화 연속체"로서의 세계다(브라이도티, 2013, 9쪽). 자연적으로 주어진 것(자연)과 사회적으로 구성된 것(문화)이 비非이분법적으로 상호작용하는 연속체가 포스트휴먼이 존재하는 세계다. "인간은 자연 속에서만 살아가는 존재도", 그렇다고 "인간이 만든 사회 속에서만 살아가는 존재도 아니다."(홍성욱, 2016, 139쪽) 게다가 인간이 자연물인 한 그 자연물이 만든 것 역시 자연물이므로, 인간의 손과 머리를 거쳐 나온 인공물들도 일종의 자연물이라 해야 옳을 것이다.

자연-문화 연속체가 존재의 터전이라면, 포스트휴먼으로서의 인간이 그곳에 거처하는 방식은 연속체의 일부로서다. 이 연속체는 인간과 인간-아닌 것들의 "생명 물질이 생명력 있고 자기 조직적이면서도 비非자연적 구조"로(브라이도티, 2013, 9쪽) 서로 연결된 거대한 '생명'^{zoe} 공간이다.[8] 거기에서 포스트휴먼 주체는 기술적으로 매개되고 확장된 "관계적 자아"로서 존재하며, "포스트휴먼 주체의 관계적 능력은 인간 종에만 국한되지 않[고], 인간의 형상을 하지 않

---

8. 브라이도티는 이것을 다양한 자원과 힘에 플러그가 꽂혀 있는 "사이-존재"(an in-between, 180쪽)로 부르기도 한다. 생명 물질과 관련해서는, 분자생물학의 과학적 발견으로부터 "물질이 자기 조직적(자기 생성적)이라는 사실"을, 그리고 일원론 철학(생기론적 유물론)으로부터 "물질이 구조적으로 관계적이며 다양한 환경과 연계되어 있다"(81쪽)는 점을 취했다고 밝힌다. '조에'(zoe)는 푸코의 생명정치(bios-politics)에서의 '비오스'와 대비되는, 아감벤의 동물과 인간-아닌 생명들을 포함한 더 넓은 범위의 "생명 자체의 역동적이고 자기 조직적 구조"(82쪽)로서의 '조에' 개념을 빌린 것이다.

은 모든 요소도 포함한다."(같은 책, 81쪽) 또 다른 대표적인 비판적 포스트휴머니즘 이론가 캐서린 헤일스가 1990년대의 대중적 포스트휴머니즘(=트랜스휴머니즘)의 탈육체화 disembodiment와 탈물질화 노선을 강하게 비판하는 것도 이와 비슷한 맥락에서다. 헤일스는 한스 모라벡을 직접 거론하며 "과학기술의 정복을 통해 불멸의 최종 특권을 획득한다"라는 주장은 "자율적인 자유주의 주체"를 포스트휴머니즘 안으로 복권하는 것일 뿐이라고 반박한다(Hayles, 1999, p. 286). 그러면서 "정보과학기술의 가능성을 받아들이되, 제한 없는 권능과 탈육체화된 불멸성의 환상에 현혹되지 않고, ⋯ 인간의 삶이 우리가 지속적인 생존을 위해 의존하는 고도로 복잡한 물질세계에 깊숙이 뿌리내리고 있음을 이해하는 포스트휴먼"을 제안한다(같은 책, p. 5).[9]

포스트휴먼 세계관에서 인간이 자연-문화 연속체의 일부라면, 자연과 문화를 연결하는 것은 기술이다. 전통적으

9. 과학기술에 의한 육체 초월을 근대 휴머니즘의 소산으로만 단정하는 건 무리일지 모르겠다. 육신에서 벗어난 영원한 삶, 순수한 영혼의 세계에 대한 열망은 기독교의 오랜 꿈이기도 하다. 윌리엄 깁슨(William Gibson)의 『뉴로맨서』(Neuromancer)에서 주인공 케이스(Case)가 고깃덩어리에 불과한 육신의 상자(case)에서 벗어나 사이버스페이스에 머물고 싶어 하는 것도 이와 무관하지 않다. 기독교 유토피아적인 가상공간으로서의 사이버스페이스에 대해서는 버트하임, 2002의 서론 및 8장 참조.

로 보면 기술은 인간이 환경을 통제하고, 인간과 환경을 중재하기 위해 만든 도구다. 그러나 기술은 단지 도구에 머물지 않는다. 그것을 사용하는 인간을 변화시킬 뿐 아니라, 또한 "과학이 사실을 만들어내는 과정에 없어서는 안 될 존재"가 된다(라투르 외, 2010, 21쪽). 기술에 의해 만들어진 기계도 이와 다르지 않다. 로봇이라는 말이 본래 '인간의 힘든 노동'이란 뜻의 체코어 '로보타'robota에서 유래하여 '노동을 대신 해 주는 기계'로 발전한 것에서 짐작할 수 있듯이, 처음부터 기계는 인간의 편의를 위해 만들어진 도구에 불과했다. 하지만 시각장애인에게 지팡이는 단순한 보조수단이 아니라 신체 일부가 되듯이, 과학자에게 실험기구는 없어서는 안 될 정체성의 구성요소이듯이, 기계 또한 "인간과 분리되고 구별되는 외재적인 사물"이 아니라 인간과의 "내재적 연관" 속에서 작동하는 것으로 이해되어야 한다(최진석, 2016). 인간과 기계는 서로에게 침투해 있다는 점에서 상호 내재적이다. 다른 도구들과 마찬가지로 기계를 인간이 편의를 위해 고안한 대상으로만 보면 인간과 기계 사이에는 불연속만 남는다. 그러나 "인간이 세계와 만나고 활동하는 데 필연적인 미디어로 본다면 거기엔 광대한 연속성이 펼쳐진다."(같은 글) '인간-기계 앙상블'을 역설한 기술철학자 질베르 시몽동Gilbert Simondon에 따르면, 이렇게 연속되어 있는 인간과 기계는 서로에게 "비결정적으로 열려 있는 관계적 존재자"이다(김재희, 2017, 234쪽).[10] 인간과 세계, 인간과 인간 개체들을 연결해 주는 게 기술이라면, 기계적 개체들의 관계를 새롭게 조정하고 기술성을 진화시키는 것은 인간이다. '관계성'에 입각한 시몽동의 기술철학은 브루노 라투르Bruno Latour의 행위자–네트워크 이론ANT에 의해 인간은 기계나 다른 인공물 같은 비인간non-human들과 분리될 수 없다는 주장으로 확장된다.[11] 라투르에 따르면, "비인간은 인간과 마찬가지 행위자[여서], 내가 다른 사람의 행위를 바꾸는 것처럼, 비인간도 우리 인간의 행위를 바꿀 수 있다."(라투르 외, 2010, 22쪽) 여기서 비인간은 기계나 기술적 대상들뿐 아니라, 실험기기, 표, 그래프, 문서, 기관, 세균, 지

---

10. 시몽동은 포스트휴머니즘 논의가 시작되기 이전의 학자이지만, 인간과 기계의 이항대립 구도에서 벗어나, 궁극적으로는 기술결정론과 사회구성주의 이분법의 악순환을 극복하려 한 기술철학자로서 최근 주목을 받고 있다. 이와 관련해서는 시몽동, 2011 참조. 시몽동이 라투르에게 끼친 영향에 대해서는 라투르 외, 2010, 5장 참조.

11. Actor-Network Theory. 1980년대 중반 라투르, 미셸 칼롱(Michel Callon), 존 로(John Law) 등의 과학기술학, 일명 STS(Science and Technology Studies) 학자들이 정립한 이론. 학문 간 경계를 넘나들며 인간 행위자와 비인간 행위자들의 네트워크가 번역을 거쳐 형성되는 과정에 초점을 맞춘다.

진 등 이질적인 모든 사물을 포괄한다. 따라서 세상을 제대로 이해하기 위해서는 인간과 비인간 사이에 형성되는 '네트워크'에 주목해야 한다.

이처럼 포스트휴먼은 인간의 독보적인 행위능력[agency]을 자부한 근대 휴머니즘이 배제했던 '휴먼' 아닌 것들에 열려 있다. 어쩌면 그동안 인간 타자들에 가려져 타자로서 취급받지도 못했을 존재들, 동물, 기계, 물질, 혹은 인간 주체의 대상으로만 간주되었던 사물들에 주목함으로써, 포스트휴먼은 인간과 비인간 사이의 경계를 새롭게 바라보고자 한다.[12] 지금부터는 인간과 기계의 관계를 대표적인 과학소설에 등장한 로봇들을 중심으로 연속성과 공진화의 관점에서 살펴보도록 하겠다.

3. 인간과 기계의 공共진화

12. 비판적 포스트휴머니즘을 부르는 새 용어로 '신유물론'(New Materialisms)이 주목받고 있다. 신유물론은 유물론을 되살리려는 노력이면서, 이전과 다른 새로운 유물론적/물질론적 관점에서 나온 시도다. 맑스 유물론을 포함해 기존의 유물론이 휴머니즘과 불가분의 관계에 있다면, 신유물론은 포스트휴먼 시대의 유물론, '포스트휴먼 유물론'이라 할 수 있다. 주요 주장은 비판적 포스트휴머니즘의 특징들, 즉 생기론적 물질성, 육체성, 자연-문화 연속체, 내재적 외부로서의 도구, 인간-비인간 관계론, 행위자네트워크이론의 요지들과 일맥상통한다. Coole and Frost, 2010 ; Bennett, 2010 ; Frost, 2016 참조.

저명한 역사학자 매즐리시Bruce Mazlish는 『네 번째 불연속』The Fourth Discontinuity에서 인간의 순수한 자존심에 상처를 준 세 명의 사상가 중 한 명으로 자신을 거론한 프로이트에 대해 언급하면서, 인간은 세 번에 걸쳐 불연속 또는 이분법을 타파한 결과 세계와의 연속적인 스펙트럼 안에 놓이게 되었으며, 이제 네 번째 불연속을 깰 차례라고 말한다. 지구-우주 불연속을 깬 코페르니쿠스의 천동설, 인간-동물 불연속을 깬 다윈의 진화론, 자아-무의식 불연속을 깬 프로이트의 정신분석학에 이어, "인간이 기계보다 특별하고 우월한 존재"라고 믿는 네 번째 불연속, 즉 "인간-기계 불연속을 깨는 문턱"에 와있다는 것이다(매즐리시, 1993, 17쪽). 그의 말에 따르면, 이제 인간과 기계는 "더 이상 완전히 다르다는 생각을 유지하기 어렵다."(같은 책, 18쪽) 이것은 인간과 기계가 아무런 차이가 없다는 주장이 아니다. 차이가 있다면 정도의 차이일 뿐, 인간을 더는 기계와 분리해서 생각할 수 없다는 의미다. 인간과 기계는 두 가지 점에서 연속성을 지닌다. 한편으로는 "인간의 진화가 도구의 사용 및 발전과 뗄 수 없는 관계"에 있다면, 다른 한편으로는 "인간과 기계를 같은 과학 원리로 설명할 수 있[다]"는 점에서 인간과 기계의 불연속은 점점 더 밀접하게 연결되고 있다(같은 곳).

공진화는 인간과 기계의 관계에 대한 하나의 전망으로, 인간과 기계가 연속적인 스펙트럼 안에서 서로 진화한다고 보는 입장이다. 흔히 공진화는 한 생물집단이 진화하면 그와 관련된 생물집단도 함께 진화하는 현상을 가리키며, 일반적으로는 여러 종 사이에서 일어나는 상호관계를 통한 진화적 변화를 일컫는다. 이때 생물집단이나 종들은 반드시 상호의존적일 필요가 없고, 생존을 위해 서로 적대적인 관계에서도 공진화는 일어난다. 인간과 기계를 공진화적인 관계로 보는 데에는 진화에 대한 새로운 시각, 즉 도구(기계)는 인간 진화의 중요한 부분이며 산물일 뿐 아니라, 또한 그 자체가 생명력을 지닌 것이라고 바라보는 시각이 깔려 있다. 진화의 측면에서 보면, 인간 본성은 고정된 게 아니라 자연에 적응하기 위해 진화하는 실체다. 불부터 연장, 기계에 이르기까지 인간이 자연에서 살아남기 위해 도구를 발명하거나 만드는 행위와 그 결과물들은 진화의 긴 과정에서 인간에게 지속적인 영향을 준다. 그렇게 해서 쌓인 것은 문화가 되어 인간 본성을 새롭게 형성한다. 처음에는 자연과 대비되는 인공물이었으나 자연의 일부가 된 것이다. 매즐리시는 이러한 문화를 "제2의 본성"이라고 부른다(같은 책, 19쪽). 중요한 것은 진화가 점점 더 제2의 인간 본성

중심으로 그리고 적자생존의 원칙이 자연선택보다는 인위적인 선택 중심으로, 전개된다는 점이다. 이 과정에서 기계는 문화의 한 부분으로서 인간이 만든 것이기는 하지만 그 자체가 생명을 가진 것처럼 보인다. 과연 기계가 진화하는가 하는 문제는 여전히 논쟁거리다. 그러나 인간 본성이 기계 창조 욕망과 함께 진화해 왔고 기계도 자연의 일부라는 점을 상기하면, 그저 공상으로만 치부할 일은 아니다. 그보다 중요한 것은 우리가 "기계적 타자"들을 만나면서 인간과 기계의 관계를 종전의 관습적인 시각에서 벗어나 새롭게 바라보는 것이다(같은 책, 67쪽). 이와 관련하여 곧이어 살펴볼 아시모프와 딕의 로봇을 소재로 한 두 대표작은 공진화의 맥락에서 인간과 기계의 바람직한 관계에 대해 다시 생각해 보는 기회를 제공할 것이다.

아시모프가 1940년대부터 써온 로봇에 관한 작품 중에 결정판으로 평가받는 「이백 살을 맞은 인간」은 인간과 로봇의 공진화적인 관계를 살펴보기에 안성맞춤이다. 작품의 주된 내용은 마틴Martin 가※의 가정용 로봇 앤드류 Andrew의 일대기다. 제목대로 이백 년에 걸쳐 진행되는 이야기 속에는 크게 두 축의 진화가 전개된다. 첫 번째는 제럴드Gerald 마틴에서 리틀 미스Little Miss, 조지George, 폴Paul

로 이어지는 인간 진화의 축이다. 대代가 바뀔 때마다 인간의 신체는 보철補綴기술의 눈부신 발전에 따라 인공장기들로 점점 더 대체된다. 그 결과 "인체에서 인공부품의 개수는 더 인체인지 아닌지에 문제가 안 될"만큼 인간의 사이보그화化는 진화의 일부로 자연스럽게 받아들여진다. 이것은 로봇 앤드류의 본체가 끊임없이 업그레이드되면서 축적된 보철기술 덕분이다(Asimov, 2003). 인간이 기계와 더불어 진화하는 과정이 이 대목에서 잘 드러난다. 하지만 영원히 사는 기술까지는 아직 개발이 안 되어서인지 마틴 가문은 폴에서 대가 끊긴다. 적어도 앤드류 로봇이 인간이 되기 전까지는 그렇다.

두 번째 축은 인간의 진화와 함께 일어나는 로봇의 진화다. 이백 년에 걸쳐 인간이 사이보그, 즉 기계장치를 내장한 인간으로 점점 바뀌는 동안, 그 인간이 만든 로봇은 일반적인 가정용 로봇에서 점점 더 유기체에 가까워지는 유기체 로봇, 즉 안드로이드로 진화해 나간다. 그러는 동안 로봇 앤드류는 예술가 로봇에서 자유 로봇을 거쳐 로봇 역사학자, 로봇 생체학자로 발전을 거듭해 나간다. 일반적인 예측대로라면 이 안드로이드는 더 완벽한 지능과 장치를 지닌 슈퍼 로봇으로 진화해야 할 것이다. 그런데 여기서 작가 아시모프는 로봇 진화의 축을 인간 진화의 축 방향으로 구부린다. 로봇 앤드류가 이를테면 '자살' 로봇이 됨으로써 인간 앤드류로 (로봇의 입장에서는) 역™진화하게 한 것이다. 「이백 살을 맞은 인간」에서 자살은 인간-기계 연속성의 최종 장애물인 죽음을 실행하기 위한 선택이다. 제품명 N.D.R에서 앤드류를 거쳐 앤디Andy로13 이름이 불리는 과정에서 인간화가 서서히 진행되었던 로봇 앤드류에게 인간되기는 곧 죽기이다. 그가 택한 로봇 진화의 끝은 인간으로, 마지막 이름인 '앤드류 마틴'으로, 불리며 죽는 것이다. 이 지점에서 폴의 세대에서 끊긴 마틴 가문의 인간 계보는 인간이 된 로봇에 의해 계승되고, 그렇게 해서 그의 가족 로맨스는 해피엔딩으로 마무리된다.

자살로봇의 설정은 아시모프로서는 필연적인 것으로 보인다. 앤드류가 조지와 나눈 대화("어떻게 로봇을 두려워할 수 있죠?" / "그건 아직까지 치료되지 않은 인류의 병이야.")에서 엿볼 수 있듯이, 로봇을 소재로 한 아시모프 과학

---

13. 가정용 로봇으로 처음 들여놓을 때의 명칭 N.D.R을 소리 내 부르다가 나온 이름 앤드류(Andrew)는 공교롭게도 '인간, 남성'이란 뜻의 'andro-'를 연상시킨다. 그리고 앤드류의 애칭 Andy 역시 안드로이드의 약자이자 별칭으로 흔히 쓰인다.

소설의 핵심은 로봇에 대한 인간의 공포를 없애는 데 있기 때문이다. 『프랑켄슈타인』의 기계 / 괴물에서 시작해 액체 금속로봇 T-1000이 처치되자 펄펄 끓는 용광로 속으로 내려가기를 자처한 영화 〈터미네이터 2〉의 T-101, 〈트랜스포머〉의 영원한 우방 오토봇 옵티머스 프라임에 이르기까지, 인류를 위해 자살과 희생을 택한 기계들의 유구한 전통에서 아시모프가 인간과 기계의 관계를 상호 적대에서 호혜로 바꿔놓은 원조로 기억되는 것도 그런 맥락에서다.[14] 호혜성은 아시모프식 공진화의 본질이다. 그런데 그의 접근은 여전히 인간 중심적이다. 인간의 요건 중에 제일 중요한 것은 뇌 성분이 유기질 세포냐 양전자냐가 아니라 인간이 고자 하는 의지와 열망이라고 앤드류를 통해 말하는 대목은 어느 정도 급진적으로 들리는 게 사실이다. 하지만 그런데도 아시모프의 태도는 지극히 자유주의 휴머니즘적이고 주체론적이다. 마치 노예의 해방 서사를 축약해 놓은 듯한 앤드류의 인정 투쟁에서 앤드류를 자유인이자 주체로

---

14. 나는 기조 강연문에서는 셸리(Mary Shelley)의 『프랑켄슈타인』의 결말에서 죽음을 예고하고 어둠 속으로 사라진 기계/괴물의 '자기추방'을 자살로봇의 원조로서 다룬 바 있다. 학술대회 자료집 「인간 이후의 문학: 기계, 좀비, 재난」(2017년 4월 22일), 7~8쪽 참조.

승인해 주는 것은 온정주의적인 인간이다.[15] 인간 종의 위기와 로봇의 놀라운 진화에도 불구하고 가족이라는 제도가 이백 년이 지난 인간 사회에서 여전히 유효하다는 설정은 낭만적이다 못해 복고적이다. 게다가 인간으로 바뀌는 과정에서 생식기genital를 단다거나, 인간으로 인정받자마자 "리틀 미스"를 낮게 부르며 숨을 거두는 마지막 장면에서처럼 로봇 앤드류는 인간이기 이전에 남성, 혹은 남자 인간으로 젠더화, 남성화된다.[16] 이처럼 아시모프가 제안하는 감동적일 정도로 완벽한 공진화는 로봇을 전혀 낯설지 않을 뿐 아니라 친숙하기까지 한 대상으로 '길들이는'domesticate 인간화를 전제로 한다. 앤드류의 공진화에서 로봇의 타자성은 철저히 무시된다. 인간과의 친화적 공존의 대상으로서가 아닌 비인간으로서의 로봇이라는 존재는 아시모프의 보수적인 포스트휴먼 서사에서 허용되지 않는다. 그리고 그와 함께 인간과 인간 아닌 것 사이의 차이도 소멸한다.

---

15. 아시모프의 로봇을 인종, 특히 미국 흑인 노예에 대한 은유로 해석한 논문으로는 Raiford, 2008, pp. 93~112 참조.

16. 이런 연유에서인지 이 작품의 우리말 제목은 「이백 살을 맞은 사나이」(박상준 옮김, Web)이다. 안드로이드가 원래 남자를 닮은 인조인간을 뜻하는 단어임을 염두에 두면, 작품 원제목의 'man'에는 '인간은 곧 남성'이라는 휴머니즘적 보편주의가 은연중 배어 있다고 할 수 있겠다.

친화적 공존의 대가는 경계의 소멸, 타자성의 삭제다. 아시모프의 로봇 이야기에서 기계의 타자성, 그 비인간성은 온전히 인간화/남성화된다.

아시모프의 소설에서 죽게 된다는 것을 아는 게 오직 인간만의 특성이라면, 지구 종말 이후의 세계를 다룬 필립 딕의 『안드로이드는 전기 양을 꿈꾸는가?』(Dick, 1968)[17]에서는 죽을 운명에 대한 지식이 안드로이드들에게 이미 입력되어 있다. 따라서 죽음 자체는 인간과 기계를 가르는 결정적인 기준이 못 된다. 딕의 소설에서 문제가 되는 건 지식과 감정이 입력된 시뮬레이션 같은 존재들을 어떻게 대할 것인가이다.

『전기 양』이 보여주는 미래는 궁지에 몰린 인간 종족의 모습 그대로다. 수없이 반복된 세계전쟁과 우주개발로 인해 지구는 황폐화된 지 오래다. 심각한 환경오염과 기후변화를 피해 능력 있는 사람들은 이미 화성으로 이주했고, 남아있는 건 형편상 떠나지 못한 일부 정상인들과 그보다 못한 특수자들, 그들이 애지중지하는 진짜 동물들, 그것을 대신할 가짜 동물들, 그리고 끊임없이 늘어나는 쓸모없

---

17. 앞으로 『전기 양』으로 줄이고, 인용시 *DAD*와 함께 쪽수만 적는다.

는 사물, 키플kipple들이다. 이 와중에 고안된 게 인간의 화성 이주를 장려할 목적으로 전투기를 개조해 만든 휴머노이드 로봇, 안드로이드들이다. 영화 〈블레이드 러너〉의 유명한 문구대로 이들은 "인간보다 더 인간 같은"more human than human을 신조로 하는 거대기업의 최고 상품이다. 인간 향상을 위한 트랜스휴머니즘 프로젝트에 기계가 얼마나 효율적인 인간 생존의 소모품이자 인간 극대화의 수단으로써 사용될 수 있는지 딕은 시대를 앞질러 비판하고 있다. 그러나 인간보다 더 인간 같다고 해서 안드로이드들이 그만한 대우를 받는 것은 결코 아니다. 그들은 똑같은 것 같지만 다른, 가짜 인간이다. 반면에 황폐해진 지구가 그나마 질서와 명맥을 유지하는 건 숫자가 줄어들수록 인간과 생명체는 하나로 뭉쳐야 한다는 인간 종족 중심주의와 생명 중심주의 이데올로기 때문이다. 이것의 근본적인 원칙은 이분법적 위계에 의한 불연속성이다. 인간과 비인간, 자연물과 인공물, 진짜와 가짜, 진품과 대용품ersatz, 순수와 키치kitsch 사이에는 뛰어넘을 수 없는 간극이 존재한다. 생명 여부는 자연의 피조물에만 적용되며, 자연으로부터 나오지 않은 인공물들은 모두 배제된다. 그 여부를 입증하는 것은 인간이 고등동물로 진화하는 과정에서 습득했다는 집단본능, 즉 다른 생명을 동료로 느낄 수 있는 공감empathy 능력이다. 윌버 머서Wilbur Mercer가 주관하는 머서리즘Mercerism과 스크린 속 머서를 통해 인간들이 합체하는 공감상 자empathy box는 압도적으로 늘어나는 죽은 사물들의 엔트로피에 대항하는 생명유지 장치이자 인간들을 규합하는 통치수단처럼 쓰인다. 그리고 공감측정기계로 무장한 릭 데커드Rick Deckard 같은 현상금 사냥꾼들은 "안드로이드 넥서스-6과 인류 사이에서 둘을 구별하는 장벽"(*DAD* 141) 역할을 자처한다.

『전기 양』의 초점은 이렇게 공고하게 구축된 인간 질서가 서서히 허물어져 가는 모습과 그 과정에서 데커드가 겪는 의식변화에 맞춰져 있다. 안드로이드 사냥에 나설 때만 해도 데커드는 자기가 키우는 전기 양이 살아있는 척하는 것에 증오를 느끼며 그보다 진화된 안드로이드도 마찬가지라고 생각한다. 똑같아 보이지만 다른, 원본과 복제의 차이는 그가 안드로이드를 받아들일 수 없는 이유다. 그러나 데커드의 견고한 입지는 안드로이드들을 하나씩 처치할 때마다 심각하게 흔들린다. 특히 루바 루프트Luba Luft가 다른 현상금 사냥꾼의 총에 맞아 비명을 지르며 죽어갈 때는 안드로이드에게도 감정과 "영혼"(*DAD* 135)이 있는 게 아닌지 혼란스러워한다. 그리고 동료 인간보다 기계인 루바에게 더 깊게 공감하는 자신에 대해 처음으로 자기는 훌륭한 사냥꾼이 아니라는 의심을 하게 되고, 아내Iran에게 "[그들을] 다르게 보게 되었다"(DAD 174)고 털어놓는다. 심지어는 그들이 아내보다 "더 삶에 대한 욕망과 생명력을 지니고 있다"(DAD 94)고 믿는가 하면, 그들을 죽인 대가로 산 염소를 레이첼Rachael이 질투심에서 일부러 떨어뜨려 죽였다는 사실도 알게 된다. 결국, 허탈한 마음에 찾은 사막에서 발견한 두꺼비가 실은 인공 두꺼비라는 것에 순간 실망하지만, "차라리 알게 되어 다행"이라며 "전기적인 것들the electric things은 대단치는 않아도 그들만의 생명을 갖고 있다"(DAD 241)고 인정한다. 그러고는 이전에 전기 양을 대할 때와는 전혀 다르게 "소유물로서가 아니라 친절로서", 윤리적으로, 대한다(Vint, 2007, p. 123).[18] 이렇게 인간을 위한 도구로 제작

---

18. 딕의 작품을 언급하지는 않지만, 다음의 주장은 안드로이드들을 위한 웅변으로도 손색이 없다 : "만일 로봇들도 고통을 느끼거나 그에 준하는 감정적 상태를 경험할 수 있고, 인간과 유사한 지성적 사유 능력을 갖고 있으며, 더 나아가 자신의 삶을 계획하고 욕망하며 타자에 대해 사랑이나 미움 같은 감정을 느끼고 반응하는 존재들이라면, 그것들의 도덕적 지위나 권리를 부정할 이유는 없어 보인다. 인공적으로 만들어진 존재라는 사실이 그것들이 자신의 삶에 대해서 갖는 열망 혹은 그들이 느끼는 좌절과 고통을 인간의 열망이나 좌절, 고통보다 덜 중요하게 만드는 것은 아니기 때문이다. 그것들이 갖는 정신적 능력의 원천이 인간과 같은 생물학적 두뇌가 아

된 인공물들이 감정을 느낄 줄 알고, 영혼이 있고, 생명이 있고, 또한 삶에 대한 의지와 꿈이 있는 존재로 이해되는 과정은 데커드가 인간과 기계의 단절에서 벗어나 "서로 공감하고 실체를 인정하며, 각자의 실존에 깊은 영향을 주는 **포스트휴먼 공동체**"로 진입하고 있음을 분명하게 보여준다 (Galvan, 1997, p. 414 ; 원저자 강조).

여기서 좀 더 살펴봐야 할 것은 안드로이드에서의 감정 문제와 생명의 범위에 대한 데커드의 인식 변화다. 먼저 눈여겨봐야 할 부분은 인간과 기계를 분별하는 척도로 감정이 제시된다는 점이다. 딕의 소설은 인공지능의 발전사를 염두에 놓고 보면 알랜 튜링이 제안한 튜링 테스트의 새 버전이라고 할 수 있다. 잘 알려져 있다시피 튜링은 「계산 기계와 지능」이란 논문의 첫머리에서 "기계는 생각할 수 있는가?"라는 질문을 던지며 인간과 기계가 서로 대화를 나누는 이미테이션 게임을 통해 어떤 쪽이 인간인지 맞혀보자는 제안을 한다(Turing, 1950, p. 433). 튜링의 제안이 데카르트로부터 이어져 온 인간 고유의 사유 전통에 대한 도전이라면, 딕은 이를테면 "기계는 느낄 수 있는가?"라는 화두

니며, 그것들은 유기체가 아니므로 그러한 권리를 가질 수 없다고 말하는 것은 인간 종족 중심주의의 은밀한 발현이다." 신상규, 2014, 52~53쪽.

를 던지며 과연 감정이 인간과 기계를 분별하는 잣대로서 타당한지 작품 전체에 걸쳐 묻고 있다. 어찌 보면 튜링이나 딕은 인간을 기준점으로 먼저 설정해 놓고 그것을 모방하는 기계를 제시한다는 점에서 여전히 인간 중심적 테두리에 머물러 있다고 생각될지 모른다. 하지만 다시 말하거니와 딕의 안드로이드들은 기계와 기술을 인간 개선의 도구로만 바라보는 휴머니즘의 나르시스적인 유산을 비판하기 위한 시도다. 그리고 원본의 복제라는 이유로 기계를 폄훼하고 파괴하는 게 과연 옳은지 딕은 심문하고 있다.

사실 최첨단 인공지능이라 해도 로봇의 감정은 여전히 불편한 부분이다. 그리고 『전기 양』의 안드로이드 넥서스-6은 실현되기에는 아직 멀어 보인다. 하지만 최근 활발하게 진행되고 있는 감정 컴퓨팅[19] 연구와 그것을 기반으로 한 다양한 감성형 로봇emotive robots의 개발을 생각하면, 지능에서는 인간을 훨씬 능가하지만, 감정반응 속도가 정상인의 기준에 조금 못 미치는 딕의 안드로이드들이 불가능

---

19. affective computing. 분위기나 감정과 관련된 신체적 특성을 감지하기 위해 생체인식 센서를 사용하는 컴퓨터기술. 딕의 안드로이드는 초(超)지능에 가까운 인공지능에 분위기 및 감정의 컴퓨터 시뮬레이션이 결합한 형태다.

한 것만은 아니다. 사실 얼마 전만 해도 컴퓨터는 지능적이고, 대조적으로 인간은 감성적이라는 생각이 지배적이었다. 요즘의 인공지능이라는 것도 이성적인 지능을 갖춘 컴퓨터를 주로 뜻하다가, 지금은 감성 지능까지 겸비한 로봇으로 변화하는 추세다. 저명한 사회심리학자 셰리 터클Sherry Turkle은 디지털 시대의 과학기술과 인간의 관계를 다룬 『외로워지는 사람들』Alone Together에서 1990년대 말에 감정과 욕구를 지닌 컴퓨터 생명체가 세상에 나오면서 "감성적인 기계로서의 사람은 더 이상 혼자가 아니[게]" 되었다고 말한다(터클, 2010, 271~272쪽). 컴퓨터 생명체란 로봇다운 '몸'을 가진 다마고치Tamagotchi(1997), 퍼비Furby(1998), 아이보Aibo(1999), 키즈멧Kismet(1990년대 말), 마이 리얼 베이비My Real Baby(2000) 같은 감정 로봇들을 가리킨다. 한 걸음 더 나아가면, 아직 문학적 상상력에 머물고 있지만, 미국에서 크게 주목받고 있는 테드 창의 과학소설 『소프트웨어 객체의 생애 주기』에 나오는 감정을 느끼는 소프트웨어, "디지언트digient, 즉 데이터 어스 같은 가상세계 속에서 사는 디지털 존재"들도 포함될 수 있을 것이다(창, 2013, 13쪽).[20]

---

20. 데이터 어스(Data Earth)는 소설 속의 온라인 가상공간을 말하며, 디지언트는 digital과 resident의 합성어로 데이터 어스의 디지털세계에 사는 존재

엄밀히 말해 이 로봇들은 스스로 감정을 느끼는 게 아니라 입력된 감정의 시뮬레이션을 실행하거나 연기한다. 그런데도 감정로봇으로 불리는 것은 인간으로 하여금 감정을 느끼도록 해 주기 때문이다. 감정로봇은 감정을 유발하여 사람의 마음을 움직인다. 그 감정은 누군가를 보살필 때의 연민부터 반려동물이나 친구에게서 느끼는 애정, 심지어는 그 동물이나 친구가 죽었을 때의 상실감과 애도까지 매우 다양하다. 고장 난 퍼비에 대해 "가짜지만 죽었다"며 안타까워한 어느 초등학교 학생의 퍼비 로봇처럼, 혹은 『전기양』의 전기 동물들처럼, 그들은 "기계이긴 하나, 죽을 정도로 살아있는 존재"들이다(터클, 2010, 292쪽).

감정로봇이 친숙하게 받아들여지더라도 그것은 감정을 느끼게 해 주는 기계일 뿐이며, 그 감정도 결국은 입력된 것에 불과하지 않느냐는 문제 제기가 여전히 있을 수 있다. 알파고의 경우처럼 딥 러닝에 의해 이제는 로봇의 지능뿐 아니라 감정까지 자기조절과 생성이 되는 데 대해서도 그것은 인간 감정과는 근본적으로 다르지 않냐는 비판이

다. 작가는 인간과 인공지능 사이에서 생겨날 수 있는 감정적 관계를 생각하다가 그 스스로 욕구를 느끼는 소프트웨어를 작품 소재로 구상하게 되었다고 한다.

계속될 수 있다. 하지만 우리는 반려동물들과 지내면서 그들이 느끼는 감정이란 게 인간과 다를 수 있으며, 인간과는 다른 방식으로 작동된다는 이유로 그들을 배척하지 않는다. 그러나 유독 로봇에 대해서는 그렇지 않다. 로봇의 감정이 발생학적으로든 작동방식에서든 인간과 다를 수 있다는 점에 대해서는 여전히 인간 중심적이다. 그 이유는 로봇을 대하는 인간의 태도 때문이다. 앞서 말한 감정로봇들은 그들이 친구이든, 반려견이든, 반려자든, 기본적으로 인간의 감정을 채워주기 위한 '대상', 인간 자아의 일부로서만 존재하는 인간의 "자기-대상"self-object일 뿐이다(같은 책, 311쪽). 그러한 인간의 대상이 '아닌' 로봇의 비인간성, 즉 로봇의 타자성은 전혀 인식되지 않는다. 공감은 자아와 타자의 동일성이 아니라 자아와 타자가 서로 다름을 인정하는 데서 출발한다. 따라서 중요한 건 로봇의 감정이 인간의 감정과 같냐 다르냐가 아니라, 로봇과 어떻게 관계 맺기를 원하느냐 하는 것이다.

이런 점에서 안드로이드들에 대한 태도를 비롯해 작품 마지막에서 인공 두꺼비를 수용하기까지의 데커드의 변화는 본격적인 단계로까지는 아니더라도 놀랄 만한 진전이 아닐 수 없다. 그 이유는 생명의 범위에, 그리고 공감의 범위에, 종전의 인간/생명 중심적 척도에서 배제된 인공생명들이 포함되기에 이르렀기 때문이다. 데커드가 작품의 결말 부분에서 개인 주체로 다시 태어나는 듯한 환상에 잠시 빠졌다가 이내 깨어나게 되는 것도 바로 인공적인 환경과 생명 때문이다.[21] 흥미로운 점은 이러한 변화의 계기를 마련해준 게 머서라는 사실이다. 작품해석에서 가장 난해한 부분 중 하나이지만,『전기 양』 전체에 걸쳐 머서의 역할은 양면적이다. 인간 중심주의의 이데올로기적 도구이자 통치수단으로서의 머서리즘 내에서는 인간이든 동물이든 살아 있는 유기체 생명만이 허용된다면, 작품 후반부로 갈수록 비유기체 인공물들도 생명으로 받아들여진다. 전자에서 생명이 체제의 생명권력에 의해 동원되는 소위 생명정치에서의 '생명'bios이라면, 후자에서 생명은 거기에서 철저히 배제되었거나 도구로서만 착취된 죽여도 상관없는 생명이다.

---

21. 데커드가 머서처럼 되어가는 장면을 두고, 가상이 실제로 대체되고, 그것을 통해 데커드의 자아가 "완전한 주체"로 거듭나는 "개인주의적 해방"의 과정으로 보는 견해가 있다(권지은, 2012, 205~206쪽). 그런데 작품을 좀 더 세밀하게 살펴보면 오히려 그 반대로 보는 게 더 설득력이 있다. 데커드가 획득했다고 믿는 주체는 실제가 아니라 가상, 즉 머서에 의해 구축된 인공세계의 모방이고, 그의 그런 환상을 여지없이 깨트리는 건 바로 머서가 보란 듯이 남겨놓은 가짜 생명, 즉 인공생명들이다. 이와 관련해서는 박인찬, 2015, 129~152쪽 참조.

현상금 사냥꾼들과 반대로 존 이지도어John Isidore가 상대의 정체가 안드로이드임을 알고도 특유의 "감정적 수용"an emotional acceptance(*DAD* 164) 자세를 보일 때 그것은 바로 후자의 생명에 대해서다. 그리고 머서리즘의 실체가 만천하에 폭로된 뒤에 "변한 건 아무것도 없다"(*DAD* 214)며 이지도어를 안심시키는 머서의 충고는 함의하는 바가 크다. 또한 머서가 이지도어와 데커드에게 새로운 공감 '선물'처럼 남기고 간 가짜 동물들, 전기 거미와 전기 두꺼비는 인간 중심적 생명주의의 돌파구를, 엔트로피로 치닫는 종말 이후 지구 생태계의 대안을, 바로 무생명과의 관계에서 찾아야 할지 모른다는 암묵적인 메시지로도 읽힐 수 있다. 달리 말하면, 에너지의 궁극적인 소멸로 향하는 엔트로피의 움직임은 같은 시스템 내에 존재하는 생명체와 기계, 생명과 무생명이 상호 간의 피드백을 통해 지연되거나 극복될 수 있다는 암시일 수 있다. 에너지를 생성하고 무질서를 제어하려는 '항상성'이 엔트로피의 증가에 저항하기 때문이다. 그런데 이것을 작품 속에서 쉽게 간파하기 어려운 것은 머서의 세계가 종교적 믿음이나 판타지처럼 초자연적으로 제시되기 때문이다. 하지만 생각해 보면 원래 머서는 죽은 뼈다귀들과 죽은 사물들을 생명으로 되돌리는 기적을 행한 자가 아니던가. 처음부터 머서에게 생명과 무생명은 불가분의 관계였다. 쓸모없는 사물들과 함께 살아야 하는 곳이 머서의 세계다. 이런 점에서 길고 힘든 하루를 보낸 데커드에게 부인 아이랜이 머서에 빗대어 들려주는 위로, 즉 "할 수 있는 건 계속 삶을 살다가, 그것이 가는 데로 가다가, 죽음에 이르는 거예요"(*DAD* 242)라며 건네는 말은 곱씹어볼 만하다. 그 끝이 종말에 이르는 죽음일지, 아니면 생명에 이르는 죽음일지 모르지만, 사물의 세계에 사물과 더불어 살고 있음을 그대로 받아들이자는 아이랜의 말에서 이전과는 달라질 포스트휴먼으로의 여정이 이미 시작되었음은 분명해 보인다.

아시모프와 딕은 살펴본 바와 같이 포스트휴먼 시대의 기계의 한 표상으로 인간을 닮은 안드로이드를 설정하여 인간과 기계의 바람직한 공진화적 관계에 대해 조망하고 있다. 두 작가 모두 기계를 적대적으로만 대하는 시각에서 벗어나려 한다는 점에서는 공통점이 있다. 그리고 인간의 기계화와 기계의 인간화의 양 축에서 인간과 기계를 바라본다는 점도 비슷하다. 반면에 인간과 기계의 적절한 관계에 대해서는 서로 대조적이다. 아시모프가 자기 진화의 종착역으로 원본, 즉 인간이 되기를 열망하는 복제의 이야기를 통해 자유주의 휴머니즘에서 벗어나지 않은 낭만적 공진화를 제시한다면, 딕은 인간과 기계가 서로의 실체를 존중하며 각자의 실존에 영향을 주는 윤리적 지향을 보여준다. 이 글에서 다룬 두 작가의 작품에서 복제로서의 기계는 "원본으로부터 이탈해 자신의 길을 가기 시작"하거나, "자신의 원본 됨을 주장"하는 단계로까지 가지는 않는다(이진경, 2011, 235쪽). 아마 그 단계가 되면 기계는 더 인간을 닮을 필요 없이 혼자 자율적으로 진화하게 될지 모른다. 그리고 어쩌면 그 무렵에 인간은 모라벡의 전망대로 컴퓨터로 마음을 이식받아 슈퍼인간으로 진화하게 될지도 모를 일이다. 하지만 포스트휴머니즘에서의 공진화는 인간과 기계가 트랜스휴머니스트들의 주장처럼 독자적으로, 개체 중심적으로, 그리고 초월적으로, 진화하는 것과는 거리가 있다. 그보다는 인간과 기계가 상호적으로 침투하며 서로를 변형시키는 공생의 네트워크를 지향한다. 그러려면 무엇보다 인간과 기계, 인간과 사물, 생명과 무생명이 함께 사는 포스트휴먼 공동체의 측면에서 인간과 세계의 관계를 근본적으로 다시 생각해볼 필요가 있다. 이런 점에서 딕의 『전기양』은 포스트휴먼으로 가는 긴 여정에서 중요한 초석이 될 것이다.

:: 참고문헌

권지은. (2012). 'SF=탈인간중심주의'? 필립 K. 딕에 나타난 인간중심주의로의 회귀 욕
망. 『안과밖』, 33.

김건우. (2016). 포스트휴먼의 개념적, 규범학적 의의. 『포스트휴먼 시대의 휴먼』. 한국
포스트휴먼학회 편저. 아카넷.

김재희. (2017). 『시몽동의 기술철학 : 포스트휴먼 사회를 위한 청사진』. 아카넷.

라투르, 브루노 (Latour, Bruno) 외. (2010). 홍성욱 편. 『인간 · 사물 · 동맹 : 행위자네트
워크 이론과 테크노사이언스』. 이음.

매즐리시, 브루스 (Mazlish, Bruce). (1993). 『네 번째 불연속 : 인간과 기계의 공진화』.
(김희봉 역). 사이언스북스.

박인찬. (2015). 필립 딕의 키치 세상 : 『안드로이드들은 전기 양을 꿈꾸는가?』를 통해 본
인간, 기계, 그리고 과학소설. 『현대영미소설』, 22(3).

버트하임, 마거릿 (Wertheim, Margaret). (2002). 『공간의 역사 : 단테에서 사이버스페이
스까지 그 심원한 공간의 문화사』. (박인찬 역). 생각의 나무.

브라이도티, 로지 (Braidotti, Rosi). (2015). 『포스트휴먼』. (이경란 역). 아카넷.

시몽동, 질베르 (Simondon, Gilbert). (2011). 『기술적 대상들의 존재양식에 대하여』. (김
재희 역). 그린비.

신상규. (2014). 『호모 사피엔스의 미래 : 포스트휴먼과 트랜스휴머니즘』. 아카넷.

영미문학연구회 학술대회 자료집. (2017). 「인간 이후의 문학 : 기계, 좀비, 재난」.

이경란. (2016). 포스트휴먼 시대의 포스트휴먼 담론들. 『문학동네』, 87.

이진경. (2011). 『불온한 것들의 존재론 : 미천한 것, 별 볼일 없는 것, 인간도 아닌 것들의
가치와 의미』. 휴머니스트.

창, 테드 (Chiang, Ted). (2013). 『소프트웨어 객체의 생애 주기』. (김상훈 역). 북스피어.

최진석. (2016). 휴머니즘과 포스트휴머니즘의 (탈)인간학. 『문학동네』, 87.

터클, 셰리 (Turkle, Sherry). (2010). 『외로워지는 사람들 : 테크놀로지가 인간관계를 조
정한다』. (이은주 역). 청림출판.

하대청. (2016). 슈퍼휴먼이 된 장애인. 『포스트휴먼 시대의 휴먼』. 한국포스트휴먼학회
편저. 아카넷.

하라리, 유발 (Harari, Yuval Noah). 『사피엔스 : 유인원에서 사이보그까지, 인간 역사의
대담하고 위대한 질문』. (조현욱 역). 김영사.

홍성욱. (2016). 과학기술학의 관점에서 본 과학과 인문학의 융합. 『안과밖』, 41.

후쿠야마, 프랜시스 (Fukuyama, Francis). (2003). 『부자의 유전자, 가난한 자의 유전자』. (송정화 역). 한국경제신문.

Asimov, Isaac. (2003). The Bicentennial Man. http://playpen.meraka.csir. co.za/~acdc/education/Dr_Anvind_Gupa/Learners_Library_7_March_2007/Resources/books/asimov%20ebook.pdf.

Bennett, Jane. (2010). *Vibrant Matter : a Political Ecology of Things*. Durham : Duke University Press. [『생동하는 물질』. (문성재 역). 현실문화. 2020.]

Bostrom, Nick. (2005). A History of transhumanist Thought. http://www.nickbostrom.com/.

_____. (2003). The transhumanist FAQ : a General Introduction. http://www.nickbostrom.com/.

Coole, Daniel and Samantha Frost (Eds.). (2010). *New Materialisms : Ontology, Agency, and Politics*. Durham : Duke University Press.

DeLillo, Don. (2016). *Zero K*. New York : Scribner.

Dick, Philip K. (1968). *Do Androids Dream of Electric Sheep?*. New York : Ballantine. [『안드로이드는 전기양의 꿈을 꾸는가?』. (박중서 역). 폴라북스. 2014.]

Frost, Samantha. (2016). *Biocultural Creatures : Toward a New Theory of the Human*. Durham : Duke University Press.

Galvan, Jill. (1997). Entering the Posthuman Collective in Philip Dick's Do Androids Dream of Electric Sheep?. *Science Fiction Studies* 24(3).

Hayles, Katherine. (1999). *How We Became Posthuman*. Chicago : University of Chicago Press. [『우리는 어떻게 포스트휴먼이 되었는가』. (허진 역). 열린책들. 2013.]

Herbrechter, Stefan. (2013). *Posthumanism : a Critical Analysis*. London : Bloomsbury.

More, Max. (1990). Transhumanism : Towards a Futurist Philosophy. *Extropy : The Journal of transhumanist Thought* 6.

_____. (1996). Transhumanism — Toward A Futurist Philosophy. https://www.scribd.com/doc/257580713/Transhumanism-Toward-a-Futurist-Philosophy.

Turing, Alan. (1950). Computing Machinery and Intelligence. *Mind* 59.

Raiford, Wanda. (2008). Race, Robots, and the Law. In Donald M. Hassler and Clyde Wilcox (Eds.), *New Boundaries in Political Science Fiction*. Columbia : University of South Carolina Press.

Vint, Sherryl. (2007). Speciesism and Species Being in Do Androids Dream of Electric Sheep?. *Mosaic* 40(1).

동물과 인간의 '(부)적절한' 경계

아감벤과 데리다의 동물담론을 중심으로

황정아

동물로의 선회Animal Turn

학술과 담론의 영역에서 볼 때 동물은 늘 가까이 있으면서도 보이지 않다가 비교적 최근에야 '비가시성'에서 풀려난 존재이다. 동물권animal rights을 비롯하여 동물연구Animal Studies, 동물학Zoology이라는 용어가 더는 낯설지 않은데, 서구 학계를 기준으로 잡아도 동물에 관한 "일반적 관심이 하나의 학제간 학문 및 연구 영역으로 발전한 것은 지난 20년" 동안에 일어난 일이다.[1] 여성연구, 하위주체연구, 소수자연구 등이 그렇듯이 동물연구의 경우에도 일단 본격적으로 시작되고서야 비로소 왜 이제야 시작되었는가 하는 의문이 새삼 제기된다. 그에 답하듯 이 분야를 다룬 글들은 '동물로의 선회'를 뒷받침할 근거로서 동물이 역사적으로 오랜 문제일 뿐 아니라 역사 자체에 내재한 근본적인 문제임을 강조하곤 한다. 이를테면 윤리 차원에서 볼 때 동물이라는 존재는 인간이 동물을 어떻게 '윤리적으로' 대해야 하는가 하는 질문과 일차적으로 관련되지만, 더 근본적으로는 레비나스적 타자로서 인간 자신을 문제화하는 어떤 절

---

1. Wheeler and Williams, 2012, p. 5. 이 글이 2012년에 발표된 점은 감안해야 한다.

대적인 윤리적 요청을 제기하는 존재이기도 하다는 식이다(Calarco, 2008, p. 5). 그런 점에서 '동물'은 새로운 분야의 연구가 어떻게 만들어지는가를 관찰하거나 이미 독자적 담론을 구축한 이론(가)들이 새로운 분야를 자신의 담론에 병합하는 양상을 살피는 데도 적합한 주제일지 모른다.

동물을 다룬 여러 논자들이 주장하듯이 동물은 우리가 미처 알아보지 못했을 뿐 '언제나 이미' 근본적인 주제였는지 모르지만, 그와는 별도로 그것이 특정 시점부터 특별히 주목받게 된 데는 분명 그것대로의 역사적 배경이 있을 것이다. 인류 역사에 늘 함께해 왔고 사실 현생 인류보다 먼저 존재해온 동물이 왜 근래 들어서야 독자적인 연구 분야가 될 정도로, 나아가 인간문명의 근간을 재고하도록 요청하는, 피할 수 없고 피해서도 안 될 핵심 주제로 등장했을까. 언젠가부터 동물이 우리 자신의 문제가 되었다는 것은 그만큼 동물과 인간을 가르고 그래서 동물을 '보이지 않게' 만드는 경계가 결정적으로 흔들리기 시작했음을 말한다. 그 '언젠가'가 구체적으로 언제이며 왜 그때인가를 해명하는 데는 일정한 시대구분이 불가피하다.

날로 잔혹해지는 공장식 사육 시스템과 그 결과 발생한 전염병의 확산, 그리고 그것이 악순환이 되어 다시 촉발하는 끔찍한 동물 살상, 그에 더하여 반려동물이 급격히 늘어나면서 생긴 태도 변화를 비롯한 여러 사회적 현상들이 매우 구체적이고 현실적인 배경이라는 점은 말할 필요도 없다. 또한 엄밀한 의미에서의 '동물연구', 다시 말해 실제 동물들의 생활과 행동과 신체를 관찰한 연구 성과들이 축적되어 인간과 동물의 차이에 관한 여러 전통적인 주장들이 차례로 심문당하게 된 점이 하나의 학문 내적 요인으로 작용했으리라 짐작할 수 있다. 하지만 그렇더라도 동물이 다름 아닌 '우리 자신의 문제'로서 받아들여지기 위해서는 일정한 담론적 개입이 전제되며, 거기에는 역사적 변화 또는 시대적 요구에 대한 해석도 포함되기 마련이다.

가까이는, 4차산업혁명이라는 모호한 개념과 연동하며 한층 급속히 유통되기 시작한 '포스트휴먼' 논의가 인간의 경계를 뒤흔들고 그 때문에 전통적으로 인간의 대척점 역할을 해온 동물 범주 역시 문제화된 사정이 시대적 요인으로 지목될 법하다. 인간과 포스트휴먼을 가르는 경계가 가장 중요해진다면 인간과 동물 구분의 의미는 그만큼 희석되거나 심지어 무의미해질 것이 분명하다. 전통적인 인간은 전통적인 동물과 다르지 않은 존재로 묶일 공산이 커지는 것이다. 그보다 앞서, '역사의 종말' 담론과 관련하여 알렉

상드르 코제브가 말한 인간의 '동물화' 현상이 주목을 받기도 했다. 주지하다시피 코제브는 일찍이 "대상에 대립하는 주체"의 소멸이자 "엄밀한 의미에서의 인간적 담론(로고스)의 결정적 소멸", 곧 "세계와 자아에 대한 [담론적] 이해"의 소멸을 동반하는, "인간이라 일컬을 만한 인간의 결정적절멸"의 다른 이름으로 "인간의 동물성으로의 회귀"Man's return to animality를 이야기했다.[2] 그는 헤겔의 판단에 동조하여 이미 예나 전투(1806년) 이래의 세계에서 이런 종류의 '동물화'가 사실상 현실화되었다고 보았지만, '미국식 생활양식'에 관한 그의 언급에 방점이 찍히면서 코제브식 '동물화'는 포스트모던한 세계의 인간상에 관한 묘사로 주로 인용되어 왔다.

더 최근의 논의에서는 2차 세계대전이 하나의 기점으로 자주 등장한다. 이를테면 죽는다기보다 그저 "끝난다"come to an end고 해야 할 것 같은 수많은 인명 살상을 야기한 이 전쟁으로 "인간과 동물의 차이를 가리키는 본질적 지표로

2. Kojève, 1969, pp. 158~162, 각주 6번. 동물성으로의 회귀 외에 "더는 적절히 인간이 아닌" 존재가 취하는 또 다른 변형태로 코제브는 "속물"(Snobbery)을 제시하고 그것이 "역사 이후"의 일본에서 가장 순수한 상태로 발견된다고 주장한다.

알려진 것이 흔들리거나 어쩌면 완전히 사라졌는지도 모른다."(Mitchell, 2011, p. 81)는 지적이 있다. 특히 홀로코스트는 생명정치 담론을 뒷받침하는 결정적인 사건으로 제시되면서, "죽음의 수용소들의 건축과 수송구조가 시카고 도살장의 성공적인 설계를 훔치거나 빌려온 것"(Wood, 2006, p. 49 ; Iveson, 2012에서 재인용)이라는 주장이 제기될 정도로 또 다른 의미의 인간의 '동물화' 논제를 형성했다. 홀로코스트를 둘러싸고 제기된 인간과 동물의 유비적 혹은 축자적 연관[3]은 "인간의 생명만이 아니라" 동물을 포함한 "모든 생명"이 이른바 근대 생명권력에 포획되어 있다는(Chrulew, 2012, p. 54) 주장으로 이어지기도 한다.

각기 다른 기점을 설정하고 있으나 이런 주장들에서 공통적으로 발견되는 바는 동물이 핵심적인 이슈로 제기된 사정에 어떤 식으로든 인간의 '동물화'가 연루되어 있다는 사실이다. 인간은 스스로 동물화했기 때문에 비로소 동물을 '볼 수 있게' 되었으며, 그런 의미에서 동물담론의 출발

---

3. 둘 사이의 유비에 관한 잘 알려진 문학적 사례로는 J. M. 쿳시의 『엘리자베스 코스텔로』가 있다. 이 소설에서 주인공 코스텔로는 "우리는 제3제국이 자행한 것에 육박하는, 아니 그보다 더 타락하고 잔혹한 도살기업에 둘러싸여 있습니다."는 등의 발언으로 논란을 불러일으킨다. Coetzee, 2003, p. 88.

지점에 이미 일정하게 인간중심성이 내포되어 있다. 그럼에도 동물담론 대부분이 명시적으로 지향하는 바는 인간의 동물화 극복이 아니라 인간중심성의 극복이다. 인간이 동물화하면서 인간과 동물의 구분이 흐려진 것은 맞지만 애초에 동물화가 부정적인 이유는 인간중심적 관점에서 인간과 동물을 구분했기 때문이라고 설명하는 것이다. 순환회로처럼 보이는 이 프레임에서 인간과 동물의 경계가 흐려지는 것은 따라서 문제의 핵심이면서 동시에 문제해결의 방향이기도 하다. '동물로의 선회'가 전개되는 공간은 이처럼 대체로 동물화에서 인간중심성 비판으로 향하는 극성을 띠며, 인간과 동물의 경계에 관한 문제 제기는 그 흐름의 핵심적인 매개 역할을 담당한다.

인간의 동물화와 인간중심성 극복은 둘 다 겉으로는 인간과 동물 사이의 경계가 흐릿해지는 양상을 띠기 때문에 이 둘 사이의 경계 역시 (인간과 동물의 구분만큼이나) 미묘하고 위태로울 것임을 미루어 짐작할 수 있다. 이 위태로움을 염두에 두면서 이어지는 절에서는 동물담론에서 자주 언급되어온 조르조 아감벤Giorgio Agamben과 자끄 데리다Jacques Derrida의 동물 논의를 차례로 검토하고, 특히 동물담론에서 비판의 집중 표적이 되는 마르틴 하이데거Martin

Heidegger의 동물 관련 발언을 두 사람이 어떻게 해석 혹은 재해석했는가를 살피고자 한다. 마지막으로 그들이 제출한 해결의 실마리로부터 어떤 문제들이 새롭게 드러나는가를 알아볼 것이다.

인간학적 기계와 동물-기계론 전통

아감벤의 동물담론 역시 동물이 왜 중요한 주제인가를 설명하는 대목을 포함한다. 그에 따르면 인간과 동물의 구분 문제는 "이른바 인간의 권리와 가치 같은 거대한 쟁점에 관해 입장을 취하는 일보다 더 긴급"한데, 다름 아니라 인간을 정의하는 일 자체, 곧 "인간이란 무엇인가가 이 구분을 통해 결정되고 산출"되기 때문이다.[4] 아감벤은 인간이 자연적으로 인간인 것이 아니라 "스스로를 인간으로 인식함으로써만 인간이 되는 동물"(26)이며, 따라서 그 인식 이전의 (태어난 그대로의, 동물로서의) 인간과 이후의 (인간으

---

4. Agamben, 2004, pp. 16, 21. 여기서 아감벤의 동물 담론에 관한 논의는 졸고 「동물적인 것과 인간적인 것: 문학의 질문과 『엘리자베스 코스텔로』」(『창작과비평』 171, 2016)에 나오는 아감벤 소개와 일부 겹치는 대목이 있다는 점을 밝혀둔다. 이하 이 책의 인용은 괄호에 쪽수만 표기한다.

로서의) 인간이라는 구분이 인간 내부에, 혹은 인간이 인간으로 되는 과정에 깊숙이 새겨져 있다고 말한다. 이때의 인식은 인간이라는 인식과 인간 아님(동물)이라는 인식, 이렇게 사실상 두 겹으로 이루어지는 셈이다. 요컨대 인간은 곧 '인간화'이며 이 인간화에는 언제나 '동물화'가 그 이면으로서 진행된다고 해석할 수 있을 텐데, 인간이란 "언제나 그 자신 이하이거나 이상"(29)이라는 아감벤의 발언이 그런 의미일 것이다. 아감벤은 인간과 동물을 구분하는 장치, 다시 말해 인간화이자 동물화라는 이중적인 '~화'를 작동시키는 장치를 '인간학적 기계'anthropological machine라 부른다.

"(언제나 이미 포섭시키는) 배제와 (언제나 이미 배제이기도 한) 포함을 수단으로 기능"(37)하는 인간학적 기계는 아감벤의 생명정치 담론의 핵심 개념인 '예외상태'와 긴밀히 연결된다. 인간 내부에 인간인지 아닌지 식별할 수 없는 영역, 곧 예외상태를 만들어, 거기서 동물성을 배제하는 방식으로 '진정한' 인간성의 효력을 발생시키는 것이 이 기계의 작동원리이기 때문이다. 그러니 인간은 사실상 비어있는 공간에서 "끊임없이 업데이트되는 결정"(38)을 통해 만들어진다. 이런 과정은 『호모 사케르』 같은 책에서 아감벤이 설명한바 근대 생명정치가 '벌거벗은 생명'bare life을 만들어내는 과정과 구조적으로 동일할 뿐 아니라, 인간학적 기계의 작동에서 실제로 얻어지는 것이 바로 "동물적 생명도 인간적 생명도 아닌, 다만 스스로에게서 분리되고 배제된 생명, 즉 **벌거벗은 생명**일 따름"(38)이다. 벌거벗은 생명의 창출이 생명정치의 핵심 토대이듯이, "신학과 철학뿐 아니라 정치, 윤리, 법체계 또한 인간과 동물 사이의 차이에서 생겨나고 또 중지된다."(22) 특히 "우리 문화에서 다른 모든 갈등을 관장하는 결정적인 정치적 갈등은 사람의 동물성과 인간성 사이의 갈등"(80)이라고 아감벤은 말한다. 누군가를 향한 날 선 적대와 잔혹한 폭력과 죽음의 처분이 그 누군가를 '인간 이하'로 규정하는 일과 맞물린다는 사실은 역사를 통해 충분히 입증된 바다.

이처럼 동물이라는 주제는 '예외상태'나 '벌거벗은 생명' 같은 핵심 개념들과 접합되면서 아감벤 담론의 중심부에 자리 잡는다.[5] 이 주제가 우리 시대에 갖는 특별한 긴급성과 관련하여, 그는 인간과 동물을 가르는 인간학적 기계

---

5. "동물 비유가 중요한 순간마다 아감벤의 사유에 등장하"기는 해도 "아감벤의 주요 관심은 동물화된 인류"이지 실제 살아있는 동물이 아니며, 아감벤은 "생명정치가 인간의 생명(그리고 그가 덧붙인 대로 인간의 언어)만이 아니라 지구상의 모든 살아있는 존재들의 생명과 언어를 내기의 판돈으로 삼는다는 점을 보지 않는다"는 비판도 있다. Chrulew, 2012, pp. 55, 57.

가 오늘날 "헛돌고 있"idling(80)으며 인간과 동물 사이의 "차이가 사라지고 두 항이 서로를 덮치며 무너지고 있다"(22)고 진단한다. 코제브의 동물화 논의를 소환하며 아감벤은 동물과 구분되는 '진정한' 인간에게 할당된 "역사적 임무"가 없어진 것은 1차 세계대전이 끝날 무렵에 이미 분명해진 일이고, "20세기 전체주의가 헤겔-코제브식 역사의 종말의 다른 얼굴"(76)임을 강조한다. 경제가 지배하는 탈정치화가 펼쳐지거나 아니면 생명 자체가 최고의 정치적 과제가 되거나 하는 식인 것이다. 역사적·정치적 운명 같은 것이 "문화적 스펙터클과 사적 경험으로 변모"한 지 오래인지금, 남는 것은 "바로 그런 인간의 동물성"에 대한 "총체적 경영"total management이다(76~77). 아감벤은 스스로의 동물성에 대한 총체적 경영을 맡은 인류가 여전히 인간학적 기계가 만들어낸 바로 그 인간이라 말하기는 어렵다고 보는데, 이런 변화가 바로 아감벤식 '인간의 동물화'일 것이다.

아감벤은 "인간학적 기계가 완전히 죽어버린 듯 보이는 이미지"(81)를 발터 벤야민에게서 발견하는데, 그중 하나가 "'구원된 밤'saved night"의 이미지이다. "닫힘의 세계"로서의 자연과 밤은 "계시의 영역"으로서의 역사에 대비되지만 벤야민은 바로 그 밤의 닫힌 영역에 관념ideas과 예술작품

works of art을 귀속시킨다. 관념들은 "'밤에만 빛나는 별과도 같이' 창조적인 생명을 그러모으지만 그것을 계시하거나 인간의 언어에 열어주기 위해서가 아니라 그 닫힘과 말 없음으로 되돌려주기 위해서 그렇게 한다."(81) 그렇듯 "스스로에게 되돌려진 자연"을 의미하는 '구원'은 "상실되었으나 다시 찾아져야 하는 어떤 것, 잊혔으나 다시 기억되어야 할 어떤 것"이 아니라 "상실되고 잊힌 것 자체, 즉 구원할 수 없는 것"과 관련된다(82). 아감벤이 주목하는 또 하나의 이미지는 벤야민이 근대 기술이 "자연에 대한 지배가 아니라 자연과 인류의 관계에 대한 지배"라고 한 대목이다. 아감벤은 이런 의미의 지배mastery는 자연과 인류 어느 한쪽이 다른 한쪽을 지배하거나 변증법적 종합을 통해 제3의 항이 되는 것을 가리키지 않는다고 설명하고, 이런 지배에서라면 인간학적 기계는 작동을 중단하며 인간성과 동물성 두 항 모두 "상호 중지" 상태가 될 것이라 본다. 여기서 "어쩌면 우리가 아직 이름을 갖지 못한, 인간도 동물도 아닌 무언가가 자연과 인류 사이에 자리 잡고 지배된 관계the mastered relation 안에서, 구원된 밤 안에서 스스로를 유지"하리라고 아감벤은 말한다(83). 이후 하이데거 해석에서도 살펴보겠지만 아감벤이 내놓는 인간중심성 극복의 방식은 인간학적 기계의 이와 같은 중지로 요약될 수 있다.

동물 문제의 중요성을 포착한 또 한 사람의 이론가 데리다는 자신이 "살아있는 동물이라는 문제에 헌신해 왔"으며 "자기로서는 그것이 언제나 가장 중요하고 결정적인 문제"라고 이야기한다(34). 그는 제러미 벤삼Jeremy Bentham이 던진 '동물도 고통받는가'라는 질문이 가령 동물이 언어나 이성 등을 갖는가라는 질문들과 어떻게 다르며 왜 중요한지 강조하면서,[6] 동물과 관련하여 "동정pity 문제를 둘러싼 전쟁"이 벌어지고 있는데 이 전쟁은 매우 오래된 것이지만 현재 "결정적인 국면을 통과하고 있다"고 단언한다(29). 그에 따르면 "이 전쟁을 생각하는 일은 본분, 책임, 의무일 뿐 아니라, 좋든 싫든, 직접적이든 간접적이든, 누구도 피할 수 없는 필연이고 강제"이다. 굳이 이 전쟁을 '생각한다'고 말하는 이유를 두고 데리다는 "그것이 우리가 '사유'라 부른 것과 관련되기 때문"이라 설명하고 "어쩌면 사유는 거

---

6. 데리다에 따르면, 고통(suffering)=취약성(vulnerability)=능력 없음(inability)이라는 의미에서 이 질문은 수동성을 함축하지만, 이를 '할 수 있는가'라는 형식으로 던지고 있으므로, 다시 말해 '그들도 고통 받는가'(Can they suffer)란 곧 '그들도 할 수 있는 게 아닌가'(Can they not be able)에 다름 아니므로, "힘없는 가능성, 불가능의 가능성"을 환기한다. Derrida, 2008, p. 27. 이하 이 책의 인용은 괄호에 쪽수만 표기한다.

기에서 시작"된다(29)고 말한다. 마찬가지로 "인간적인 것으로서, 사람들 사이에 머무는 한," 윤리 또한 "아직 사유하지 않은 상태로 남으"며, "심지어 그것이 그토록 많이 이야기하는 인간적인 것조차 사유하지 않는다."(Derrida, 2009, p. 108)

매슈 칼라코Matthew Calarco의 정리를 참조하면 동물 주제에 관한 데리다의 논의는 다음 세 가지 문제를 중심으로 펼쳐진다. 첫째는 레비나스적 타자로서 동물이 인간에게 일종의 "'원原 윤리적' 명령"proto-ethical' imperative에 조우하게 만든다는 점, 둘째는 그리하여 동물은 우리에게 "구체적인 윤리적·정치적 입장"을 요청한다는 점이다. 셋째는 동물담론에 초점을 두고 "서구 철학 전통의 근본적인 인간중심적인 추진력"을 드러내는 작업이다(Calarco, 2008, p. 108). 이 가운데 세 번째와 관련하여 데리다는 데카르트, 칸트, 하이데거, 레비나스, 라깡에 이르는 논자들을 하나의 계보로 놓고 동물을 바라보는 시각을 중심으로 재해석한다. 데리다는 "그들의 담론은 건전하고 심오하지만 그 안에서 모든 것은 마치 그들 스스로가 한 번도 자신들을 응대하는 동물의 시선을 받아본 적이 없는 것처럼, 특히 벌거벗은 채 노출된 적이 없는 것처럼 진행되며," "동물이 자신들을 바라보는 경험은 그들 담론의 철학적 혹은 이론적 구조에서 고려

대상이 되지 않는다"고 비판한다(14). 데리다에게 "이른바 '동물'이라 불리는 응시gaze가 인간적인 것의 심연 같은 경계 the abyssal limit of the human를 보게 해주는"(12) 것임을 감안하면 동물의 시선이 배제되어 있다는 지적이 얼마나 심각한 비판인지 가늠할 수 있다.

데리다는 서구 철학 담론이 동물을 다룰 때는 한결같이 "인간에게 고유한 것, 동물을 복종시키는 인간의 우월함, 인간의 주체되기 자체, 인간의 역사성, 자연으로부터의 인간의 부상浮上, 인간의 사회성, 지식과 기술에의 인간의 접근성"(45) 같은 도식이 반복해서 나타난다고 본다. 이 담론 전통은 동물을 두 가지 기준으로 재단해 왔는데 하나는 동물은 응답하지respond 못한다는 것, 다른 하나는 동물이 인간의 결핍과는 전혀 다른 종류의 결핍 혹은 결함을 갖는다는 것이다(81~82). 두 가지 경로 모두 계보의 앞자리에 있는 데카르트에 크게 기대고 있는데, 잘 알려져 있듯이 '이성적인 동물'로서의 데카르트적 주체는 "생명을 연상시키는 모든 것을 추상화"하고 "잠재적 시체화cadaverization"의 관점으로 스스로를 파악한다. 그렇게 해서 남는 것은 오로지 '생각하는 정신'이므로, " '나는 살아 있다' 혹은 '나는 숨을 쉰다'에서 '나는 존재한다'로 진행하는 것이 아니라, '나는 내가 살아있다고 생각한다'에서 '나는 존재한다'로 진행하는" 식이다(86). 이렇듯 데카르트식의 순수한 '나는 존재한다'라는 것은 "동물적 생명에 대한 모든 참조"를 떼어낸 것이다(72). 데카르트는 그렇게 "나의 동물 아님my not being an animal이라는 관점에서"(73) 동물을 바라보았으며, 궁극적으로 동물을 "피와 살을 가진 자동장치automaton"로, 더 정확히는 "인간을 닮은 자동장치를 닮은" 자동장치로 간주했다(83). 데리다는 데카르트의 이와 같은 '동물-기계'animal-machine론이 이후의 철학 계보를 관통하며 면면히 이어진다고 본다.

서구 철학이 인간과 동물을 구분해온 방식을 비판하면서도 데리다는 "스스로를 인간이라 칭하는 것과 그가 동물로 칭하는 것 사이의 어떤 동질적인 연속성"(30)을 말하려는 것이 아니라 '경계학'limitrophy이 자신의 관심사라고 밝힌다. 이때의 경계학이란 경계를 "복잡하게 하고 두텁게 하는" 것, "두텁게 함으로써 바꾸는 것"을 가리킨다(29).[7] 여기

---

7. 데리다는 다른 지면에서 "대립적 경계를 의문에 부칠 때는 동일성이 있다고 결론을 내릴 일이 아니라 차이에 대한 관심을 더욱 증폭하고 분석을 재구축된 영역에 놓아 더 정교화해야 한다"고 말한 바 있다. Derrida, 2009, p. 16.

에는 인간에게 고유하다고 생각되는 것이 과연 그러한지, 나아가 '고유하다'proper는 것 자체가 어떤 것인지, 심연 같은 경계가 있다 해도 이는 인간과 동물이라는 두 날edge로 이루어지지 않으며, 인간의 경계 너머에는 '단수로서의 동물'[8]이 아니라 "살아있는 것의 이질적 다중성," 더 정확히는 "삶과 죽음 사이의 관계 맺음의 다양한 조직들"이 놓여 있음을 밝히는 일을 아우른다(31). 이런 의미의 경계학은 바로 경계 '해체'deconstruction 작업에 다름 아닐 것이다.

동물의 '세계 빈곤'에 관한 재해석

요약하자면 아감벤은 인간과 동물을 가르는 인간학적 기계를 '작동중지'시키자고 제안하며, 데리다는 동물기계론이 기대는 인간과 동물 사이의 경계를 '복잡화'하자고 주장한다. 중지하기와 복잡하게 하기는 언뜻 상반된 작업처럼

---

8. 데리다는 자신의 작업을 'ecce homo(이 사람을 보라)'에 대비되는 'ecce animot'라 칭하는데, 'animot'가 '동물'의 프랑스어 복수형인 'animaux'와 같은 발음이면서 'mot'(word)라는 단어와도 연결되는 점을 겨냥했다고 설명한다. 동물을 항상 복수로서 다루어야 하며 인간과 동물의 차이로 여겨지는 '언어'의 결핍이 갖는 의미를 다르게 생각해야 한다는 두 가지 요청을 압축한 표현이다. Derrida, 2009, pp. 47~48 참조.

보이지만 어떻든 두 사람 모두 동물에 관한 사유에서 인간과 동물의 구분 혹은 경계가 핵심적인 지점이라 파악하고 이를 문제화하는 것을 목표로 삼는 점에서는 일치한다. 아감벤과 데리다가 실제로 하려는 바는 하이데거와의 대결에서 잘 드러나며 둘 사이의 차이도 거기서 더 선명해진다. 그들에게 하이데거는 비판의 주된 표적이되 서구 철학의 동물담론을 어떤 한계 지점까지 밀고 간 인물로서 그러하다. 따라서 하이데거와 관련하여 두 사람 모두 '타고 넘는' 전략을 취하는데, 바로 그렇기 때문에 지향점으로서의 '중지'와 '복잡화'가 어떻게 다른지 뚜렷이 드러난다.

아감벤은 잘 알려진 하이데거의 세 가지 구분, 곧 "돌(물질적 대상)은 세계를 갖지 않고, 동물은 세계가 빈곤하며, 인간은 세계를 형성한다"(Heidegger, 1995, p. 177)는 명제를 중심으로 논의를 풀어간다. 하이데거가 동물과 인간의 존재방식을 대비함으로써 인간에게 고유한 "현존재의 근본구조 곧 그것의 '세계-내-존재'"를 해명하고 "인간을 통해 살아있는 존재 안에서 만들어지는 열림의 기원과 의미"를 밝히고자 했다고 아감벤은 요약한다(50). 하이데거는 동물성의 본질을 '사로잡힘'captivation, 즉 충동을 유발하는 '탈억제제'disinhibitor에 포획되어 있는 것으로 보았고, 따라서 동물은 행위하지^{act} 못하고 그저 행동하며^{behave} 존재를 그 자체로서 알게 될 가능성을 담은 '세계'가 아니라 '환경'을 가질 뿐이라 규정했다(52~53). "동물의 환경이 갖는 존재론적 지위"는 열려있으나 탈은폐되지 않는 데 있는바, 바로 그 "탈은폐 없는 열림"openness without disconcealment이 동물의 세계 빈곤을 인간의 세계 형성과 구분해주는 특징이다(55).

아감벤은 동물과 인간 사이의 근본적 차이 내지는 불연속성을 말한 하이데거의 논의를 해부하여 그 속에 앞서 지적한 '인간학적 기계' 곧 동물성을 중지시킴으로써 인간을 규정하는 기제가 작동하고 있음을 드러내려 한다. 그는 하이데거가 "생명은 인간 세계가 전혀 모를 수도 있는 풍성한 열림을 갖는 영역"이라 말한 대목을 들어 하이데거에게서 "동물의 세계 빈곤은 때로 비견할 수 없는 풍성함으로 역전되며 동물이 세계를 결핍한다는 논제는 인간 세계를 부당하게 동물에 투사한다는 혐의를 받는다"고 지적한다 (60). 하이데거가 동물을 두고 오락가락하는 입장을 보인다는 것이다. 무엇보다 그는 하이데거에게서 현존재가 "스스로나 타자를 조우하는 가장 근본적인 방식"(63)으로 설명되는 '기분'attunement의 하나인 '깊은 권태'profound boredom가 "현존재와 동물의 예기치 않은 인접성"(65)을 일러준다고 본다.

권태라는 '기분'은 동물의 '사로잡힘'과 마찬가지로 "어떤 닫힘으로의 열림"(65)이라는 것이다. 다만 동물은 자신과 탈억제제의 관계를 '작동중지'하지 못하고 따라서 "동물의 환경은 순수 가능성이 결코 드러나지 않는 방식으로 구성"되지만(68), 권태는 "구체적인 가능성들의 작동중지"를 통해 "시원적인 가능화"the originary possibilitization(66)를 드러낸다. 이렇듯 권태를 통해 동물적 환경에서 인간적 세계로의 이행, 다시 말해 "살아있는 인간의 현존재−되기|becoming-Dasein"가 실현되는데, 아감벤은 이런 이행이 "동물적 환경의 경계 너머에서 성취되는, 그것과 무관한 더 멀고 넓고 밝은 공간"으로 열리는 것을 말하는 게 아니라, "반대로 탈억제제와의 동물적 관계를 멈추고 작동중지함으로써만" 일어나는 일임을 강조한다(68). 결론적으로 아감벤은 "만일 인간성이 동물성의 중지를 통해서만 얻어지고 따라서 계속해서 스스로를 동물성의 닫힘에 열어두어야 한다면, '인간의 실존하는 본질'을 파악하려는 하이데거의 시도가 어떤 의미에서 **동물성의 형이상학적 선차성**을 벗어난 것인가?"를 묻는다(73).[9]

---

9. 아감벤의 이런 지적에 대해, 하이데거가 "동물이 '더 낮은' 형태의 생명이고 인간은 '더 높은' 형태의 생명인가라는 질문은 '질문으로서도 의문스럽다'고

이처럼 하이데거에게서도 인간학적 기계가 엄연히 작동하고 있음을 지적하면서도 아감벤은 이 기계의 중지를 이야기할 때 다시 하이데거를 소환한다. 그는 "오직 인간과 더불어서만 존재 같은 것이 있을 수 있고 존재자들이 접근 가능하고 드러날 수 있게 된다"는 하이데거의 논지에 함축되었다시피 "하이데거의 존재론에서 최상의 범주"는 "(그대로) 놓아두기"letting be임에 주목한다. 그런데 설령 인간만이 "세계와 존재자들을 바로 그것으로서as such 존재하도록 놓아둘" 수 있다 하더라도, 앞서 본 대로 "탈억제제와의 동물적인 관계를 작동중지"하는 것을 통해 인간이 세계를 열고 놓아둘 수 있는 것이라면, 따라서 "열림의 중심에 동물의 탈은폐되지 않음undisconcealedness"이 있는 것이라면, "동물을 그대로 놓아두기란 어떻게 해야 가능한지" 묻지 않을 수 없게 된다(91). 열려있는 것도 닫혀있는 것도 아니라 할 때 동물은 "존재의 바깥"에 있다는 뜻이며, 따라서 "동물을

주장했으며" "하이데거에게 동물적 생명은 근본적으로 다른 존재 방식, 존재적인 게 아니라 동물성의 바로 그 본질에 관련된 타자성을 갖는" 것이었다는 반론이 있다. Gustafsson, 2013, p. 12. 아감벤과 데리다의 하이데거 해석이 적절한지 여부를 판명하기 위해서는 하이데거에 대한 상세한 읽기가 별도로 필요한데 이 글은 그런 작업을 수행하지는 못하고 반론을 소개하는 데 그친다.

그대로 놓아둔다는 건 그것을 존재의 바깥에 있게 놓아두는" 걸 말한다(91). 아감벤에 따르면 존재 바깥에 남겨진다고 해서 부정되거나 치워지는 혹은 실존하지 않는 것은 아니며, "존재와 존재자 사이의 차이를 넘어 실존하고 실재하는 것"이다(92). 아감벤은 존재 바깥에 놓아두기란 다시금 인간학적 기계를 작동시켜 분명한 구분선을 그으려 하지 않고 이 기계의 중심이 비어있음을 노출하는 것이며 그 순간이야말로 "동물과 인간 둘 다의 안식일"이리라고 말한다(92).

아감벤이 '바로 그것으로서 놓아두기'라는 하이데거의 명제에서 '놓아두기' 쪽에 방점을 찍었다면 데리다는 '바로 그것으로서'에 주목한다. 하이데거가 동물에게 결핍되어 있다고 본 건 무엇보다 '바로 그것으로서'였다는 것이다. 아감벤이 그랬듯이 데리다 또한 동물과 관련한 하이데거의 논의가 양극에서 동요하고 있음을 먼저 지적한다. 앞서 본 하이데거의 세 가지 구분에서 '세계'(를 갖는지 여부)가 주된 준거로 제시되는 데도 때로 세계가 무엇인지 알 수 없다고 했다거나, 동물을 죽지 않는다고 했다가 죽는다고도 했으며, 동물의 세계 빈곤을 말하면서도 이 빈곤이 위계나 많고 적음의 문제가 아니고 또 단순히 부정적인 것이 아니라고 하는 등 모순되는 진술들이 등장한다는 것이다 (151~156). 데리다에 따르면 하이데거에게서 세계를 갖지 않는 돌은 그래서 박탈되어 있지도 않은 데 비해 동물의 '세계 빈곤'은 동물이 세계를 갖는다는 뜻이며 그 때문에 동물은 박탈되어 있다. 하이데거는 "동물이 '갖지 않음'not having의 양식으로 세계를 가지며", 동물의 "박탈은 동물 또한 어떤 '기분'에 있고, 그 기분에서 빈곤하다고 느끼는 것"이라 말한다. 하이데거적 '기분'이 갖는 중요성을 감안하면 여기서 빈곤이 어떤 결핍이기보다 "하나의 플러스"를 나타낸다는 것을 납득할 수 있게 된다(156).

따라서 세계를 갖느냐 여부가 인간과 동물의 경계가 아니라 어떻게 갖느냐가 문제인 셈이다. 이 지점에서 데리다는 '바로 그것으로서'가 갖는 중요성으로 돌아가서, "이 '바로 그것으로서'의 문제틀을 복잡화해야 한다"고 말한다 (156). 데리다에 따르면 하이데거의 논의에서 "가령 도마뱀은… 자신에게 나타나는 돌과, 자신에게 나타나는 태양과 어떤 관계를 맺지만, 그것들은 도마뱀에게 돌로서, 태양으로서 나타나지는 않는다"(156). 데리다는 "개는 실존하지 않고 다만 살아있"을 뿐 "현존재를 갖지 않는다"거나, 말이란 현존재의 실존에 근거하므로 "동물에게 나타나는 것에 관해 이야기할 때 우리는 모든 단어를 줄 그어 지워야 한다"
는 하이데거의 발언들(158)에 반박을 시도한다. 하이데거
말대로 동물이 우리처럼 먹지 않는 건 사실이지만 인간도
다른 인간과 같은 방식으로 먹지 않으며 "설사 같은 접시에
서 먹을 때조차 구조적인 차이가 있다"는 것이다. 데리다는
동물과 인간이라는 단일한 전선이 아니라 무수한 개별 동
물들과 인간들 사이사이에서 나타나는 이 차이들은, " '바
로 그것으로서'as such와 '바로 그것으로서는 아닌'not as such
사이의 차이가 아니"라고 주장한다(159).

　마찬가지로 데리다는 동물이 "언제나 유용성utility, 관
점에 두기putting-in-perspective의 관계만 가지"며 "충동과 욕
망들의 편협한 '영역'이 이끄는 어떤 프로젝트 없이" 사물
을 바로 그것으로서 놓아두지 못한다는 하이데거의 진술
에 대해, 그렇다면 과연 "인간은 그렇게 할 수 있는가"(159),
다시 말해 "인간 자체가 '바로 그것으로서'를 갖는가"(160)를
되물어야 한다고 본다. 내가 '태양으로서'의 태양과 관계를
갖는다는 건 "나의 부재 속에서" 태양과 관계하는 것이며
그것은 사실상 나의 "죽음에서 시작되는 객관성의 구축"인
데(160) 인간이 과연 그런 일을 할 수 있을지 의문이라는 것
이다. 데리다는 하나의 존재자의 있는 그대로의 본질을 존

중하는 가장 진실하고 객관적인 관계조차 어떤 관점 속에 있다는 것이 하이데거와 구분되는 니체의 통찰이었음을 지적하고, "따라서 여기서 필요한 전략은 단순히 동물에게 언어를 되돌려 준다거나 아니면 인간이 동물에게 박탈한 것을 되돌려 주는 것이 아니라 인간도 어떤 점에서 마찬가지로 박탈 아닌 박탈에 의해 '박탈되어' 있으며[10] 순수하고 단순한 '바로 그것으로서'란 없음을 명시함으로써, '바로 그것으로서'를 복수화하고 다양화하는 것"(160)이라고 강조한다.

인간과 동물의 경계

하이데거가 내놓은 동물의 '세계 빈곤' 논제와의 대결을 거치며 아감벤이 동물을 '존재의 바깥에 그대로 놓아두는'

---

10. 하이데거 자신도 바로 이런 방식으로 인간과 동물의 구분을 무너뜨렸다는 주장이 있다. 앤드류 J. 미첼은 하이데거의 후기 사유에서는 동물성을 둘러싼 전과 다른 의견들이 제출되고 있는데, 가령 죽음 혹은 필멸성(mortality)이 인간에게만 배타적으로 주어진 특권이 아니라 인간도 갖지 못한 것으로 나타난다고 주장한다. 2차 세계대전이 낳은 참극을 보면서 하이데거가 죽음은 인간에게 미리 주어진 것이 아니며 누군가가 가져갈 수 있는 것으로 보았다는 것이다. 그리하여 필멸성이란 "노출(exposure)의 문제"이므로 인간에게 죽음이 가능하기 위해서는 "동물성을 해방하기, 동물과 우리와 동물의 관계와 우리 자신의 동물성을 다시 사유하는 일"이 필요하게 된다. Mitchell, 2011, pp. 80~81.

쪽을 하나의 방안으로 제시했다면, 데리다는 이 논제를 인간의 '세계 형성'을 해체하는 방향으로 이어나가 인간도 동물과 마찬가지로 순수하게 '바로 그것으로서 놓아두기'가 되지 않는다는 인식을 문제 해결의 출발점으로 제시한다. 아감벤식으로 볼 때 동물을 존재 바깥에 두는 일은 바로 인간학적 기계를 중지시키는 일이므로 그럴 때 인간 역시 일정하게는 존재 바깥에 있을 수밖에 없다. 또 데리다에 따르면 인간이든 동물이든 무수히 다른 '바로 그것으로서'만 있을 뿐이므로 사실상 인간과 동물의 차이는 그만큼 희석되고 개별체들 사이의 차이가 더 중요하게 된다. 두 사람 모두 그만큼은 인간과 동물 사이의 심연 같은 경계를 허물고 인간중심성을 무너뜨렸다고 볼 수 있을 것이다.

하지만 두 사람이 이런 작업을 얼마나 발본적으로 해냈는가를 두고 비판하는 견해도 없지 않다. 가령 아감벤이 하이데거에게도 '인간학적 기계'가 여전히 작동하고 있음을 보여주려고 동물성의 작동중지를 통한 인간되기의 면모를 포착한 점이 하이데거의 인간중심주의를 밝혀주기보다 오히려 아감벤 자신이 "동물 문제를 인간으로 가는 진로에 포섭"했음을 나타낸다는 비판이 있다(Gustafsson, 2013, p. 13). 또한 아감벤이 인간학적 기계를 문제 삼으면서도 "인간학적 기계가 인간에게 미친 결과에 대해서만 전적으로 또 배타적으로 초점을 두고 그 기계가 다양한 형태의 동물적 생명에 미친 영향은 전혀 탐구하지 않았다"는 지적도 있다(Calarco, 2008, p. 102). 아감벤이 그 스스로 적발한 인간학적 기계의 또 다른 핵심 작용인 "비인간 동물들의 동물화와 벌거벗은 생명으로의 환원"에 관해서는 침묵한다는 것이다(Chrulew, 2012, p. 58).

데리다의 경우도 마찬가지인데, 일례로 도나 해러웨이는 데리다가 동물에 대한 진정한 존중의 언저리까지는 왔으나 끝내 옆길로 빠졌다고 본다. 또 동물의 응시를 감지해 본 적 없는 철학 전통을 비판하면서도 스스로는 자신을 응시하는 동물이 실제로 무엇을 하고 느끼고 생각하는지 궁금해하지 않는다고도 지적한다. 제인 구달Jane Goodall처럼 실제로 인간과 동물의 구분에 근거하지 않은, "동물들에 대한 그리고 동물과 함께 하는 적극적인 앎"에 도달한 사례들을 고려하지 않았고 그 때문에 그저 비판에 머물고 있다는 것이다(Haraway, 2008, pp. 20~22). 그 밖에도 데리다의 동물 논의에서 "끌어낼 수 있는 주된 결론은 인간-동물 구분이 엄밀히 말해 터무니없다nonsensical는 것"인데도 데리다가 이 구분을 폐기하지 않은 채 인간과 동물 사이의 '근본적 불연속성'이라든지 '심연 같은 틈' 등의 표현을 계속해서 사용한다는 점이 비판의 대상이 되기도 한다(Calarco, 2008, pp. 143~146). 이는 그의 사유가 "잘못된 딜레마" 즉 "(고전적인 철학 담론처럼) 인간과 동물이 하나의 단일하고 나눌 수 없는 선으로 분리되어 있다고 생각하거나 아니면 (생물학적 연속주의처럼) 인간과 동물의 구분을 지우고 일종의 환원적인 동질성으로 빠지거나"라는 식의 딜레마에 대한 해결책으로서 제시되기 때문인데, 구분을 유지하되 더 정교하고 복잡하게 만든다는 해결책은 더 정교하고 복잡하게 함으로써 구분을 유지하는 일과 다르지 않으므로 오히려 그냥 "내버려 두어야" 하며 "다른 노선들에서 새로운 개념과 실천을 발명"해야 한다는 것이다(같은 책, p. 149).

이런 비판 가운데 동물들이 겪는 고통을 비롯하여 그들의 삶을 더 구체적으로 알지 못한다는 점을 근거로 아감벤과 데리다의 논의가 불충분하다고 말하는 것은 상당히 일방적이고 단순한 지적으로 보인다. 아감벤과 데리다의 동물 담론에는 오늘날 동물이 겪고 있는 고통이라는 문제가 전체적으로 스며 있다. 가령 아감벤이 인간의 동물화를 비판할 때는 동물에 대한 잔혹함이 전제되어 있으며 데리다 역시 "동물에 대한 대량살상"animal genocide(26)이 단순한 살상이 아니라 인공적인 방식으로 더 많이 생존하게 만들어 절멸시키는 한층 끔찍한 양상을 띤다고 비판한 바 있다. 무엇보다 그들의 주된 관심은 실제 동물들에 관한 세세한 앎이 아니라 인간에게 동물이 어떻게 인식되어 왔고 왜 그랬으며 그래서 어떤 결과가 발생했는가 하는 문제를 분석하는 데 있었음을 감안해야 한다. '동물'이 실제 동물과의 관계나 동물들에 대한 지식으로 환원되지 않는, 인간 본연의 문제임이 전제되어 있는 것이다. 따라서 그들의 '불충분함'은 역설적으로 동물 문제를 사유할 때 어떤 종류의 '인간중심성'이 불가피함을 일러주는 면이 있다.

다른 한편 인간과 동물의 구분이나 경계에 관해서는 아감벤과 데리다 사이의 차이가 뚜렷하고, 따라서 구분의 중지라는 아감벤식 해법과 구분의 복잡화라는 데리다식 해법을 맞세워 상호비판의 회로를 만들 수도 있을 것이다. 하지만 그럴 때도 '중지'와 '복잡화' 가운데 어떤 것이 해결책으로서 더 발본적으로 '들리는가'를 문제 삼는다면 다분히 표면적인 비교에 그칠 수밖에 없다. 둘 다 이 경계를 어떤 방식으로든 해체하려 한 점, 그러면서도 인간과 동물의 동일성으로 회귀하지 않았다는 점에서는 일치하기 때문이다. 그보다는 그들 각자가 하려고 했던 바를 기준으로 삼아 거기에 '중지'와 '복잡화' 각각이 동반하는 문제들이 충분히 고려되었는가를 살피는 편이 더 생산적이리라 본다.

아감벤의 경우 인간학적 기계를 작동 중지하고 동물을 존재 바깥에 놓아두기가 또 다른 '식별되지 않는 영역' 또는 '예외상태'를 만들어내는 것과 어떤 확실한 차이가 있는지 의문으로 남는다. 동물을 존재 바깥에 '놓아두는' 일이 그저 아무 일도 하지 않는 것을 의미하지 않는다면 그 또한 어떤 기계의 작동, 가령 '신비화' 기계의 작동을 요구하지 않을까? 아감벤이 동물의 동물화를 고려하지 않았다는 비판이 있지만, 그보다는 오늘날 인간학적 기계가 이미 헛돌고 있다는 그 자신의 진단에 비추어 볼 때 구분 자체를 멈춘다는 발상이 인간의 동물화를 이름만 달리하여 '그대로 놓아두게' 될 우려도 있지 않은가. 이 문제에 관한 해결책이 아감벤이 말한 대로 '구원된 밤'에서의 인간성과 동물성의 상호중지라는 형태를 띨지도 모르지만, 그 점을 설득력 있게 주장하기 위해서는 그것이 인간(과 동물)의 '동물화'라는 구분 허물기와 어떻게 다른가를 중점적으로 논증해야 한다. 요컨대 아감벤의 논의에서 인간과 동물의 경계는 지나치게 '복잡하지 않게' 중지된 듯하다. 다른 한편, 데리다가 인간'들'과 동물'들'을 포함한 무수히 이질적이고 다중적인 생명들 각각의 구조적 차이를 말할 때 분명 인간과 동물 사이의 구분은 실질적으로 '중지'되고 있다. 그럼에도 그가 '인간과 동물' 사이에 불연속성이 있다는 주장 또한 유지한 다면 그런 불연속성을 어떻든 해명해야 하거나, 아니면 사실상 구분의 복잡화가 이 특정한 구분의 중지를 지시한다는 점을 명시해야 마땅하다. 그도 아니라면 이 양자 어느 쪽도 선택할 수 없는 이유가 무엇인지 들여다보는 작업이 무엇보다 필요할 것이다.

중지나 복잡화 각각이 충분하지 않다면, 인간과 동물의 경계는 중지되기도 해야 하고 또 지속되기도 해야 한다는, 말하자면 그런 식의 또 다른 복잡화가 더 적절하다는 사실을 인정해야 하는지 모른다. 아감벤과 데리다가 모두 지적한 하이데거의 '동요'가 바로 그런 인정의 증거는 아니었을까? 만일 그렇다면 동물이 우리에게 발동하는 사유란, 아감벤과 데리다의 동물담론에 담긴 비판적 통찰은 그것대로 받아들이면서도, 무엇보다 어디에 경계가 필요하고 또 어디에는 경계가 무너져야 하는지 탐구하는 방향으로 나아가야 한다. 이런 사유의 결론은 여하한 일반론이 아니라 오로지 그때그때의 조우가 빚어내는 구체적인 컨텍스트에서만 결정될 것이다.

동물담론과 관련하여 특별히 주목받는 소설가에 속하는 D. H. 로런스는[11] 뉴멕시코의 타오스Taos에서 농장을 꾸리던 시절에 마주친 호저豪豬에 관한 에세이를 남겼다.[12] 소나무 껍질을 갉아먹어 고사시키고 바늘로 개를 찔러 치명상을 입히는, "모두가 죽여야 한다고 말하는" 호저와 마주친 그는 어둠 속에서 "악마같이 빛을 발하는" 그것이 싫고 "그것들을 죽이는 게 의무"라 생각하면서도 "그것을 죽이는 게 싫다는 마음을 그것이 싫다는 마음보다 더 크게" 느낀다(349). 그러나 "언제나 호저를 죽이기보다 빙 둘러 가는 걸 선호"(364)했지만 그래 봐야 소용이 없다는 걸 깨닫고 마침내 호저를 총으로 쏘면서 로런스는 "모든 피조물이 더 낮은 생명의 형태를 삼켜야 한다"(364)는 사실이 쓰리도록 엄연하며 생명들 간에 "높고 낮음이 없다고 선언하는 건 터무니없다"(356)는, 적나라하게 위계적이며 인간중심적이라

---

11. 데리다는 로런스의 시 「뱀」(Snake)을 에덴동산에 대한 아이러니한 번역으로 상세히 읽으면서 동물의 타자성과 환대의 윤리를 논했으며(Derrida, 2009, pp. 346~349), 들뢰즈와 가타리 또한 외적인 유사성도 내적인 상동성도 아닌 결연과 공생, 소통과 오염, 말아넣음(involution)으로서의, "동물뿐 아니라 인간도 변용시키는 특수한 동물−되기"를 다루는 대목에서 로런스의 '거북이'(tortoise) 시편들을 하나의 모범으로 제시한다. Deleuze and Guattari, 1987, pp. 233~244 참조. 이들의 로런스 독해가 정당한 것인지 여부는 또 다른 논쟁거리지만 이 글에서는 다루지 않는다.

12. Lawrence, 1988. 이 책의 인용은 괄호에 쪽수만 표기한다.

평가받기 십상일 생각을 정직하게 털어 놓는다. 하지만 이 것이 그의 최종적인 진술은 아니다. 그는 이어 다음과 같이 말하고 있다.

높다는 말이 무엇을 뜻하는가? 엄밀히 말해 더 살아있다 는 뜻이다. 더 생생하게 살아있다는 것. 개미는 소나무보다 더 생생하게 살아있다. 우리는 그것을 알고 있고 반박해 봤자 소용없다. 그것들이 두 개의 다른 방식으로 살아있으 니 비교불가능하고 통약불가능하다고 말하는 것도 아무 문제 없다. 이 또한 진실이다. 하지만 하나의 진실이 다른 진실을 대체하지 않는다. 분명히 모순된 진실들도 서로를 대체하지 않는다. 논리는 삶이 요구하는 미묘한 구분을 해 내기에는 너무 성기다.(356~357)[13]

인간과 동물 사이의 경계란 있기도 하고 없기도 하며 인간은 동물보다 더 높기도 하고 그저 다르기도 하다는 모 순을 그대로 떠안는 것이 로런스식의 삶의 윤리일 것이다. 동물과 조우하는 매 순간 어떤 진실이 더 진실인지 결정해

13. 로런스의 이와 같은 사유를 『엘리자베스 코스텔로』의 코스텔로와 비교한 논의로는 Bell, 2007, pp. 224~225쪽 참조.

야 한다는 것, 그러니까 미리 주어진 어떤 주장도 그 결정
을 대신해주지 않는다는 것이야말로 동물에 관한 우리의
사유가 맞닥뜨리는 가장 큰 도전이 아닐까. 하필 로런스에
게서 그 사실이 대담하게 인정된다는 사실은 우연이 아닐
지 모른다. 동물과의 조우가 제기하는 도전을 정면으로 직
시할 잠재성을 가장 풍부하게 담은 자리, 그리고 실제로 그
것을 오래도록 직시해온 자리가 다름 아닌 문학이리라는
다소 일반적인 주장으로 이 글은 끝맺어야 할 것 같다.

:: 참고문헌

Agamben, Giorgio. (2004). *The Open : Man and Animal*. trans. Kevin Attell. Stanford : Stanford University Press.

Bell, Michael. (2007). *Open Secrets : Literature, Education, and Authority from J-J. Rousseau to J. M. Coetzee*. Oxford : Oxford University Press.

Calarco, Matthew. (2008). *Zoographies : The Question of the Animal From Heidegger to Derrida*. New York : Columbia University Press.

Chrulew, Matthew. (2012). Animals in Biopolitical Theory : Between Agamben and Negri. *New Formations* 76.

Coetzee, J. M. (2003). *Elizabeth Costello*. New York : Penguin. [『엘리자베스 코스텔로』. (왕은철 역). 들녘. 2005.]

Deleuze, Gilles and Félix Guattari. (1987). *A Thousand Plateaus : Capitalism and Schizophrenia*. Minneapolis : University of Minnesota Press. [『천 개의 고원』. (김재인 역). 새물결. 2001.]

Derrida, Jacques. (2008). *The Animal That Therefore I Am*. (David Wills, Trans.). New York : Fordham University Press.

_____. (2009). *The Beast & the Sovereign*. trans. Geoffrey Bennington. Chicago : University of Chicago Press.

Gustafsson, Simone. (2013). 'Outside of Being' : Animal Being in Agamben's Reading of Heidegger. *Colloquy* 25.

Haraway, Donna J. (2008). *When Species Meet*. Minneapolis : University of Minnesota Press. [『개와 인간이 만날 때』. (최유미 역). 갈무리. 근간.]

Heidegger, Martin. (1995). *The Fundamental Concepts of Metaphysics : World, Finitude, Solitude*. (William McNeill and Nicholas Walker, Trans.). Bloomington : Indiana University Press. [『형이상학의 근본 개념들』. (이기상 외 역). 까치. 2001.]

Iveson, Richard. (2012). Animal Oppression and the Holocaust Analogy : A Summary of Controversy. https://zoogenesis.wordpress.com/2012/03/27/animal-oppression-and-the-holocaust-analogy-a-summary-of-controversy/.

Kojève, Alexandre. (1969). *Introduction to the Reading of Hegel*. New York : Basic Books,.

Lawrence, D. H. (1988). In Michael Herbert (Eds.). *Reflections on the Death of a Por-*

cupine and Other Essays. Cambridge : Cambridge University Press.

Mitchell, Andrew J. (2011). Heidegger's Later Thinking of Animality : The End of World Poverty. *Gatherings : The Heidegger Circle Annual* 1.

Wheeler, Wendy and Linda Williams. (2012). The Animals Turn. *New Formations* 76.

Wood, David. (2006). *The Step Back : Ethics and Politics after Deconstruction*. Albany : SUNY Press.

로런스와 스피노자

비인간주의와 정서·정동이론을 중심으로

김성호

1

1990년대 이후 신경학에서 문화연구와 문학연구에 이르기까지 다양한 분과와 학제간 연구에서 제시되어온 정서·정동이론, 특히 비인지주의noncognitivism 계열[1]의 이론은 스피노자Baruch Spinoza를 자신의 뿌리로 공공연히 내세우곤 한다. 대표적으로 마수미는 정동affect과 감정emotion의 차이를 포함한 여러 이론적 문제를 사유할 때 참조할 만한 선구적 철학자들 가운데 스피노자는 단연 돋보인다고 말한다(Massumi, 2002, p. 28). 신경학자 다마지오Antonio Damasio 역시 『스피노자를 찾아서』Looking for Spinoza라고 이름 붙인 자신의 저서에서, 생명체의 뇌가 신체 변화를 반영하여 일종의 '신체 지도'를 구성·재구성하는 비非의식적 과정 ─ 우리로서는 혼란스럽게도, 그는 이를 emotion이라고 부른다 ─ 을 탐구하면서 자기 연구의 철학적 선례로 스피노자를 광범위하게 호출한다. 지난 20여 년에 걸쳐 정서, 정동, 감정, 신체에 대한 관심과 더불어 부활한 스피노자에 대한 학문적 관심

1. 정동은 본질상 인지체계에서 독립해 있으며 의도(intention)를 내포하지 않는다고 보는 입장. 정서·정동이론에서 인지주의와 비인지주의의 대립에 관해서는 Leys, 2017, pp. 1~25 참조.

은 '열풍'이라고 불러도 좋을 만큼 커진 상태다.

그간 로런스 연구에 미친 스피노자 열풍의 영향은 대체로 들뢰즈를 경유한 간접적인 것이었다. 그러나 데카르트적 이원론과 관념론을 극복하고 일원적으로 세계를 설명하고자 하는 맥락에서 정서affectus의 담론을 펼쳐나간 스피노자 자신과, 그 나름대로 관념론적 미학과 싸우면서 느낌feeling을 전면에 내세운 로런스 사이에는 들뢰즈와 로런스 사이에서와는 또 다른 종류의 접점들과 논점들이 존재한다. 이 점에서 근년에 펠프스Jim Phelps가 로런스의 다윈주의Darwinism적 면모를 살피는 글에서 로런스와 스피노자의 관계에 주목한 것은 자연스럽고도 고무적인 일이다. 그런데 구체적으로 들어가면 펠프스의 논의는 적잖은 의문을 남긴다. 그는 『무지개』The Rainbow에서 어슐라Ursula가 "자아는 무한한 것과의 합일"임을 불현듯 깨닫는 대목(R 409)[2]을 스피노자적 일원론의 한 표현으로 보면서도, 생명체는 "제한된 기계적 에너지"가 아님을 어슐라는 알고 있었다는 같은 대목의 서술에 대해서는 작가가 자신의 '예술언어'art-speech를, 그리고 스피노자적 일원론을 거스르며 부당하게 끼어

---

2. 로런스 저작으로부터의 인용은 본문 속에 저작 제목의 약어와 쪽수를 병기한다. 약어가 가리키는 원 제목은 이 글의 참고문헌 참조.

든 결과라고 주장한다(Phelps. 2016, pp. 85~86). 이는 여러 측면에서 문제적이다. 펠프스는 한편으로 다른 논자의 관점을 빌려 스피노자의 생각을 "범신론적 일원론"(같은 글, p. 85)으로 파악하고 다른 한편으로는 그를 기계적 법칙성의 옹호자로 이해한다. 범신론자와 기계주의자, 이 두 이미지의 조화 문제는 차치하더라도, 유한자의 실체화를 거부하는 만큼이나 실체(신 = 자연)를 유한자들의 영향관계 바깥에서 구하기도 거부하는 스피노자를 범신론자라고 할 수 있는지,[3] 또한 그가 추구하는 '자연주의'를 로런스가 비판하는 바로 그 기계주의로 환원할 수 있는지는 논쟁의 대상이 될 만하다. 생명체와 무생물을 동일한 기계적 에너지로 환원하는 것에 대한 반대, 인간-동식물-기계(포스트휴머니즘의 맥락에서는 여기에 인공지능이나 정보를 포함시킬 수 있을 것이다)의 무차별성을 옹호하는 것에 대한 반대가 이원론을 함축한다는 점도 자명하지 않고, 어쨌거나 로런스에게서 개별 생명체와 무한한 우주의 "합일"에 관한 서술과 기계주의에 대한 반대가 '예술언어'와 '예술가의 담론'으로 분리될 수 있을지도 의문이다.

---

3. 내들러는 범신론과 무신론을 구별하면서 "스피노자는 실질적으로 무신론자"임이 "절대적으로 명백하다"고 주장한다. Nadler, 2006, p. 121.

이 글에서는 스피노자와 로런스, 그리고 이 둘의 관계를 단순화하는 경향들을 경계하면서, 두 세기가 넘는 시차를 두고 각기 근대적 관념론에 맞서 싸운 두 사람의 사유가 서로 근접하는 지점과 갈라서는 지점을 크게 두 가지 문제를 중심으로 살펴보고자 한다. 그것은 첫째, 비인간주의와 차별화의 논리, 둘째, 정서와 앎의 관계다.

2

21세기 문화·사상적 지형에서 스피노자가 지닌 매력은 무엇보다 그의 비인간주의에 있을 것이다. 물론 비인간주의가 스피노자의 전유물은 아니다. 개인이 자유의지의 주체로서 스스로를 결정하는 존재라는 생각을 해체하려는 시도는 오랜 세월에 걸쳐 다양한 방식으로 이뤄져 왔다. 그러나 그런 생각이 물러난 자리에는 신적 섭리에 대한 믿음이 되돌아오기도 하고, 집단적·변증법적 실천 주체를 환기하는 변형된 인간주의가, 혹은 그 안티테제로서 순전한 우연성과 미결정성의 관념이 대신 들어서기도 했다. 스피노자의 비인간주의는 이 주요 대체 관념들이 그려내는 세계와는 아주 다른 세계를 펼쳐 보인다. 그의 세계에서 자연

과 인간, 물질과 정신은 하나의 동일한 원리에 종속되는데,
『윤리학』(1677)에서 제시하는 그 지배 원리는 능력power이
다. "신의 능력은 그의 본질 자체"(1P34)이며, "실존하는 모든
것은 만물의 원인인 신의 능력을 특정한 방식으로 표현한
다"(1P36D).[4] 여기서 신의 능력의 '표현'은 그 능력의 '발생'이
자 그 능력을 가진 실존의 '생산'으로 이해되어야 한다. "표
현되는 것은 그것의 표현들 외부에 실존을 지니지 않는다.
각각의 표현은 말하자면 표현되는 것의 실존이다."(Deleuze,
1990, p. 42) 신의 본질은 그것을 표현하는 속성들을 떠나
서는 실존하지 않으며, 속성들은 그것을 표현하는 양태
(개체)들을 떠나서는 실존하지 않는다. 이런 '표현'의 관념
은 "삶life 외에는 그 무엇도 중요하지 않다"면서도 "나로서
는 살아있는 것the living 속에서 말고는 결단코 그 어디에서
도 삶을 발견할 수가 없다"고 한 로런스("Why the Novel Mat-
ters," *STH* 194)를 상기시킨다. 로런스의 '삶'이 개인의 의지와
심지어 의식을 뛰어넘는 관계의 문제이듯이 스피노자의 '능

---

4. 이 글에서는 『윤리학』의 영문 텍스트로 컬리(Edwin Curley)가 번역·
   편집한 스피노자 선집에 실린 것을 사용한다. 이 책에서 쓰는 약자
   는 다음과 같다. P=Proposition(정리), D=Definition(정의, 숫자 앞에
   서), D=Demonstration(증명, P+숫자 뒤에서), C=Corollary(따름정리),
   S=Scholium(주석), L=Lemma(보조정리). 1P36D=제1부 정리36 증명.

력'도 그러하며, 후자는 유기체와 비유기체를 망라한 모든 실존에게서 표현되는 것이기에 더욱 그러하다. 스피노자는 '정서' 역시 비인성적 능력의 관계의 견지에서 정의한다. 정서란 "그로 인해 신체의 활동능력이 증가하거나 감소하며 촉진되거나 제한되는 신체의 변용과 그 변용의 관념"(3D3)이다. 신체의 변용은 능력의 관계를 함축하고 능력의 변화를 동반한다. 비인성적 능력의 관계가 인간을 넘어 자연 사물과 기계를 포함한 인공물에까지 두루 적용될 수 있다는 점에서 스피노자가 (신)유물론, 포스트휴머니즘, 생태학 등 오늘날의 여러 이론적 접근법에 전유될 여지는 매우 크다.

그럼에도 스피노자에게 인간과 비인간, 나아가 동종 내부의 개체들 간의 차이와 위계를 사고할 논리가 부재한 것은 아니다. 『윤리학』 제2부 "정신에 관하여"에서 그는 한 물체(신체)가 다른 물체(신체)보다 우월할 수 있고 이에 따라 전자와 병행하는 관념(정신)이 후자와 병행하는 관념(정신)보다 우월할 수 있음을 인정한다. 우월하다는 것은 "더 많은 실재reality를 내포한다"(2P13S)는 것, 바꿔 말하면 더 많은 능력을 지닌다는 것이다. 여기서 능력은 영향을 미치는 능력power to affect과 영향을 받는 능력power to be affected, 능동의 힘과 수동의 힘 모두를 가리킨다. "한 물체가 동시에 많은 작용을 하거나 동시에 많은 방식으로 작용을 받는 데서 다른 물체보다 더 유능할수록 그 정신은 동시에 많은 것을 지각하는 데서 다른 정신들보다 더 유능하다." 이런 맥락에서 스피노자는 복잡한 사고를 하는 인간의 정신이 다른 (가령 동물의) 정신들을 "넘어선다"고 주장한다 (2P13S). 물론 신체적·정신적 복잡성과 그에 따른 우월한 능력이 인간을 동물에게서 절대적으로 갈라놓을 정도인가 하는 질문이 제기될 수 있다. 또 인간보다 "동시에 많은 작용을 하거나 동시에 많은 방식으로 작용을 받는" AI가 출현하지 말란 법도 없다. 그러나 우리 반인간주의 시대에 '인류세'의 온갖 문제를 해결할 당사자는 아이러니하게도 결국 인간이며, 지구의 주인 행세를 그만두기로 한다면 그 물러남의 기획을 단계적으로 실행에 옮길 주체도 인간이고, 심지어 이렇게 인간을 다시 주체로 호출하는 것이 '신新인간중심주의'가 아닌가 하고 물을 자도 인간밖에 없으므로 인간의 뛰어난 능동·수동 능력을 부인하는 것은 부질없는 짓이다.[5] 이 점에서 자연/문화, 물질/관념, 기술/사회의 차

---

5. 김상민·김성윤은 공동으로 쓴 글(2019)에서 신유물론에 대한 해밀턴(Clive Hamilton)의 비판적 입장을 소개하면서 그의 입장을 '신(新)인간중심주의'라고 부르지만 대안이 분명해 보이지는 않는다.

이와 위계를 허물고자 인간과 같은 복잡한 유기체의 작인 agency과 단순한 물체의 작인을 동등한 위치에 올려놓고 '연결'하려는 브뤼노 라투르식의 신유물론적 기획은 그런 기획에서 더러 들먹거려지는 스피노자의 유물론적 문제의식에서 오히려 멀어진 느낌이다.[6]

자유의지론적libertarian이거나 자유주의적인 인간주의에 대한 로런스의 도전도 만만치 않다. "탄소"나 "비인간적 의지"the inhuman will(*Letters 2*, 183), 들뢰즈의 강렬도intensity를 연상시키는 "불꽃"flame("The Novel," *STH* 182), "성령"the Holy Ghost("On Being Religious," *RDP* 191 외 여러 곳), 스피노자에게서와 유사한 의미로 쓰이는 "능력"power("Blessed Are the Powerful," *RDP* 321 외 여러 곳) 등, 삶과 문학의 비인성적impersonal 본질을 환기시키는 표현은 로런스의 산문에 다채롭고 광범위하게 등장한다.

로런스와 스피노자의 비인성주의 또는 비인간주의는 현대적 수용의 측면에서도 유사성을 띤다. 상대적으로 덜

---

6. 라투르의 행위자-네트워크 이론에 관하여 라투르 외, 『인간·사물·동맹』(2010) 참조. 스피노자의 차별화 논리는 필자의 다른 글에서 더 자세히 다룬 바 있는데(김성호, 2017, 108~11쪽), 거기서는 스피노자와 신유물론의 관계에는 주목하지 않았다.

빈번하기는 하지만, 로런스의 경우에도 그의 사고에 내포된 차별화의 논리를 슬쩍 치워두고 육체나 비인성적인 힘에 대한 그의 관심을 일종의 신유물론적인 사고로 환원하려는 시도가 있는 것이다. 해리슨은 소설 『무지개』의 인물 묘사와 서사에서 느껴지는 역동성을 "미래파 미학의 요소들"로 파악하면서, 신체적·정동적 사건에 대한 작가의 관심을 "물질"(Harrison, 2001, p. 53)에 대한 관심으로 치환한다. 우리는 "탄소"가 언급되는 1914년의 저 유명한 편지로부터 로런스가 당시 마리네티F. T. Marinetti의 미적 기획에 동조했음을 알고 있다. 그러나 같은 편지에는 인간에게서 "새로운 인간적 현상" 대신 "물리학의 현상만 찾는" 미래파에 대해 "미련하다"stupid고 비난하는 목소리도 엄연히 존재한다. 로런스가 일관되지 못한 것인가? 마리네티가 쓴 「미래주의 창설과 선언」(1909)이나 「미래주의 문학의 기술적 선언」(1912)[7]은 로런스가 왜 미래파에 대해 일견 이중적인 태도를 보였는지 짐작게 한다. 마리네티의 글은 모든 전통과 문화에 대한 파괴의 충동으로 가득하다. "박물관들 : 묘지

---

7. 마리네티의 두 선언문은 2009년에 출판된 선집 *Futurism : An Anthology*에서 인용하였다. 두 선언문에 대한 인용 출처를 본문에 표시할 때는 선집 출간년도 대신에 선언문 작성년도를 표기한다.

들!" "도서관 서가에 불을 질러라!" "사실상 예술은 폭력, 잔인성, 부당함이 아니라면 아무것도 아니다"(Marinetti, 1909, pp. 52~53). "문학에서 '나', 즉 모든 심리를 파괴하라." "이제는 소진된 인간 심리를 물질에 대한 서정적 집착으로 대체하라"(Marinetti, 1912, p. 119). 이런 전복의 열기는 지금 보아도 매력적인 데가 있다. 그러나 심리주의를 떨쳐낸 작가가 인간 대신 천착해야 한다고 하는 저 물질의 "본질"이 "대담함, 의지, 절대적 물리력force"으로 제시된다면 어떨까? 또 "지성을 증오"하고 "기계의 군림"the reign of the machine을 전망하고 "교체할 수 있는 부품들parts을 지닌 기계적 인간의 창조를 준비"(같은 글, pp. 123~125)하는 것이 작가의 임무로 제시된다면? 마리네티는 포스트휴머니즘의 선구자로 불리기에는 무리가 없을지 모르나, "새로운 인간적 현상"을 찾는 1914년의 로런스, 혹은 "모든 것은 흐르고 변한다. … 전체는 서로를 미끄러져 지나쳐가는 일견 조화되지 않는 부분들parts의 이상한 조합assembly이다"[8]라는 포스트-미래파적 발언에 이

---

8. 이 '조합'을 들뢰즈와 가타리(Félix Guattari)의 '배치'(assemblage) 개념으로 번역해 보면 어떨까? '배치'는 욕망, 언어, 사회정치적 관계 모두를 설명하는 일원적 개념이다. 그러나 '배치'의 사유가 뒤에 거론하는 *being*의 문제를 포괄할 수 있을지는 논점으로 남는다. (이 글에서는 *being*을 대신할 번역어를 찾지 못해 원어를 그대로 가져다 쓴다.) '배치'에 관해서는 Deleuze and

어 "이 모든 변화 속에서 나는 어떤 온전함integrity을 유지
한다"("Why the Novel Matters," *STH* 196~197)는 포스트-포스
트적 발언까지 내놓는 1925년의 로런스에게 그는 궁극적
으로 지양의 대상일 수밖에 없었다.

만일 스피노자가 마리네티를 읽었다면 로런스와 비슷
한 양가적 태도를 취했을지 모른다. 이 미래주의자가 인간
주의를 넘어서 물질의 힘에서 세계의 본질을 찾는 데서 자
신과의 친연성을 발견하면서도, 힘을 능력이자 관계(무한
한 인과성)로 파악하는 대신 그 자체로 놓고 숭배하는 경
향을 띤다든지, 관념론적 윤리뿐 아니라 일체의 윤리를 불
가능하게 하는 반지성주의를 추구한다든지, 정서론적 윤
리의 기초가 되는 능력의 변화와 차이에 둔감한 것 등을
눈감아줄 수 없는 사유의 결함으로 여기지 않았을까. 그런
데 스피노자의 가상적 불만은 미래파에 대해 "미련하다"고
말하는 로런스의 불만과 결국 동일한 것일까? 각기 차별화
논리를 내장한 두 사람의 능력의 존재론은 대동소이한가?
그리하여 "절대적 물리력"의 작용으로 환원할 수 없는 『무
지개』에서의 어슐라의 내적 고투는 역시 그것으로 환원되

Guattari, 1987과 Deleuze, 1986 참조.

지 않는 스피노자의 코나투스(자기보존과 능력의 증대를 위한 비인성적 노력)로 충분히 설명될 수 있는가?

로런스의 「호저의 죽음에 관한 생각」Reflections on the Death of a Porcupine(1925)은 이 문제를 살피기에 좋은 텍스트 가운데 하나다. 여기서 그는 능력power이나 생동함vividness 의 정도에 따라 생물종들의 우열을 가늠하고 나서 다음과 같이 말한다.

> 그렇지만 강조하고 또 강조하건대, 우리는 지금 실존 existence, 종種, 유형, 종족, 민족에 대해 말하고 있지, 단일 개체에 대해, 또는 *being*에 대해 말하고 있는 것이 아니 다. 활짝 핀 민들레, 태양광선들이 빽빽이 들어찬, 녹지 위 의 그 작은 태양은 비길 데 없는 것a nonpareil, 둘도 없는 것 a non-such이다. 그것을 땅 위의 다른 어떤 것과 비교하는 것 은 어리석고, 어리석고, 또 어리석다. 그것은 그 자체로 비 교불가능하고 유일무이하다.(*RDP* 358)

이처럼 비교우위의 사고를 허용하는 실존의 차원과 그 것을 거부하는 *being*의 차원을 구별하는 그의 생각을 이 원론으로 몰아붙이기는 쉽다. 그러나 *being*의 차원, 그가

"제4의 차원"(*RDP* 359)이라고 부르지만 시공간적 차원은 또 아닌 그것은 사실 실존과 별개의 형이상학적 영역이 아니라 실존의 한 양상이나 형태로 보아야 한다. 우선 그 차원에서도 관계는 사라지지 않는다. 그렇기는커녕, "태양과, 살아있는 온 우주와의 순수한 관계"(*RDP* 359) 속에서만 지구상의 한 생명체는 온전히 유일무이한 그 자신이 된다고 로런스는 말한다. 게다가 *being*은 물질적이다. 그것은 "플라톤이 상정하는 것과 같은 관념적인 것이 아니다. 정신적인 것도 아니다. 그것은 실존의 초월적 형태이며 실존만큼이나 물질적이다. 다만 그 물질이 돌연 제4의 차원으로 들어가는 것이다."(*RDP* 359) 그러니까 *being*이란 온갖 힘들의 불균등한 영향관계로 이루어진 스피노자적 세계 속에서 한 존재자가 순간적으로 성취하는 어떤 – "순수한" – 관계 자체의 다른 이름이라고 할 수 있다.

"순수한 관계"란 어떻게 이해해야 할까? 이 표현은 기독교의 에덴동산 같은 어떤 시원적 본질의 신화를 함축하는가? 존재적 성취란 상실되었거나 훼손된 본질의 회복을 뜻하는가? 그러나 이런 해석은 "모든 것은 흐르고 변한다"는 로런스의 말과 양립하기 어렵다. 그는 변화 이전이나 이후가 아니라 변화 속에서의 "온전함"에 대해 말하는 것이다.

변화가 요구될 때는 변화하는 것이 온전함을 유지하는 길이다. 이때 우리는 변화에도 '불구하고'가 아니라 변화로 '인해' 온전하다. 물론 변화 자체의 물신화도 경계해야 하는데, "변화조차 절대적이지 않"기(*STH* 196) 때문이다. 요컨대 "전체는… 일견 조화되지 않는 부분들의 이상한 조합"이라는 사실, 이 "조합"과 그에 상응하는 관계들이 끊임없는 변화의 흐름 속에 있다는 사실은 *being*의 차원에서도 유효하다. 우리가 "순수한 관계"를 상상하기 어려운 것은 어쩌면 그 때문인지도 모른다. 좀 덜 '순수한', 혹은 '불순한' 관계를 떠올려보면 어떨까? 『무지개』에서 스크리벤스키Skrebensky가 출세욕과 계급의식과 식민주의적 이념의 영향하에 인도행을 택할 때 그와 인도 민족의 관계는 '순수한' 것과는 거리가 멀다. 어슐라가 배 속의 아이로 인해 스크리벤스키에게 속박되는 느낌으로 괴로워할 때, (아이 자신이 '불순한' 것은 물론 아니지만) 그녀의 아이에 대한 관계는 '불순한' 성질을 띤다. 이런 국면들에는 삶의 의지가 인종, 계급, 또는 젠더 이데올로기와 뒤섞이면서 왜곡되고 유형화된 욕망과 정서로 발현된다.

스피노자에게 *being*의 사유에 상응하는 관념, 즉 내재주의를 위반하지 않는 어떤 성취의 관념이 있을까? 가장 근접한 후보는 아마도 자유freedom의 관념일 것이다. 어슐라나 스크리벤스키가 '순수하지' 못한 관계에 머물 때 그들의 능동의 힘은 위축되고 따라서 그들은 스피노자적 '자유인'의 이상에서 멀어진다. 반대로 어슐라가 자신을 억압하는 스크리벤스키와의 유대를 마침내 끊어내고 그를 "지나간 일"something of the past(*R* 457)로 자리매김할 때 그녀는 한층 능동적인, 따라서 스피노자적 '자유인'에 다가선 존재가 된다. 그러나 어슐라의 그런 성취가 자기 세계 속에서 "비길 데 없는 것"이 되는 성취이며, 그 점에서 로런스가 예로 든 (어슐라에 비해 훨씬 단순한 유기체인) 민들레의 그 나름의 성취와 다르지 않다고 말한다면 이는 매우 '비스피노자적'으로 들린다. 상대적으로 더 자유로운 존재가 아닌, 비교 자체가 불필요하고 불가능한 유일의 존재의 관념은 심오한 타자성의 관념을 함축하며,[9] 이는 스피노자로부터 이끌어내기가 쉽지 않은 것이다. 게다가 스피노자가 자유에 이르는 길이자 자유의 표지로 여기는 것은 이성적 사고다. 정서적 삶의 필연성을 주장하면서도 이성을 통한 정념passion(수동적 정서)으로부터의 해방을 역설한 스피노자와 일관되

---

9. 로런스의 타자성 관념은 그의 에세이 "Democracy," RDP 63~83(특히 78~83)에 잘 나타나 있다. 이에 관한 설명으로 Sargent and Watson, 2001 참조.

게 신체적·정서적인 앎을 강조한 로런스를 대면시켜 보는
것이 다음 절의 과제다.

3

정신을 다루는 『윤리학』 제2부에서 스피노자는 말한
다. "관념들의 질서와 연관은 사물들things의 질서와 연관과
동일하다"(2P7). "사유하는 실체와 연장된 실체는 하나의 동
일한 실체이며, 그것은 때로는 이런 속성으로, 때로는 저런
속성으로 파악된다." 마찬가지로 "연장의 한 양태와 그 양
태의 관념은 하나의 동일한 것이며, 두 가지 방식으로 표현
되어 있을 뿐이다"(2P7S). 스피노자의 이 '동일성론'[10]은 인
간의 정신과 신체를 별개의 두 실체로 간주함으로써 신체
와 분리된 정신의 독립적인 (심지어 여분의) 삶에 대해 말
할 여지를 남긴 데카르트의 '실체 이원론'과 날카롭게 대립
한다.[11] 스피노자에 따르면 정신은 다른 신체들과의 끊임없

---

10. '동일성론'(identity theory)은 '평행론'(parallelism)이라고도 불리는데,
    두 용어를 둘러싼 논란에 관하여 Hübner, 2015, pp. 152~153 참조. 네들
    러는 '평행론'이라는 용어의 부적절함을 지적하며, 슈미트는 더 확고하
    게 스피노자의 생각을 '동일성론'으로 규정하고 탐구한다. Nadler, 2006,
    p. 146 ; Schmidt, 2009, pp. 79~98.

는 상호작용 속에 존재하는 자기 신체와 별개로 존재할 수 없으며, 자신의 능력을 자기 신체의 능력에 의존한다. 이 의존관계에는 신체와 정신 간의 "비대칭"이 있고, 그런 의미에서 스피노자는 "일종의 유물론자"(Nadler, 2006, p. 146)라고 할 수 있다. 앞서 소개한 정서의 정의도 그렇지만, 정서의 집요한 구속력, 실로 정서적 삶의 필연성을 제시하는 다음 구절은 그의 '유물론적' 면모를 여실히 드러낸다. "하나의 정서는 제어되어야 할 그 정서와 반대되는, 그리고 그것보다 강한 정서에 의해서가 아니면 제어되거나 제거될 수 없다"(4P7). 어떤 이성적 관념과 도덕적 교훈도 우리를 정서적 삶에서 빼내 오기에 충분치 않다. 신체와 정신이 모두 연루된 정서의 세계, 후에 알튀세르가 상상된 관계로서의 이데올로기에 대해 말할 때 염두에 두었던 그 세계는 어떤 의미에서 세계 그 자체다.

정서의 세계는 수동적이기만 한 세계가 아니다(물론 수동은 그 자체로 나쁜 것이 아니다). 그 세계는 의지적이거

---

11. 내들러에 따르면 '실체 이원론'(substance dualism)은 인간에 관한 근대 초의 사유에서 지배적인 패러다임이었다. Nadler, 2006, p. 134. 스피노자가 어떻게 이 패러다임을 넘어서는지에 관한 구체적 설명은 같은 책, pp. 122~153과 Rocca, 2008, pp. 33~58 참조.

나 비의지적인 노력, 즉 코나투스가 작용하며, 함께 작용하는 다른 많은 실존들의 코나투스와 부딪치고 연합하면서 온갖 관념이 생산되는 세계다. 존재의 이 본질적 상황으로부터 우리는 우리를 구속하는 정서의 힘을 더 구체적으로 이해할 수 있다. 정서는 우리를 자유로 나아가도록 추동하는 힘과 동일한 힘, 즉 우리 자신을 보존하고 능력을 증대시키도록 하는 바로 그 힘의 작용으로 생겨나는 것이다. 그러므로 정서와 자유, 또는 정서와 이성을 대립시키는 것은 무익하다. 스피노자는 그러한 대립을 지양하고, 그 대신 "노예"와 "자유인"을 대립시킨다. "노예"는 "정서에 의해서만 인도되는 사람"이며 "자유인"은 "이성에 의해 인도되는 사람"이다(4P66S). "자유인"도 정서의 세계 안에 있다. 다만 그는 이성 또는 "참인 것이 필연적인"(필연적으로 참인) "명석판명한 관념"(2P43S)의 인도하에 능동에 관계하는 긍정적 정서를 키워서 부정적 정서(정념)를 제어할 줄 안다. 여기서 스피노자가 하나의 정서와 다른 정서를 직접 대립시키지 않고, 정서에 대한 이성적 이해를 정서의 영향력을 줄이는 방법으로 제시하는 데 주목해야 한다. 이해란 원인에 대한 앎을 말한다. 그리하여 "감정이나 정서를 외부적 원인에 대한 생각에서 분리"하면 "그 외부적 원인을 향한 사랑

이나 증오는 제거된다"(5P2). 또한 "정념인 정서는 우리가 그
에 대한 명석판명한 관념을 형성하자마자 정념이기를 그친
다"(5P3). 어떤 감정이 어디에서 왔는지를 명확히 알면 그 감
정에서 놓여나게 된다는 것이다. 그리고 "우리가 명석판명
한 개념을 형성할 수 없는 신체의 변용은 없다"(5P4).

스피노자에 대한 로런스의 언급은 드물고도 부정적이
지만,[12] 우리가 우선적으로 신체적인 존재이며 정서의 힘들
에서 완전히 빠져나오기는 어렵다는 스피노자의 인식(특
히 앞서 언급한 『윤리학』 제4장 제7명제)에는 로런스도 공
감을 했을 법하다. 신체적 삶과 체화된 사고의 중요성을 역
설하는 목소리는 장르를 불문하고 그의 전 저작에서 울려
나온다.[13] 예술과 관련하여 그것은 작품과 실제 삶의 연관
성을 옹호하는 리얼리스트의 목소리가 되곤 한다. '의미 있
는 형식'Significant Form이라는 형식미학적 개념에 대한 반응
이 대표적이다. 로런스는 로저 프라이의 『세잔 : 그의 발전
에 관한 연구』(1927)를 통해 그 개념을 접한 것으로 보이지

---

12. 로런스는 「토머스 하디 연구」(Study of Thomas Hardy), 「책들」(Books)
    등에서 스피노자를 지나치듯 언급하는데, 모두 비호의적인 맥락이다.
    STH 91, *RDP* 198 참조.
13. 로런스의 여러 저작에서 신체가 다뤄지는 방식에 관하여 Michelucci,
    2001 참조.

만, 그것이 처음 나타난 것은 같은 블룸즈버리 그룹의 일원인 클라이브 벨의 『예술』(1914)에서다. 벨은 "모든 시각예술 작품에 공통된 단 하나의 질"(C. Bell, 1914, p. 8)로서 "의미있는 형식"을 제시하면서 이렇게 말한다. "예술작품에서 재현적 요소는 유해할 수도, 유해하지 않을 수도 있지만, 그것은 언제나 무관하다irrelevant. 예술작품을 감상하려면 삶에서 아무것도 … 끌고 들어올 필요가 없다"(같은 글, p. 25). 이는 『사랑에 빠진 여인들』*Women in Love*에서 자기 작품을 소박한 '삶의 언어'로 비판하는 어슐라에게 쏘아붙이는 뢰르케Loerke의 말을 상기시킨다. 로런스는 자기 화보집에 붙인 「이 그림들에 대한 소개」Introduction to These Paintings(1929)에서 유사 예언자적인 어조로 '의미 있는 형식'을 패러디하며 조롱한다.

> 말해지는 이야기tale에 대한 모든 천한 동경, 닮은꼴like-nesses(초상)에 대한 모든 저열한 욕망lust을 너희들에게서 정화하라. 너희들 자신을 정화하라, 그리고 단 하나의 최상의 길을 알지니, **의미 있는 형식**의 길이니라. … 나는 베일 뒤에서 움직이는 **영적인 삶**의 계시니라.("Introduction to These Paintings," *LEA* 199)

스피노자는 미학을 내놓지 않았지만, 다시 가정을 해보자면 이 선구적인 '유물론자'가 적어도 벨-프라이-뢰르케의 형식주의 미학에 동조했을 것 같지는 않다. 그에게나 로런스에게나 신체들의 관계에 기초한 정서의 세계는 어떻게해도 사라지지 않는, 변화무쌍하면서도 확고한 현실이다.

그러나 정서 세계의 인과율과 이 인과율에 대한 앎의 문제로 오면 사정이 달라진다. 앞서 "우리가 명석판명한 개념을형성할 수 없는 신체의 변용은 없다"는 스피노자의 명제를소개했다. 로런스는 여기에 동의할까? 물론 그렇지 않다고,우리는 어느 정도 자신 있게 말할 수 있다. 그가 쓴 「소설과느낌」The Novel and the Feelings(1925)의 한 대목을 보자.

> 사람은 원인과 결과의 작은 엔진이 아니다. 그런 생각은 우리 머리에서 영원히 지워버려야 한다. 사람 안에 있는 **원인**은 우리가 결코 가늠할 수 없을 어떤 것이다. … 하지만 그것은 내내 우리 내부에 있다 ─ 우리의, 그리고 우리 시대의**원인** 말이다.(*STH* 203)

스피노자의 이름은 언급되지 않지만 마치 그를 의식하고 쓴 것 같은 이 구절에서 로런스는 변화하는 인간과 사회현실에 원인이 있다는 점은 인정하면서도 그 원인을 명명백백히 알 수 있으리라는 생각에 대해서는 단호히 선을 긋는다. 그렇게 원인을 파악할 수 있는 기계적 현상("작은 엔진"의 효과)이 있을 테지만 인간 세계의 원인은 인간이 파악할 수 있는 기계적이거나 자연적인 법칙으로 환원할 수 없다는 것이다.

여기서 로런스의 주장이 인간의 지적 한계를 지적하는 데 그치지 않음은 자명하다. 인간 이해력의 한계가 문제라면, 인간의 심리와 정서에 본격적으로 관심을 가지기 시작한 과학기술이 언젠가는 인간과 사회문화적 현실의 원인을 대부분 규명하고 나아가 그 미래를 예측하리라는 희망을 품을 수 있다. 이런 기술유토피아적인 꿈에 로런스의 말은 저주가 되지만 사물의 보편적 이해가능성을 긍정하는 스피노자의 말은 그런대로 잘 들어맞는다. 스피노자는 사물의 원인으로써 가장 가까운 원인만이 아니라 무한한 계열의 인과관계를 가리키고(2P9, 2P9D, 2P13L3), 이에 따를 때 유한한 존재에 의한 원인의 이해는 불충분할 수밖에 없지만, 무한한 계열을 개별 경우들이 아니라 법칙으로서 이해한다면 그 한계는 극복된다. 이것이 "모든 관념은 신에게 관련되는 한에서 참이다"(2P32)라는 말의 의미다. 신에게 관련되는 관념, 즉 영원한 법칙의 관념은 참이다. (인간을 포함한) 사물의 궁극적 원인은 신, 즉 자연(법칙)이다. 스피노자와 근대과학은 명징한 개념에 입각한 자연법칙의 이해라는 목표에서 만난다.

로런스가 인간 세계에 대한 법칙적 이해를 무조건 거부하는 것은 아니다. 「토머스 하디 연구」에서 개진하는 남성성/여성성the Male/the Female, 법/사랑Law/Love의 담론은 엄밀한 의미의 법칙은 아니더라도 원리에 의한 이해에 해당하고, 앞서 언급한 스크리벤스키를 포함해서 그의 소설에 등장하는 수많은 인물들의 말과 행동은 상당 정도 '엔진'과 '연료'(가령 국가주의나 민족주의)의 작용으로 설명이 가능하도록 형상화되었다. 그러나 이 '엔진'과 '연료'도 영원히 지속되는 사물이 아니라 특정한 역사적 국면에 생겨나 존속하다 사라져갈 것들로 나타나며, 『무지개』의 어슐라와 『날개 돋친 뱀』The Plumed Serpent의 케이트Kate를 포함한 주요 인물들의 내외적 투쟁을 부추기는 힘은 명징한 개념으로 포착하기 어려운 성질로 제시된다. 인간을 움직이고 형성하는 궁극적 원인, 로런스가 "낯설고 어두운 대륙"("The Novel and the Feelings," *STH* 203)이라는, 짐짓 식민주의적인 이미지를 차용해서 가리키는 그것은 개념적 이해의 대상이 되기에는 부적합한 것, 그러기에는 복잡하기도 하려니와 그 자체가 언제나 생성 중인 것, 생성 중인 관계에 속한 것, 그런 의미에서 과거 못지않게 현재와 미래에 속한 것이다. 모든 창조적 사건 — 가령 스피노자가 『윤리학』을 쓴 사건 — 의 '원인'은 미래적이다. 그런 사건은 과거와 현재의 사회적·물질적 힘들만으로, 또는 주체의 심리만으로 설명되지 않는다. 가시화된 관계와 법칙의 작용을 넘어서서, 도래할 것, 새롭게 출현하는 것을 원인으로 고려하는 인과성의 관념은 그 어떤 초월적 외부에도 기대지 않으며 내재주의의 원칙에 충실하다.

원인에 관한 이해의 차이는 정서와 진리의 관계에 대한 관점의 차이로 이어진다. 스피노자가 정서를 신체의 변용과 그 관념으로 정의함은 앞에서 언급했다. 그런데 인간의 신체 변용의 관념이 신에게 관련되지 않고 인간의 정신에만 관련될 경우, 즉 법칙이 아닌 개별 신체의 표상으로 주어질 경우 그 관념은 신체 변용을 일으킨 외부 신체에 대해서도, 자기 신체에 대해서도 '적합한'adequate 인식을 내포하지 않는다(2P25, 2P27, 2P28). 그 관념에는 외부 신체와 자기 신체의 상image들이 뒤섞여 있기 때문이다. 정서에 담긴 상상적 imaginary 인식은 혼란된 관념으로 이뤄지며, 따라서 진리 영역의 바깥에 존재한다. 로런스의 관점은 물론 다르다. "신체의 가장 어두운 대륙"에 거하는 "신"에게서 나오는 "최초의 어두운 광선"인 우리 자신의 느낌feeling에 귀를 기울이라고 그가 예언자의 어투를 취해 말할 때(*STH* 205) 그는 느낌을 진리에 가장 가까운 이해의 형식으로 보고 있는 것이다.

그러나 여기서 스피노자의 '상상적 인식'과 로런스의 '느낌'이 대칭 관계에 있지는 않다. 느낌은 그 자체로 전체에 대한 직관을 내포한다. 그것은 주체를 둘러싸고 주체를 구성하는 모든 변화하는 관계를 이 관계의 외부 지점에서가 아니라 변화의 흐름 한가운데서 꿰뚫는 통찰을 동반한다. 스피노자의 용어로 번역하면 로런스가 내세우는 '느낌'이란 상상력과 이성이 일체화된 경지일 듯싶은데, 다만 이성이 상상력을 지배하고 인도하는 형국은 아닌 것이다. 느낌은 로런스가 환기하는 다른 의미의 '상상력'과 유사한데, 이는 그가 예술적이거나 과학적이거나 간에 모든 발견에 관여한다고 보는 전체로서의 의식, 즉 "본능, 직관, 정신, 지력" 모두가 하나로 통합되어 작동하는 "총체적 의식"complete consciousness의 한 형태로서 여기서는 직관이 지배적인 위치에 있다.

모든 경우에 의식 전체가 관계한다. 그리고 그림은 형상

imagery으로 이뤄지기 때문에 상상력 전체의 활동을 요구하는데, 상상력이란 형태들, 이미지들에 대한 직관적인 앎, 육체적인 앎*physical* awareness이 우세한, 총체적 의식의 한 형태다.("Introduction to These Paintings," *LEA* 207)

이 말은 직관이나 (스피노자적 의미의) 정서가 곧 온전한 진리를 가리키지는 않지만 진리는 (예술에서든 과학에서든) 정서적 성질을 띤다는 의미로 이해된다.

진리의 정서적 성질에 관한 주장은 "내가 말하는 것은 느낌이지, 감정이 아니다"I say feelings, not emotions(*STH* 202)라는 다른 주장과 나란히 놓고 볼 필요가 있다. 두 가지 주장은 서로를 조명한다. 느낌을 감정에서 구별하려는 로런스의 노력은 진리의 문제를 떠나 이해할 수 없다. 진리는 정서적이지만 어떤 정서는 우리를 진리에서 멀어지게 한다. 그 멀어짐은 앞서 스피노자와 관련하여 언급한 신체와 정신 간의 "비대칭" 관계가, 로런스가 "길들여진 동물"(*STH* 202)에 비유하는 명명된 정서로서의 감정에서 역전된다는 사실과 관련된다. 감정도 신체 변용의 사건을 동반하지만, 이 사건을 기록할 관념은 미리 준비된 사회문화적·언어적 회로에서 주어진다. 이렇게 느낌보다 더 가시적이고 더 안정된 의미를 지닌 감정과의 거리두기는 오늘날 정동을 감정에서 구별하면서 '정동의 자율성'the autonomy of affect을 주장함으로써 공격적 인지주의자들의 표적이 되어온 마수미의 이론적 행보에 비견된다. 그는 감정을 "정동의 포획capture이자 봉쇄closure"(Massumi, 2002, p. 35)로 이해하는데, 우리는 로런스가 말하는 정서적 '길들여짐'도 그런 식으로 이해해볼 수 있다. 물론 마수미의 '정동'과 로런스의 '느낌'이 똑같은 개념인지는 의문이고 이에 관해서는 긴 논의를 필요로 한다. 그러나 **"열린 형태로 사회적"**open- endedly social인 "출현의 장"the field of emergence(같은 책, p. 9)에 속한다는 점은 두 경우에 공통적이라고 말할 수 있다.

그런데 느낌과 감정의 차이에 관한 이 논의에서 스피노자는 어디에 위치하는가? 마수미가 정동이론을 펼치는 데 이 철학자가 어떤 영감을 주었든, 후자의 사유에서 우리는 로런스적 의미의 느낌과 감정을 구별하는 장치는 물론, 이런 구별을 정당화해줄 개념도 찾기 어렵다. 이는 정서에 대한 이성의 개입이 신체-정신의 '역전된' 비대칭 관계를 초래할 가능성을 스피노자가 심각하게 생각하지 않았으며, 나아가 그의 체계에는 능동의 윤리를 내세워 그런 '역전'을 조장하는 경향마저 있지 않은가 하는 의구심을 불러일으킨다. 그에게는 능력의 증대가, 따라서 능동성의 증대가 윤리적이지만, 그러한 증대는 정서가 그 정서의 필연성을 이해하는 이성에 종속되고 이에 따라 "정서에 대한 정신의 힘"이 "더 커진다"(5P6S)는 데 의존한다. 인간의 자유와 관련하여 정신의 힘을 강조하는 이런 경향은 급기야 스피노자 학자들을 당혹스럽게 만드는 저 희한한 명제 ― 희한하게도 데카르트적인 명제 ― 로 그를 인도한다. "인간의 정신은 신체와 함께 완전히 파괴될 수 없고 그 가운데 영원한 어떤 것이 남는다"(5P23). 오늘날 이 말은 뇌의 정보가 컴퓨터에 다운로드되고 무한한 다른 정보들과 접속하면서 각종 활약을 펼치는 조니 뎁 주연의 영화 〈트랜센던스〉(2014)를 연상시킨다. 그런데 신체의 소멸 뒤에 남는 정신은 과연 "인간의" 것일까? 영화가 제기하는 질문도 바로 그것이다.

4

지금까지 스피노자와 로런스의 생각이 만나는 지점과 갈라지는 지점을 살펴보았다. 그들은 세계를 비인간적·비인성적 능력의 견지에서 일원적으로 파악하면서도 실존들 간의 능력의 차이에 주목한 점에서 공통적이다. 또한 그들은 인간을 무엇보다 신체적 존재로 파악하고 정서 세계의 필연성을 통찰한 점에서 서로 통한다. 그러나 로런스가 제시하는 문제틀 안에는 의미심장하게도 스피노자가 다루지 않는 문제들이 있는데, 살아있는 존재의 어떤 성취로서의 *being*이라든가 진리의 정서적 성질, 그리고 (마수미의 '정동 대 감정'과 똑같지는 않지만 그에 비견되는) '느낌 대 감정'의 패러다임 등이 그것이다.

스피노자와 로런스의 차이, 특히 느낌과 감정을 구별하는 데서의 차이는 역사적으로 접근할 문제다. 로런스에게서 이 구별은 센티멘털리즘 비판의 암묵적 기획에 닿아 있다. 마이클 벨이 지적하듯이 로런스는 자기 시대에 느낌이 "정신화"mentalize되었다고, 즉 "모든 느낌이 정신 안에서 소외된 대상이 되"었다고 보았다(M. Bell, 2000, p. 187). 느낌의 진정성, 또는 진리 담지자로서의 느낌이라는 문제틀은 18세기 센티멘털리즘 이후 낭만주의와 모더니즘 시기를 거치면서 정서가 분별적·분석적 의식의 대상이 되어온 과정의 연장선상에 있다. 로런스의 센티멘털리즘 비판은 그 과정 안에 있으면서 그 과정에 적대적이라는 점에서 역설적이다. 17세기의 스피노자는 이 과정을 고찰할 위치에 있지 않았다. 그에게 중요했던 일은 인간과 세계를 데카르트적 관념론에서 구해오는 것, 이를 위해 정서적 관계의 보편성과 제거 불가능성을 정립하고 그 위에 윤리를 새롭게 정초하는 것이었다. 이것이 그의 리얼리즘적 계기다. 이 계기는 우리 시대에 여전히 중요하지만, 로런스가 탐색한 정서와 정서적 진리의 문제를 스피노자의 문제의식 안에 가두어놓고 해명할 수는 없다.

마지막으로, 감상적이거나 자의식적인 감정 표현들에 날을 세우면서 '느낌'을 화두로 던지는 로런스의 언설이 소설의 의미를 탐문하는 1920년대의 산문에 집중적으로 나타난다는 사실은 기억할 만하다. 그에게 '느낌'은 무엇보다 소설의 가치를 요약하는 말이다. 모든 위대한 소설은 "미래의 단초"a clue for the future를 담고 있으며, 이는 "정말로 새로운 느낌, 전혀 새로운 계열의 감정"("The Future of the Novel," *STH* 154, 155)으로 경험된다. 이렇듯 로런스는 이성이 아닌 느낌, 철학이 아닌 소설이 우리를 낡은 정서적·이념적 굴레에서 벗어나도록 이끌어줄 인도자라고 믿는다. 물론 그 자신도 의식하고 있듯이 「소설의 미래」가 집필될 당시 소설의 미래는 이미 불확실했으며, 지금은 더욱 그러하다. 그럼에도 그의 소설, 적어도 그 일부가 "미래의 단초"를 품고 있었다는 데는 적잖은 독자와 평자가 동의하리라 믿는다.

: : 참고문헌

김상민 · 김성윤. (2019). 물질의 귀환 — 인류세 담론의 철학적 기초로서의 신유물론. 『문화과학』, 97.

김성호. (2017). 미학에 이르는 길 — 스피노자와 예술. 『안과밖』, 43.

라투르, 브루노 (Latour, Bruno) 외. (2010). 홍성욱 편. 『인간 · 사물 · 동맹 : 행위자네트 워크 이론과 테크노사이언스』. 이음.

Bell, Clive. (1914). *Art*. New York : Frederick A. Stokes. https://archive.org/details/ArtByCliveBell.

Bell, Michael. (2000). *Sentimentalism, Ethics and the Culture of Feeling*. Basing-stoke : Palgrave.

Damasio, Antonio. (2003). *Looking for Spinoza : Joy, Sorrow, and the Feeling Brain*. Orlando : Harcourt. 『스피노자의 뇌』. (임지원 역). 사이언스북스. 2007.]

Deleuze, Gilles. (1990). *Expressionism in Philosophy : Spinoza*. (Martin Joughin, Trans.). New York : Zone Books. 『스피노자와 표현 문제』. (현영종 · 권순모 역.) 그린비. 2019.]

Deleuze, Gilles and Félix Guattari. (1986). *Kafka : Toward a Minor Literature*. (Dana Polan, Trans.). Minneapolis : University of Minnesota Press. 『카프카』. (이진경 역). 동문선. 2001.]

_____. (1987). *A Thousand Plateaus : Capitalism and Schizophrenia*.(Brian Massumi, Trans.). Minneapolis : University of Minnesota Press. 『천 개의 고원』. (김재인 역). 새물결. 2001.]

Harrison, Andrew. (2001). D. H. Lawrence's 'Perfervid Futuristic Style' and the Writ-ing of the Body in *The Rainbow*. In Paul Poplawski (Ed.), *Writing the Body in D.H. Lawrence : Essays on Language, Representation, and Sexuality*. Westport : Green-wood.

Hübner, Karolina. (2015). Spinoza's Parallelism Doctrine and Metaphysical Sym-pathy. In Eric Schliesser (Ed.), *Sympathy : A History*. Oxford : Oxford University Press.

Lawrence, D.H. (1981). George J. Zytaruk and James T. Boulton (Eds.), *The Letters of D.H. Lawrence, vol. 2. 1913-1916*. Cambridge : Cambridge University Press. [Let-ters 2]

_____. (1985). Bruce Steele (Ed.), *Study of Thomas Hardy and Other Essays*. Cambridge : Cambridge University Press. [STH]

_____. (1988). Michael Herbert (Ed.), *Reflections on the Death of a Porcupine and Other Essays*. Cambridge : Cambridge University Press. [RDP]

_____. (1989). Mark Kinkead-Weekes (Ed.), *The Rainbow*. Cambridge : Cambridge University Press. [R]

_____. (2004). James T. Boulton (Ed.), *Late Essays and Articles*. Cambridge : Cambridge University Press. [LEA]

Leys, Ruth. (2017). *The Ascent of Affect : Genealogy and Critique*. Chicago : University of Chicago Press.

Marinetti, F. T. (2009a). Lawrence Rainey et al. (Eds.), The Founding and Manifesto of Futurism (1909). *Futurism : An Anthology*. New Haven : Yale University Press.

_____. (2009b). Lawrence Rainey et al. (Eds.), Technical Manifesto of Futurist Literature (1912). *Futurism : An Anthology*. New Haven : Yale University Press.

Massumi, Brian. (2002). *Parables for the Virtual : Movement, Affect, Sensation*. Durham : Duke University Press. [『가상계』. (조성훈 역). 갈무리. 2011.]

Michelucci, Stefania. (2001). D.H. Lawrence's Representation of the Body and the Visual Arts. In Paul Poplawski (Ed.), *Writing the Body in D.H. Lawrence : Essays on Language, Representation, and Sexuality*. Westport, Conn. : Greenwood Press.

Nadler, Steven. (2006). *Spinoza's Ethics : An Introduction*. Cambridge : Cambridge University Press. [『에티카를 읽는다』. (이혁주 역). 그린비. 2013.]

Phelps, Jim. (2016). 'Flesh Cometh Only Out of Flesh' : Darwinian Considerations of D.H. Lawrence. In Simonetta de Filippis (Ed.), *D.H. Lawrence : New Critical Perspectives and Cultural translation*. New Castle upon Tyne : Cambridge Scholars Publishing.

Rocca, Michael Della. (2008). *Spinoza*. London : Routledge.

Sargent, M. Elizabeth and Garry Watson. (2001). D.H. Lawrence and the Dialogical Principle : 'Strange Reality of Otherness'. *College English* 63(4).

Schmidt, Andreas. (2009). Substance Monism and Identity Theory in Spinoza. In Olli Koistinen (Ed.), *The Cambridge Companion to Spinoza's Ethics*. Cambridge : Cambridge University Press.

Spinoza, Benedict de. (1994). *Ethics*. In Edwin Curley (Ed. and Trans.), *A Spinoza Reader : The Ethics and Other Works*. Princeton : Princeton University Press.

신유물론 시대의 문학 읽기

유선무

1. 들어가며

21세기 현재, 철학, 문화이론, 과학기술학, 페미니즘 등 다양한 분과학문에서 고도의 초학제성을 가지며 가장 큰 영향력을 행사하고 있는 사유는 단연 신유물론이라고 할 수 있을 것이다. 신유물론의 광범위한 확산의 원인으로는 아이러니하게도 신유물론이 지나치게 포괄적인 개념어로 사용되어 양립 불가능해 보이는 사상가들을 신유물론자라는 이름으로 유통한다는 점도 한몫한다. 이 글은 신유물론의 몇몇 주요한 국면을 추적하면서 이론적 지형을 비판적으로 정리하고, 신유물론에서 촉발된 물질성에 대한 새로운 관점이 문학비평과 문학이론의 지평과 만나 어떤 생산적인 결과를 도출할 수 있는가를 살펴보고자 한다. 신유물론의 흐름이 확산되기 이전 문학비평에서는 유물론적 연구라고 하면 맑스주의 혹은 변증법적 유물론을 적용한 연구 방법들, 또는 물질 문화에 대한 연구 등이 있었고 2000년대 초에는 빌 브라운Bill Brown으로 대표되는 사물론Thing Theory이 물질적 전환material turn을 이룬 방법론으로 주목받았다.[1] 객체와 사물을 구별한 브라운의 논의가 특히 유명한데, 그는 객체를 "인간의 해석체계가 의미를 부여한 일종의 코드"로 규정하는 반면에, 사물을 주체와 객체 관계로는 담아낼 수 없는 자체의 충만함을 가진, 인간의 인식에서 물러나 있는 무엇으로 정의한다(Bill, 2001, p. 4).

이러한 물질적 전환이 기존의 문학비평에 적용된 방식은 여러 갈래로 나눌 수 있는데, 크게 보아 문학이 주체-객체 관계를 재구조화하는 과정에 주목하거나, 작품에 등장하는 다양한 상품 - 마호가니 가구나 담뱃대 등 - 들의 문화적 의미를 추적하거나, 혹은 물질적 대상으로서의 책의 역사를 탐구하는 방식으로 정리될 수 있다.[2] 그러나 비록 브라운이 자신의 방법론을 "신유물론"적이라고 규정했음에도 불구하고, 이러한 방법론이 현시대에 신유물론이라는 포괄어로 유통되는 다종의 철학적 입장을 접목한 것이라고 간주하기에는 무리가 있다(Brown, 1996, p. 18). 비인간적 전환non-human turn 혹은 존재론적 전환ontological turn으로 호

---

1. 브라운은 "Thing Theory," *Critical Inquiry* (28 : 1 2001)으로 처음 사물론을 문학비평에 접목했으며, 이후 사물론으로 미국 문학 읽기를 시도한 "A Sense of Things : The Object Matter of American Literature"(2003)를 출간했고, 다양한 비평가들의 글을 모아 Bill Brown (Ed.), *Things* (Chicago : University of Chicago, 2004)를 출간했다.
2. 주체-객체 관계를 넘어서는 사물성에 대한 연구로는 브라운의 위의 책, 소설 속 물건들의 문화적 의미에 대한 연구는 Freedgood, 2006와 Plotz, 2008, 사물로서의 책 연구는 Price, 2012.

명되는 것에서 시사되듯이 신유물론은 인간의 문화와 자연의 물질 사이의 경계를 허물고, 인간에게만 부여되었던 행위성agency을 비인간 전체에게 나누는 존재론적 패러다임의 전환을 지향한다. 브라운의 "신유물론," 보다 정확하게는 사물론은 상당 부분 물질에 의미를 부여하고 의미를 해석하는 인간 중심적, 구성주의적 관점을 견지하고 있다. 또한 물질과 비물질의 긴장 관계를 다루는 문학의 특성, 즉 상상적 형식에 물질성을 부여해서 그것을 경험주의적 물질성으로 언어화하는 문학의 독특한 존재론적 위치에 대한 점검이 이루어지기보다는 인류학, 사회학, 문화학에서 수행되었던 물질 연구 방법론을 문학연구에 그대로 접목한 것처럼 보인다. 즉 사물론의 "신유물론"은 21세기의 새로운 사상적 조류로서의 신유물론과는 조금 다른 새로움, 맑스Karl Marx 혹은 알튀세르Louis Althusser 의 유물론의 영향을 받은 신역사주의적 혹은 이데올로기적 문학비평을 넘어서는 새로움을 지칭하되, 이 새로움이 물질 자체의 활력을 재평가하는 방식이 아닌, 여전히 인간/비인간 이분법을 재기입하는 방식으로 드러난다는 것이다.

사실 인간의식의 한계 속에서 세상을 재단하는 방식이 아닌, 물질에 대한 탐구에서 새로운 사유를 발굴하고자 하는 신유물론이 문학이론에 적용되는 방식에 대한 제언은 최근 들어 조금씩, 그것도 문학비평가에 의해서가 아니라 사변적 실재론speculative realism이나 객체지향 존재론object-oriented ontology 쪽 진영에서 진행되고 있다.3 문학연구자로서 이들의 제안이 반가운 한편, 문학의 독특한 물질성, 즉 문학이 재현하는 물질성과 문학이라는 사물이 갖는 존재론적 특성의 독특함을 충분히 고려하지 못했다는 아쉬움이 동시에 드는 것은 사실이다. 또한 오랫동안 문학비평계에서 특권적 위치를 차지하고 있었던 사회구성주의적 관점과 이데올로기 비판에 본격적인 반기를 드는 신유물론적 입장에 어느 정도는 동의하면서도, 기존의 비평의 성취를 다면적으로 평가하고 있지 못한 것이 아닌가 하는 우려도 있다. 따라서 이 글은 문학연구자의 입장에서 신유물론과 문학비평이론이 조우하는 최근의 방식이 내포하는 다소 일방향적인 이론적 문제를 포착하고 이와 관련한 담론적, 실천적 쟁점들을 분석하면서, 신유물론과 문학비평의 생산적인 협력관계의 방향을 조심스럽게 제안하고자 한다. 그러나 시작하기 전에, 복잡다단한 신유물론이라는 이론

---

3. 앞으로 이 논문에서 다루겠지만, 대표적인 예로는 Harman, 2012 ; Morton, 2012 ; Barrett and Bolt, 2012.

적 흐름을 문학비평이라는 광대한 영역에서 바라보고 접목을 시도하는 것 자체가 애당초 다소 무리한 기획임을 밝히고자 한다. 정밀한 개념 분석이나 텍스트 분석에 많은 지면을 할애할 수 없었으며, 따라서 어느 정도는 개관적인 성격을 띠고 있음을 밝힌다.

2. 신유물론들

2010년 전후 출간되어 신유물론의 "새로움"을 규명하고자 하는 네 권의 논문집에는 총 40여 명의 연구자들이 참여했는데, 이들 중에 중복해서 등장하는 연구자는 두 명에 지나지 않는다. 즉 신유물론의 "신"(새로움)을 그리고 더 근본적으로는 물질성을 어떻게 규정하느냐에 따라서 전혀 다른 성격의 신유물론이 도출된다는 것이다.[4] 쿨Diana Coole과 프로스트Samantha Frost가 자신의 편집서를 『신유물론들 : 존재론, 행위성, 정치』라고 복수형으로 명명한 것도 신유물론의 다양한 갈래들이 하나의 정교한 개념으로 수렴되지 않는다는 점을 의식하고 있었기 때문이다. 흔히 신유

---

4. 출판 순서에 따라 Alaimo and Hekman, 2008 ; Coole and Frost, 2010 ; Bryant et al., 2011 ; Dolphijn and Van der Tuin, 2012.

물론자로 호명되는 브뤼노 라투르, 마누엘 드란다, 그레이엄 하먼, 캐런 버러드, 제인 베넷, 로지 브라이도티, 레비 브라이언트는 다양한 쟁점들에서 서로 의견이 갈리며, 심지어는 스스로를 신유물론자라 지칭하기를 거부하기도 한다. 이들의 연구는 사변적 실재론, 행위자-연결망 이론, 생기론적 유물론, 객체지향 존재론 등 다양하게 불리고 있다. 그런 만큼 이들은 동일한 방법론과 이론적 목표를 공유하지는 않지만, 그럼에도 방법론적으로는 20세기의 포스트-이론에 반기를 들고, 존재론적으로 인간과 비인간, 문화와 자연의 경계를 넘어서고자 한다는 공통점을 갖는다.

이와 더불어 네 권의 논문집에 공통으로 참여한 연구자들의 수가 이렇게 적은 이유는 바로 쿨과 프로스트의 편집서의 소제목 '존재론, 행위성, 정치' 중 특히 '정치'를 정의하는 방식의 차이 때문이다. 쿨과 프로스트의 편집서는 다양한 신유물론자들 중에서 역사적 유물론과의 긴밀한 역사적, 담론적, 실천적 관계를 추구하는 비평가들을 선별하였다. 이들은 신유물론이 급변하는 후기 자본주의 세계의 문제점을 진단하는 데 긴요하며, 동시에 적실한 사회적·정치적 분석을 제공할 수 있다고 본다. 표제에 나열된 '존재론'과 '행위성'도 궁극적으로 신유물론적 '정치'로 수렴된다.

간단히 말하자면, 기계적 물질관을 넘어 생기론적 물질성에 주목하는 신유물론의 '존재론'은 인간의 신체를 구성하는 물질성과 외부 세계의 물질성이 상호작용하는 방식으로 '행위성'을 규정하고, 난관에 봉착한 것으로 진단된 역사적/고전적 유물론을 넘어선 새로운 형태의 '정치'에 도달하여, 전지구적 자본주의의 복잡다단함을 적절히 다룬다는 것이다.

그러나 신유물론적 존재론과 행위성이 '정치'로 수렴되는 논의가 매끄럽게 진행되지 않는데, 이는 인간의 신체뿐 아니라 비인간 물질에 활성과 행위주체성을 부여하는 존재론적 전회가 인간중심주의를 문제 삼는 데 반해서, 쿨과 프로스트의 정치는 여전히 인간이 유일한 주체로 참여하는 방식에 국한되어 있기 때문이다. 사물을 행위 주체로 격상시킨 존재론 논의와는 달리, 정치의 논의는 '생명윤리'와 '생명정치'의 문제, 즉 인류세라는 거대한 지구시스템의 변화 속에서 "개인적으로 국가적으로 짊어져야 하는 정치적 책임"의 문제와 어느 수준까지 "권력의 메커니즘과 계산법에 인간의 육체성을 포함"해야 하는가에 대한 문제에 한정된다(같은 글, pp. 15, 16, 23). 한편 『사변적 전회 : 유럽 유물론과 실재론』에 참여한 학자들은 바로 이러한 정치 개념의 극복을 목표로 한다. 이 분야를 대표하는 라투르는 기존의 인간 주체 중심의 정치를 "객체 회피 성향"을 지닌 정치로 규정하고, 이러한 성향을 극복해야만 신유물론의 정치적 목표가 달성될 수 있다고 주장한 바 있다. 라투르의 정치적 목표인 "객체지향 민주주의"는 "국가"Res Publica를 기존 정치철학에서 규정했듯이 이성적 인간에 한정되어 있는 공간이 아닌, 인간, 기계, 자연 등이 물Ding로서 서로 동등하게 관계하고 얽히는 세계로 규정한다(Latour, 2005, p. 15). 더 나아가 역사적으로 가장 강력한 정치적 힘을 발휘했던 맑스의 유물론에 대해서는 "공동체를 추구했기 때문이 아니라, 공유되는 공동세계를 상상했던 방식이 성급했기에" 실패했다고 진단한다(같은 글, p. 30). 이는 맑스주의에 대한 라투르의 진단이 정확하다거나, 라투르의 물정치, 혹은 정치 생태학이 앞으로 정치가 나아가야 할 침로가 되어야 한다는 의미는 아니다. 쿨과 프로스트가 기왕에 비인간 물질에게 행위 주체성을 부여하는 신유물론 진영에 참여했다면, 정치의 문제에 있어서도 신유물론과 역사적 유물론이 어떤 긴장, 비판, 혹은 보완의 관계를 맺는가에 대해서 보다 섬세한 논의가 필요했다는 것이다.

대담하게도 『바로 그 신유물론』이라고 자신의 책을 명

명한 파이퍼도 역시 같은 비판으로부터 자유롭지 못하다(Pfeifer, 2015). 파이퍼는 책이 출판된 시기에 신유물론이란 개념이 촉발하는 함의를 무시하고, 맑스주의적 역사 유물론의 전통에서 출발하여 고전 맑스주의적 접근법들에 대한 구성주의적 비판을 수용한 알튀세르를 포함하여, 바디우와 지젝 등을 전면에 내세운다. 그가 '신유물론'의 대변인으로 지목하는 지젝이 불과 일 년 전인 2014년, 『절대적 반동 : 변증법적 유물론의 새로운 토대를 향하여』에서 신유물론적 전회가 휴머니즘의 확장적 분산적 재기입에 지나지 않는다고 비판한 것을 생각하면 이에 대한 파이퍼의 침묵은 의미심장하다(Zizek, 2014). 또한 신유물론이 '언어적 전회', 특히 사회구성주의가 인간 및 비인간에 대한 물질적 실재를 적절히 고려하지 못한다는 비판의식에서 촉발되었다는 것을 고려한다면 알튀세르를 신유물론자에 포함시키는 것은 모순적이기까지 하다. 물론 바디우와 지젝이 '언어적 전회'에 대해 비판적인 시선을 던지고 있다는 점에서 신유물론자들과 공통분모가 있는 것은 사실이다. 이들은 언어적 전회가 권력의 동력이 주체 형성에 미치는 영향을 드러내는 데에는 유효한 방법론이지만, 근대휴머니즘 전통에 기인한 이분법을 충분히 극복하지 못했고, 결과적으로 후기자본주의가 전지구적으로 확산하는 상황에 대해 적절한 대응을 하지 못했다고 주장한다. 어쩌면 파이퍼는 신유물론이 나아가야 할 길이 바디우와 지젝이 걷고 있는 길이라고, 즉 사회구성주의의 이론적 진전을 간직하는 동시에 이론이 설명하지 못하는 다양한 상황을 설명할 수 있는, 일종의 이론의 확장을 꾀해야 한다고 주장하고 싶은지도 모르겠다. 그러나 역사적 유물론을 포함한 과거의 인식틀이 오늘의 세계를 이해하고 설명하는 데 무력하다는 사유에서 촉발된 신유물론을 완전히 무시하고 같은 명칭에 다른 의미를 담아내려는 파이퍼의 시도는 대단히 문제적이라 할 수 있다.

사실 신유물론의 신/새로움은 역사적 유물론에 반하여 새롭다는 의미가 아니라, 고전적 유물론인 에피쿠로스를 포함한 그리스의 원자론과 베이컨과 데카르트로 대표되는 기계론의 시대의 수동적 유물론에 반하여 새롭다는 의미를 갖는다(Gamble, et al, 2019, pp. 113~116). 주류 서구 철학의 이원론에 반기를 들고 정신과 물질, 인간과 사물, 인식 주체와 인식 대상을 구별하지 않고 일원론적 세계관을 주장한 스피노자가 일부 신유물론자들에게 주요한 철학자로 부각되는 이유도 마찬가지이다.[5] 즉, 신유물론적 입장에서는 물질의 활력, 혹은 행위성을 진지하게 인정하지 않는 입장은 모두 "관념적" 입장이 되며, 역사적 유물론 역시 물질의 행위성을 고려하지 않고 인간 주체만을 정치와 변화의 중심에 놓는다는 점에서 "관념적"이다(Latour, 2007, p. 138). 이와 연결되어 신유물론이 알튀세르로 대표되는 후기 맑스주의를 포함한 다양한 포스트-이론들, 특히 구조주의와의 적극적 단절을 추구하는 것도 이러한 이론의 반실재적 성격 때문이다.

이러한 반실재적 성격에 반하는 신유물론의 존재론은 라투르의 "비환원의 원리"와 "번역의 원리"로 요약될 수 있다. "비환원의 원리"란 "그 무엇도 다른 것으로 환원되지 않고, 그 무엇도 다른 것에서부터 추론되지 않는다"는 존재론적 원칙으로서 자연과 문화에 속하는 모든 것들이 관계망 속에서 동등하게 실존하며 행위자로서 기능한다는 요지의 원리이다(Latour, 1988, p. 158). 브라이언트는 「존재자적 원리 : 객체지향 존재론의 개관」에서 신유물론의 상호-존

---

5. 특히 생기론적 유물론을 주장하는 제인 베넷과 엘리자베스 그로스가 스피노자를 많이 인용한다. 예를 들어 베넷은 자신의 유물론이 "헤겔-맑스-아도르노로 이어지는 계보라기보다는 데모크리투스-에피쿠로스-스피노자-디드로-들뢰즈로 이어지는 계보를 따른다"고 밝힌다. Bennett, 2010, p. xiii.

재자적 관계를 설명하는 제일 원칙인 "번역의 원리"를 "라투르 원리"라고 지칭하며, 이 원리의 논리적 귀결점이 "비환원의 원리"라고 밝힌다(Bryant, 2011b, pp. 275~277). "번역의 원리"는 "자연"과 대립되는 개념으로서의 "사회" 혹은 "사회적인 것"의 의미를 확장하고 변경한 라투르의 "연합"association의 개념을 구성하는 원리로서, 다양한 인간과 비인간 행위자들이 공존하는 "연합"체에서는 어떤 존재도 다른 존재의 활동을 보조하는 역할로 소모되지 않고, 연결된 다른 존재자들의 활동을 촉발하여, 그 결과 새로운 연합, 매개, 발명 등을 가능하게 한다는 원리이다. 번역의 과정이 원어와 번역어 각각의 다름이 만나서 "원전에 없었던 놀라운 연합과, 공명과, 연결을 만들어 내는 것"처럼, 모든 존재자들의 연합은 관련된 존재자 모두의 다름이 모여서 새로운 존재자를 만들어 내는 과정이라는 의미이다(같은 책, p. 276). 여기서 중요한 것은 정신과 물질, 문화와 자연 등을 구분 짓는 서구 근대의 이원론 자체에 대한 거부를 통해, 인간 간 상호작용의 배경이나 도구로 간주되던 물질을 엄연한 행위자의 반열에 올린다는 점이다.

행위자-연결망 이론이라고도 지칭되는 라투르의 두 원칙은 처음에는 과학기술학에 접목되어 인간과 사물 사이의 구체적인 운동들, 연결들, 대면들, 행위들에 주목하고, 이들이 다양한 방식으로 결합하여 새로운 존재자, 즉 새로운 지식과 기술을 창출하고 유지하는 방식을 밝혀주었다. 라투르의 학문적 동지인 그레이엄 하먼은 이 원칙을 사변적 실재론이라는 현대 철학의 신흥 운동과 접목시켜서, 존재론적-형이상학적 원칙으로 발전시킨다. 사변적 실재론은, 거칠게 정의하자면, 칸트 이후의 서양 철학을 언어와 의식 같은 인식론의 감옥 속에 세상을 가두려는 '상관주의'correlationism라 비판하면서, 인간으로부터 시공간적으로 독립되어 있는 대상의 실재성에 가까워지려는 형이상학적 시도라고 할 수 있다.[6] 사변적 실재론은 라투르의 인간 행위자-비인간 행위자의 관계 양상을 객체-객체의 관계 양상으로 보편화하는 객체지향존재론의 일반 원리로 발전되어서 신유물론의 철학적 기초가 되어 주었다. 하먼에 의해 신유물론은 가장 급진적인 형태를 띠게 되는데, 이 과정에서 하먼은 라투르 역시 여전히 근대적 주체와 객체, 혹은 인

---

6. 사변적 실재론의 중요한 학자인 메이야수에 따르면 '상관주의'는 실재를 대면할 수 없게 만든 칸트 이후의 서구 철학의 가장 큰 특징이자 한계이다. 그는 상관주의를 인간은 "존재와 사유의 관계만을 볼 수 있을 뿐, 결코 존재나 사유를 단독으로 접근할 수 없다고 보는 관점"으로 규정한다. Meillassoux, 2008, p. 5.

간/비인간의 구분에 얽매여 있어서, 인간의 시선으로부터 독립된 객체의 실재성을 보지 못한다고 비판한다. 즉 하먼은 사회를 주체로 자연을 객체로 연결하는 관점 자체를 근본적으로 부정하면서, 인간과 인간이 만들어 낸 사회와 문화, 심지어는 관념과 사유도 자연에 존재하는 수많은 존재들과 동일하게 객체로 일원화한다. 이러한 일원화의 결과로 정치는 사라지고 최소한의 윤리적 제스처만 남게 된다. 즉, 정치체에 누가/무엇이 구성원이 될 것인지 예측할 수도 없을 뿐더러, 구성원이 확정된다고 하더라도 그들의 실재는 인간에게서 물러서 있기 때문에 정치의 상실은 필연적이다. 비어 있는 정치의 자리에 타인뿐 아니라 비인간 객체들도 인간 자신과 동등한 권리를 부여해야 한다는, 그다지 새로울 것 없는 윤리적 태도가 암시된다.

이어 하먼은 지금까지 철학이 객체를 다루는 방식은 하부침식undermining과 상부침식overmining에 머물러 왔다고 지적한다. 하부침식은 객체의 내재적인 원칙을 파악하겠다는 명목하에 객체를 그것의 일부분으로 환원하는 태도를 의미한다면, 상부침식은 객체의 영향력과 관계성을 묶어서 그 관계를 곧바로 객체로 간주하는 태도를 의미한다. 하먼에 따르면 관계성에 방점을 두는 라투르도 상부침식의 혐의가 있으며, 그런 만큼 객체를 그 자체로 다루지 못한다. 이러한 오류로부터 벗어나기 위해서 하먼은 하이데거의 '사방세계'the fourfold의 개념을 객체에 적용하여, 객체를 감각 객체와 실재 객체로 나누고, 이를 각각 감각 속성과 실재 속성이란 두 가지 속성에 연계시킨다. 실재속성은 객체에 내재하는 속성이고 감각 속성은 인간이 감지하고 측정한 속성이다. 마찬가지로 감각객체가 인간의 감각에 의해 포착되는 객체라면 실재 객체는 인간으로부터 물러나 있는 객체이다. 두 가지 객체의 두 가지 속성이 만들어내는 네 가지 경우의 수, 혹은 네 겹의 객체(감각 객체-감각 성질, 실재 객체-감각 성질, 실재 객체-실재 성질, 감각 객체-실재 성질)에서 산출되는 긴장 관계가 바로 객체를 구성하는 원리이다. 여기서 그의 실재 개념은 근본적으로 인식론과 존재론을 분리하는 칸트의 물 자체 개념을 계승하고 있으며, 그 역시 칸트의 오류는 인간과 비인간의 관계에 특권적 위치를 부여한 것에 한정된 것이라고 하며 칸트를 옹호한 바 있다(같은 책, p. 29). 간단히 요약하면 하먼에게 물질은 인간의 사유 외부에 존재하며, 따라서 사유와 물질 간의 어떠한 관계성도 없다. 또한 라투르의 "연합"이 제 3의 매개체 없이 매끄럽게 공생하고 대칭적인 수평적 존재론flat ontology

를 제시한다면, 하먼의 존재자들 사이에는 비대칭과 상호
불가능성이 내재한다.[7]

하먼은 자신의 객체지향존재론과 그에 귀속된 물질개
념이 신유물론의 관계중심적 물질 개념과 다르다는 점을
강조하기 위해서 자신의 이론을 비유물론immaterialism이라
고 지칭한다. 그에 따르면, 신유물론은 우연성, 관계성, 그
리고 내재성 등을 포함하는 아홉 개의 공리로 요약 정리될
수 있으며, 객체를 그 자체로 바라보기보다는 그것의 행위
와 효과에 방점을 찍는, 소위 "상부침식"의 오류를 범하고
있다(Harman, 2017, pp. 14~15). 하먼의 주장은 일부 신유물론
적 논의가 물질 자체에 집중하기보다는 오히려 물질에 내
재하는 행위력과 그것이 인간에 미치는 영향력에 방점을
찍는 경향을 잘 짚어내고는 있지만, 이것이 신유물론 전체
의 공과는 물론이고 그가 특별히 비판의 대상으로 삼고 있
는 캐런 버러드의 행위적 실재론agential realism의 공과를 대

---

7. 라투르의 "수평적 존재론"은 그의 초기의 입장에 한정된다. 초기의 라투르
   가 근대철학의 문화/자연, 인간/비인간 이분법을 해체하기 위해서 수평적
   존재론을 강조했다면, *An Inquiry into Modes of Existence*를 시작으로 그
   의 존재론은 존재 양태의 다양성과 차이를 인정하고 존재의 양태가 통약
   불가능하다는 입장을 취한다. Latour, 2008. 라투르의 철학체계의 변모에
   대한 개괄적 정리로는 Harman, 2014 참조.

변한다고 볼 수는 없을 듯하다.

하먼이 요약한 신유물론의 공리는 대부분 행위적 실재론의 내용을 선별, 단순화해서 제시된다. 예를 들어 인간을 포함한 어떤 사물도 독립적, 선험적으로 존재하지 않는다거나, 존재보다는 행위에 방점을 두는 태도 등은 정확히 행위적 실재론의 특징이다. 버러드가 신유물론 전체를 대변할 수 있는가의 문제를 차치하고라도, 사회구성주의가 범하고 있는 반실재적 상부침식의 혐의를 버러드에게 씌우는 태도는 분명 문제적이다. 버러드는 앞서 소개한 네 권의 편집서 중, 『유물론적 페미니즘』을 대표하는 이론가 중 한 명으로서, 포스트-이론의 인식론 편향성을 비판하면서, 인식론과 존재론이 불가분의 관계가 있음을 밝힌다. 인식과 존재의 얽힘을 주장함으로써 버러드가 (하먼에 의하면) 무조건 인간 중심적인 인식론을 포기하지 않았다는 사실이 그의 심기를 건드렸을 수 있으나, 그녀의 존재-인식론onto-epistemology은 인간중심도 객체중심도 아닌 주체와 객체 그 어떤 존재자들에게도 특권적 지위를 부여하지 않는, 일종의 중심의 해체를 그 본질로 한다.

그렇다면 존재 인식론이란 무엇인가? 버러드는 양자역학의 "측정의 문제"를 내부-관계intra-action로 설명하면서 인식과 존재의 얽힘, 즉 존재-인식론의 근거를 제시한다 (Barad, 2007). 버러드는 하이젠베르크Werner Heisenberg의 입자의 불확정성에 기초한 행렬역학과 슈뢰딩거Erwin Schrödinger의 파동역학 사이의 논쟁에 개입한 보어Niels Bohr에 주목한다. 보어는 이중슬릿장치로 전자電子를 실험하면 입자 패턴이 아니라 회절이나 파동 패턴을 전개한다는 것을 밝혔다. 반면에 아인슈타인은 이중슬릿장치를 조금 변경하면 입자 패턴을 얻을 수 있다고 주장했다. 바로 이 지점에서 보어는 "존재자적 돌파구"를 제시하는데, 즉 다른 결과를 얻기 위해서는 장치를 바꾸어야 한다는 점에 주목해서, 어떤 뒤얽힘, 즉 장치들과 관찰되는 대상의 분리불가능성을 주장한다. 전자電子의 존재방식이 실험자의 측정 방식에 따라 달라진다면, 그것은 우리가 측정하는 그 속성들이 독립적인 대상에 속하지 않는다는 것이다. 이를 전체 존재자로 일반화시켜서, 버러드는 독립적으로 존재하는 객체는 추상이며, 객체는 바로 현상, 이 경우에는 전자와 측정기구라고 부르는 것들 간의 내적-행위 그 자체가 된다고 주장한다. 이 입장은 물질이 선행하고 그 위에 문화가 입혀진다는 식의 고전적 입장, 즉 버러드의 이론적 배경인 페미니즘에서는 젠더와 성을 구별하는 초기 페미니즘의 입장과 거리를 둔다. 또한 해부학적인 성을 부정하고 젠더 수행만이 정체성을 구성한다는 포스트페미니즘과도 거리를 둔다. 포스트페미니즘의 성과를 인정하면서도, "담론적 차원을 특권화하지 않으면서 물질과 담론의 관계를 이해하려는 시도"라 할 수 있다(Alaimo and Hekman, 2008, p. 6). 물질만큼이나 담론도 독립적으로 존재하지 않으며, 인과관계의 고리는 특정한 상황에 따라 물질에서 담론 쪽으로도 그 반대 방향으로도 진행될 수 있기 때문이다.

거칠게 말하자면, 버러드와 하먼의 가장 큰 차이는 인간중심주의를 벗어나 객체들과 공존하는 방식에 놓여 있다. 하먼의 객체는 완전히 형성된 본질을 가지고 있고, 이 본질은 인간의 인식 너머의, 즉 물질적 경험 너머에 존재한다. 따라서, 인간이 개별적으로 경험하는 객체는 어떤 경우에도 그 객체 자체에 대한 경험일 수 없으며, 그런 만큼 그 객체를 도구적으로 전유하는 것이 불가능하다. 어떠한 객체에 대한 경험도 그 객체 자체와의 조우가 아니기에, 그는 객체지향존재론은 "물질의 존재를 부인하는 유물론"이라고 지칭한다(Harman, 2011, p. 293). 반면에 버러드는 독립적으로 존재하는 개별체로서의 객체 개념을 부정한다. 인간의 인식으로부터 물러서 있는 객체의 부분이 없다는 것이 아니라, 인간에게 가시화되는 부분과 그렇지 않은 부분 사이의 경계가 고정되어 있지 않다고 본다. 개별적 객체가 없기에 객체의 행위력도 그 특정한 존재의 소유, 고유한 능력이 아니라 "다른 존재와의 얽힘을 변경할 수 있는 가능성"으로만 존재한다(Barad, 2012, p. 54). 그에 따르면 행위력을 개별 존재들의 닫힌 역량이자, 자율적인 선택의 문제라고 규정하는 하먼의 태도는 여전히 자유주의적 인간중심주의liberal humanism의 산물이다. 버러드는 존재자들 간의 얽힘을 상호작용interaction이 아니라 내적-작용이라는 용어로 설명하는데, 즉, 이미 분리되어 있는 독립적 존재 간의 관계를 암시하는 상호작용과는 달리, 버러드의 내적-작용은 주체와 객체가 아직 분리되기 이전의 비결정적 얽힘을 강조한다. 두 존재자가 비결정적인 영역에서 만나고, 이후 경계가 나뉘고 구획이 되면서, 비로소 객체와 주체는 분리되고 객체에 대한 지식이 생산된다. 이 과정을 버러드는 "행위적 자름"이라고 부른다(Barad, 2007, p. 140).

이와 관련된 버러드와 하먼의 두 번째 차이는 인간의 역량에 대한 입장에 관련된다. 하먼에 따르면 객체를 대하는 지금까지의 인간의 방법론은 앞서 언급했던 것처럼 상부침식과 하부침식의 방식밖에 없었고, 이를 벗어나기 위해서는 지식 생산의 형식이 아닌 우회적인 방식으로 객체와의 관계를 시도해야 한다고 주장한다. 그러나 과학자인 버러드는 지식에 대한 인간의 욕망은 우회할 수 없으며, 객체에게 접근 불가능한 실재적 공간을 부여하거나, 비인간과 인간 모두에게 공평하게 행위력을 분배한다고 하더라도 인간과 비인간 사이의 실질적인 힘의 불균형은 사라지지 않는다고 주장한다. 그의 내적-작용은 힘의 불균형을 부정하는 것이 아니라 그것의 특정한 상황에 세심하게 대응하는 것이고, 그에게 행위력이란 불균형한 힘을 지우는 것이 아니라 불균형에 대해 "책임지기/응답하기"response-ability를 하는 능력이다(Barad, 2012, p. 55).

책임지기/응답하기의 능력이 필요한 이유는, 지식 탐구 과정에서 필연적으로 동반되는 "행위적 자름"이 언제나 현상의 일부를 "구성적으로 배제할 수밖에 없으며" 따라서 언제나 드러나지 않는, 비가시적 영역은 존재하기 때문이다(같은 글, p. 122). 주체는 지식생산의 모든 과정에는 현상을 어떻게 잘라서 어떤 존재를 드러내야 하는지, 어떤 존재가 배제되는지, 무엇이 중요하며matter, 어떤 실천, 정책, 제도가 필요한지 등과 같은 윤리적 문제를 끊임없이 자문해야 한다고 주장한다. 그런 이유로 그녀는 존재와 앎의 얽힘뿐만

이 아니라, 윤리와 앎의 분리 불가능성을 강조하며 자신의 행위적 실재론을 윤리-존재-인식론ethico-onto-epistemology이라고 지칭하는 것이다. 이처럼 윤리를 포기하지 않는 버러드의 태도는 인간중심주의를 버리고 비인간과 더불어 산다고 해서 '인간성'을 포기할 수 없음을 시사한다. 하먼을 포함한 일부 신유물론자들은 물질에 행위성과 활력을 부여하면서, 일종의 수평적 존재론을 꿈꾸며 존재자들 간의 역량과 욕망과 가능성의 차이를 지운다. 그러나 활력은 비활력과의, 삶은 죽음과의, 능동성은 수동성과의 얽힘 속에서 존재하고, 따라서 존재자들의 행위성과 활력의 강도와 기질에는 서열 관계는 아닐지라도 차이가 있을 수밖에 없다. 인간중심적 사고가 인간과 비인간 사이의 차이를 과장하고 유사성을 지워버린 혐의는 부인할 수 없지만, 그렇다고 해서 그 둘이 똑같다고 말할 수는 없다는 것이다. 버러드에게 책임지기/응답하기의 능력은 세계를 지성적으로 이해하고자 하는 인간의 독특한 존재 양태에 귀속되는 능력, 윤리적 능력이다.[8]

---

8. 포스트휴머니스트인 버러드에게 행위성(agency)이란 개체로서의 인간에 속해있는 것은 아니다. 마찬가지로 윤리의 문제도, 인간이 의지적 개인으로서 행위적 절단을 수행했기 때문이 아니라, 이 절단을 가능하게 한 "물질적

야생 개코원숭이를 탐구하러 탄자니아로 간 생명인류학자 스머츠Barbara Smuts의 이야기가 인간에게 귀속된 윤리적 태도에 대한 좋은 예다. 그녀는 연구 중인 대상들의 행동에 영향을 주지 않기 위해서 개코원숭이와 일정한 거리를 두고 탐구하고자 했다. 즉 인간으로서의 자신의 존재 양태를 완전히 지우고 일종의 세계 밖의 객관성의 자리를 차지하고자 했다. 그러나 개코원숭이가 끊임없이 그녀에게 신경을 썼기 때문에 이 계획은 실패로 돌아갔다. 그녀가 연구를 다시 할 수 있게 된 것은 그녀가 원숭이들에게 응답하고자, 책임지고자 했을 때였다. 그녀가 원숭이에게 완전하게 응답하는 법을 배웠을 때, 즉 개코원숭이 집단이 그녀를 무해한 외부인으로 받아들였을 때, 그들은 그녀를 놔두고 그들의 일을 하기 시작했으며, 그녀는 연구를 계속 수행할 수 있었다. 이 일화는 버러드가 인간다움을 지울 수 없고, 종간의 차이를 극복할 수 없다는, 즉 현상의 복잡한 얽힘에서 주체를 내버려 두고 대상만을 잘라낼 수는 없다는 점을 강조하기 위해 인용한 것이다. 얽힘의 세계 속에서 특

배열"의 일부를 구성하고 있기 때문에 그것에 책임져야 한다고 말한다. 그럼에도 "책임지기", "응답하기"의 윤리적 행위는 인간만이 할 수 있는 것으로 암시된다. 같은 글, pp. 178~179.

정 현상을 이해하고자 하는 "행위적 자름"은 언제나 주체가 연구 대상에 얽혀있음을, 또한 지성적 탐구에는 필연적으로 "자름"이라는 배제가 개입된다는, 이것에 기꺼이 책임져야 함을 인정하는 것에서부터 시작된다.

버러드의 관점을 신유물론을 바라보는 또 하나의 시선으로 활용할 수 있다. 브라이언트가 적절히 지적했듯이 신유물론은 역사유물론과 그에 영향을 받은 구조주의, 탈구조주의, 페미니즘 이론과 거리를 두려는 노력 속에서 오히려 이전 이론들이 이룩한 사회적 비판력과 정치적 실효성을 놓치고 있다는 비판을 받고 있다(Bryant, 2013, p. 122). 포스트–이론들이 고무한 정치적·윤리적 고찰을 반실재론이라거나 인간중심주의라는 추상적인 이유로 무시한다는 것은 신유물론의 "행위적 자름"이 인간의 존재론적 특질을 오히려 배제하는 격임을 보여준다. 예를 들어 라투르는 인간 주체를 정치의 구성원으로 한정하지 말고 비인간에게 정치를 열어 놓아야 하기 때문에 누가 공동체의 구성원 member인지 미리 알 수 없다고 말한다. 구성원이 누구인지 모르는 상태에서 그들 사이의 좋은 관계를 구상할 수 없으며, 그러므로 억압적인 체제를 허물고 새로운, 보다 자유로운 세계를 구축한다는 식의 정치적 목표는 가능하지 않다.

가능한 정치의 목표는 "행위자들 사이에 더 강력하고 좋은 관계를 구축하는 것"일 뿐이라고 말한다(Harman, 2014, p. 31). 과연 우리는 이러한 정치, 더 많은 비인간을 포함하고, 더 많이 불편하고, 더 많이 인간다움을 포기하는 정치에 만족할 수 있는가? 지구와 인류에게 고통을 주는 자본주의적 착취체계에 대한 논의는 담론, 텍스트, 기표에 대한 문제이고, 지구 온난화와 인류세의 문제는 물질적 층위에 대한 이야기인가? 이 둘을 가르는 행위적 자름은 누구 또는 무엇을 책임지고 누구/무엇에게 응답해야 하는가?

3. 신유물론적 문학비평

앎의 생산과 담론적 실천을 이해하는 데 있어서 기표, 의미화, 텍스트의 역할을 축소하고 물질의 역할을 강조하는 신유물론자에게 문학이라는 텍스트는 어떤 위치를 차지하는가? 포Andrew Poe의 주장처럼 미학은 "신유물론의 제한요인limiting factor"이 되는가?(Poe, 2011, p. 161) 또한 문학의 존재적 특질을 통해서 신유물론을 바라보면, 물질성과 의미작용signification의 관계가 어떻게 변화하는가? 특히, 관찰자–지향적 미학에서 행위–지향적 미학으로의 최근의 전환에 따르면 인간의 일상적 행위에도 기능적, 실용적 목적을 넘어서는 미학적 차원이 있다고 볼 수 있다(Saito, 2010, p.xii).[9] 이처럼 인간의 행위에 본질적으로 내재되어 있는 미학적 차원에 대해 신유물론은 어떤 통찰을 제공하는가?

예술은 작가의 시선으로 포착되고 재현된 대상을 제시하며, 어떤 객체/물질과의 관계 자체를 문제시하는 특정 작품을 제외하고는 객체의 물질성보다는 그것의 상징성 혹은 기능성에 초점을 맞춰 재현된다. 이러한 예술의 속성은 인간에게 물러서 있는 객체의 실재를 받아들여야 한다는 객체지향 존재론과도, 물질은 인간이 통제권 너머의 근원적 힘에 의해 작동한다는 생기론적 신유물론과도 불화하는 듯이 보이는 측면이 있다. 특히 문학은 철저한 언어적 구성물로서 감각대상으로서의 지시대상이 존재한다고 하더라도, 어느 순간 독자는 지시대상을 잊고 작품 내의 언어와 이미지에 집중하게 된다. 따라서 직관적으로 보면 신유물론적 관점에 충실한 문학비평을 한다는 것은 상당히 어려운 것처럼 보인다.

---

9. 전통적인 미학이 미학적 즐거움을 주는 대상을 관찰하고 분석하는 학문이라고 한다면, 최근의 일상미학(everyday aesthetics)은 일상생활에서 비성찰적으로 행해지는 많은 행위 속에서 내재된 미학을 탐구하는 학문이다.

그럼에도 불구하고 현재 신유물론적 경향을 띤다고 받아들여지고 있는 실제 비평의 예는 대략적으로 세 가지로 분류될 수 있을 듯하다. 첫 번째는 신유물론적 사고를 선점한 듯이 보이는 작가의 작품을 선별하여, 작가의 유물론적 사고의 선구성을 중심으로 신유물론 이론과 작품의 상관관계를 주목하는 형식이다. 예를 들어 노블Mark Noble은 휘트먼Walt Whitman에서 스티븐스에 이르는 미국 시인들이 인간적 신체들과 비인간적 신체들 모두를 관통하고 가로지르는 일종의 "생기적 물질성"vital materiality에 주목했다고 본다(Noble, 2015). 이들 시인의 작품 중에서 인간과 비인간이 그물처럼 연결되어 서로에게 힘을 주고받는 과정에 주목하는 작품을 선별하여, 이들의 작품을 현재 물질적 전환의 "전–역사"prehistory로 제시한다(같은 책, p. 13). 두 번째는 텍스트에 집중하는 "관념론"적 방법에 거리를 두고 책의 물질성, 즉 출판, 제본, 표지, 디자인 등과 같은 매체적 특징에 주목하여 책의 물질문화사를 쓰려는 시도이다(Price, 2012, p. 50). 이 방식은 인터넷, 영상매체 등과 같은 새로운 매체의 등장으로 책의 위기 운운하는 현재적 문제의식에서 촉발되었다고 볼 수 있다.

마지막으로 현재 가장 영향력을 발휘하고 있는 유물론

적 실제 비평은 주제 혹은 서사 중심의 읽기를 과감히 포기하고, 작품에 등장하는 사물 중심의 물질사material history에 초점을 맞추는 사물론Thing theory이다. 그러나 이 사물론은 신유물론과 철학적 친연성이 있다기보다는 사회과학 특히 아파두라이Arjun Appadurai를 중심으로 하는 문화인류학자의 상품 연구의 방법론을 변형 계승한 것이라고 볼 수 있다(특히 Appadurai, 1986). 아파두라이에 따르면, 사물의 의미는 인간이 부여한 것으로 보는 것이 논리에 맞지만, 방법론적으로는 마치 사물이 자신만의 "사회적 삶"을 영위하며 서로 다른 교환 및 가치체계를 옮겨 다니는 것처럼 묘사된다(같은 책, p. 5). 이러한 "방법론적 물신주의"methodological fetishism를 논리적 오류로 보기보다는 "사유의 조건"으로 삼아 인문학에 접목하여 "비활성 개체들이 어떻게 주체를 구성하고 움직이는지"에 주목하는 것이 바로 브라운이 초석을 다진 사물론이다(Brown, 1996, p. 7). 브라운은 사물이 인간이 부여한 의미만을 갖는다는 아파두라이의 정의를 세분하여, 인간에 의해 완벽히 통제되는 대상은 객체로, 문화적·인간적 의미로 고정되지 않는 잉여의 의미를 가진 존재를 사물로 명명한다. 사물은 객체와는 달리 문화와 사회적 의미를 "스스로" 창출한다고 주장함으로써 "영광스러운 주체"와 "가난한 객체"를 상정하는 근대 철학의 이분법을 전복하자 한다(같은 책, p. 8).

그러나 브라운의 방법론이 실제 비평으로 적용될 때, 객체와 사물의 적실한 구별에 근거하여 논의를 전개하는지, 그리하여 인류학이나 물질문화연구 방법론과는 질적으로 다른 문학 분석으로 이어지는지는 논란의 여지가 있다. 예를 들어 프리드굿은 빅토리아 소설에 등장하는 다양한 물건들을 당시의 사회 맥락에 위치시켜서 그것의 문화적, 정치적 함의를 추적하면서, 이러한 의미가 작품의 서사에 반하는 강력한 힘을 발휘한다고 주장한다(Freedgood, 2006). 예를 들어 샬롯 브론테의 『제인 에어』는 제인이 가부장적 억압을 극복하고 여성적 주체와 균형 잡힌 가정성을 획득하는 여성주의적 작품이지만, 제인이 구매한 마호가니 가구는 그녀가 제국주의적 억압과 착취를 승인하고 있음을 보여줌으로써 제인의 성취에 문제 제기를 한다고 본다. 마호가니 가구는 작가가 "숨기려고 하지만 비밀리 드러나는"secrete 역사적 진실, 즉 등장인물의 도덕적 승리가 사실은 "위태로운 승리"임을 보여주는 일종의 "물신"이 된다(같은 책, p. 51). 이처럼 특정한 의미를 부여받지 못하거나, 혹은 소유자의 경제적 지위 정도를 표현하는 정도의 한정된 의미를 부여받아 작품의 배경으로 배치된 사물을 적극적으로 찾아내서, 그것이 내는 목소리를 듣고, 그것이 작가의 서사에 균열을 만들어 내는 과정에 주목하는 것이 프리드굿이 강조하는 유물론적 문학비평 방법론이다.

그러나 프리드굿의 유물론적 문학비평은 몇 가지 의문점을 야기한다. 우선적으로 드는 생각은 많은 사물들의 "축어적, 물질적 특질"을 탐구하는 데 있어서, 꼭 문학이 동원되어야 할 필요성이 있는가이다. 프리드굿이 주장하듯이 이 사물들이 "소설이 서술하지도, 서술할 수도 없는 역사적 사유"를 담고 있다면, 이 사물이 소설이라는 특수한 서사 속에서 등장해야 할 필요성은 그만큼 적어진다(같은 책, p. 52). 아파두라이의 편집서에 모여 있는 다양한 "사물의 문화 전기"social biography of things들이 프리드굿의 사물연구와 방법론이나 결과물에 있어서 크게 차이점이 없다. 굳이 차이점을 찾는다면, 프리드굿은 문학비평의 오랜 방식인 소위 "증후적 읽기"symptomatic reading를 접목하여 사물을 읽어내는 점이라 할 수 있을 것이다.[10]

---

10. Stephen Best와 Sharon Marcus의 정의를 따르자면 증후적 읽기는 텍스트의 표면적 구조를 파고 들어가서 그 너머의 깊이 있는 의미를 발굴하는 "깊이 모델"에 기반한 읽기이다. Best and Marcus, 2009, pp. 9~13.

더욱 본질적으로는 사물론은 작가의 의도로부터 벗어난 자율적인 객체를 상정하면서도, 동시에 객체의 의미가 문화 사회적 구조에 의해 전면적으로 결정된다는 모순적인 입장을 견지한다. 등장인물들이 의미 있는 행위와 상호작용을 할 때, 그것의 배경으로 침묵하거나, 기껏해야 작품에 리얼리티를 부여하는 기능을 담당해야 하는 사물들이, 이에 반발하여 오히려 작품의 주제 의식에 논평한다는 점은 객체의 자율성을 강조하는 것이다. 그러나 사물의 "자율성"은 비평가의 논의 속에서는 아주 손쉽게 역사적·문화적 함의를 담는 그릇으로 환원된다. 예를 들어 『제인 에어』의 마호가니 가구는 생산과 교환의 과정 그리고 그 과정에 잠식된 정치 권력과 같은, 즉 자메이카의 노예제, 삼림 파괴, 환금 작물 재배와 같은 지극히 인간적인 이야기를 담고 있다 (Freedgood, 2006, 1장 참조). 마호가니 가구는 브라운이 주장한바 "문화적 의미로 고정되지 않는 잉여의 의미"를 담고 있지 않다. 게다가 이 의미는 프리드굿에 의해 발굴되고, 독자에게 언어적 구조물로, 즉 사물의 목소리가 아니라 인간의 목소리로, 실재가 아니라 재현으로 전달된다.

사물의 이질성을 강조하면서도 동시에 그 의미를 또렷하게 판독해 내는 사물론의 모순은, 사물론뿐만이 아니라 신유물론을 전면에 내세우는 문학과 문화 비평에서 자주 목격된다. 그러나 이것은 신유물론적 문화비평의 한계라기보다는 오히려 인간과 사물의 관계를 시사하는 가장 결정적인 실마리가 되어준다고 볼 수 있다. 사물론 실제비평 모음집 『사물』에 문학 작품을 본격적으로 연구대상으로 하는 에세이 두 편이 수록되어 있는데, 공교롭게도 두 에세이 모두 사물서사it-narrative와 수수께끼 시riddle poem처럼 사물 화자를 내세우는 하위장르를 다루고 있다.[11] 비평가들은 마치 이러한 하위장르가 인간의 개입이 없는 사물의 목소리를 직접적으로 경험할 수 있는 것처럼 논의를 진행하지만, 이것은 사실과는 거리가 멀다. 앞서 프리드굿이 초점을 맞춘 사실주의 소설에서 수동적 배경으로 축소된 사물의 위상과 비교하면, 이러한 하위장르 속 사물은 분명히 어느 정도의 자율성을 갖고 있다고 말할 수 있지만, 이 사물들도 문학적 재현의 과정을 통해서 작가에게 목소리를 부여받은 존재이다. 이것은 기실 문학에만 한정된 문제가 아니다. 앞서 버러드는 과학 실험실조차도 물질적 얽힘의 세계와 분리되어 있지 않으며, 관찰자가 관찰의 대상을 발견

---

11. 사물 서사에 대한 논문은 Lamb, 2001. 수수께끼 시에 대한 논문은 Tiffany, 2001.

하는 것이 아니라, 일부 구성한다는 점을 밝혔다. 존재와 인식이 상호 구성한다는 존재인식론적 세계 구성을 가장 정직하게 드러내고 그 역동적 관계의 미세한 차이들을 민감하게 재현할 수 있는 장르가 오히려 문학이라고 할 수 있다. 즉 문학은 화자/관점의 문제(누가 서술하는가? 그는 믿을 만한 화자인가?)를 적극적으로 표면화시킬뿐더러, (사실)재현과 (허구)창조의 행위가 긴장관계 속에서 공존하고 있는 담론이기 때문이다. 문학적 재현이라 함은, 재현하는 주체와 재현되는 사물을 가로막는 인간 중심의 막이라기보다는, 이들의 다양한 얽힘과 애착의 관계를 표상한다고 볼 수 있다. 이러한 문학의 존재적 특성을 충분히 살리면서 최근의 신유물론적 이론 전개에 개입할 수 있는 방안은 없는 것일까?

신유물론자들은 문학의 위상이나 문학비평의 미래에 대하여 그다지 관심을 보이지 않는 듯한데, 그래도 최근 들어 몇몇 비평가들이 신유물론적 문학비평론을 개진하고 있다는 점은 고무적이다(Harman, 2012 ; Morton, 2012. Barrett and Bolt, 2012). 예를 들어 하먼의 「잘 만들어진 망가진 망치 : 객체지향 문학 이론」은 "실재의 지극히 비관계적 개념" 즉 주체로부터 "물러선"withdrawn 객체의 존재를 인정하는 것을 객체지향적 문학론의 시작점으로 본다(Harman, 2012, p. 187). 그에 따르면 문학을 포함한 예술의 본질은 매혹allure 현상, 즉 깊고 숨겨져 있는, "관계와 분리되어, 다른 실재에 미치는 영향과는 별개로 존재하는" 어떤 무엇을 드러내는 것, 즉 자신의 깊은 심연으로 깊이 물러선 사물(실재객체)을 슬쩍 비춰주는 것이다. 그러나 하먼은 문학 작품이 드러내는 매혹의 구체적 양상, 즉 텍스트 분석을 통해 그 내적 원리가 어떤 식으로 작품의 소재인 특정 객체의 실재성을 제대로 엿보게 해주는가에 집중하지 않는다. 오히려 문학 자체를 하나의 객체로 취급하며 비평가는 작품의 감각 특성에 매몰되기보다는 문학의 실재 특성을 대면하도록 노력해야 한다고 주장한다. 하먼에 따르면 기존의 비평은 문학의 감각 특성에만 주목해서 작품을 최소한의 주제의식으로 축소하는 하부침식(신비평의 경우)이나, 작품을 작품 외적인 역사와 사회적 맥락과의 상호작용으로 보는 상부침식의 오류(신역사주의의 경우)를 범하고 있다. 두 비평 조류는 관계성 이전에 존재하는 작품의 실재보다는 관계성에 주목하고 있기 때문에, 예를 들어 신비평은 작품 내부의 다양한 요소 간의 "관계성"에 주목하고, 신역사주의는 작품과 작품의 역사적 정치적 맥락과의 "관계성"에 집중하기 때문에, 진정한 객체지향 문학 이론이 될 수 없다고 본다.

그렇다면, 객체지향 문학 읽기는 어떻게 가능한가? 하면은 관계성보다는 작품의 "자율성"과 "온전성"integrity에 주목하라고 조언한다. 보다 구체적으로는 작품과 관계 맺기를 추구하기보다는 그 관계의 실패를 추구하라고 주장한다. 간단히 말해서, 하면의 논문 제목이 시사하듯이 망치가 망가져서 망치와 망치질하는 사람의 관계가 훼손되듯이, 독자와 작품의 관계가 망가지도록 작품을 훼손해야한다. 그러면 작가와 독자의 "인간중심적인" 의미 부여를 넘어서서 작품 자체의 실재 성질이 드러나게 된다는 것이다. 이를 위해서는 작품으로부터 문화적·사회적 맥락을 분리해야 하며, 작품 내 특정 요소를 삭제하거나 첨가하면서 내적 총체성이 파괴되거나 유지되는 정도를 실험해야 한다고 주장한다. 이 실험은 단어나 구두점을 바꾸는 작은 변화에서부터, 화자를 바꾸거나 분량을 반으로 줄이거나, 작품의 배경을 바꾸는 등과 같은, 심지어는 작가를 다른 사람으로 상정하는 등 적극적인 변화를 포함한다. 이러한 변화를 통해 작품이 더 이상 그 작품으로 보이지 않고 낯설어질 때 비로소 그 작품의 실재성이 드러난다는 것이다.

이러한 극단적인 주장의 배경에 하먼의 반인간중심주의와 반상관주의가 놓여 있음은 쉽게 짐작할 수 있다. 실재주의의 가장 큰 적은 인간의 의식과 상관되어 있지 않은 객체는 존재하지 않는다는 상관주의이며, 이는 지극히 인간중심적인 사고에서 기인한다는 점을 앞서 언급하였다. 하먼은 인간이 객체에 부여한 기능적, 관계적, 인과론적 특질이 교란될 때, 즉 망치가 망치로서의 역할을 더 이상 수행하지 못할 때, 비로소 인간의 이해력 너머에 존재하는 사물로서의 깊이가 드러나고, 그것으로 인간중심주의를 조금씩 해체할 수 있다고 믿는다. 하먼은 이러한 방법론을 물질성을 가진 망치와 비물질적인 언어 텍스트에 구별 없이 적용한다. 그에게 가장 중요한 작업은 사물을 (인간이 부여한) 관계로부터 해방시켜서, 인간 중심적 세계와는 다른 새로운 세계를 출현시키는 것이다. 그에게 관계란 "모든 개인적 요소들이 태워버리는 산불"에 지나지 않는다(Harman, 2012, p. 191).

이에 대한 문제 제기는 여러 가지 방식으로 가능할 듯하다. 먼저 이론적 틀인 관계성과 개체성의 관계에 대해 문제 제기가 가능하다. 예를 들어 제인 베넷은 전체와의 관계를 상정하는 것과 개별 존재를 존중하는 것이 양립 가능하다고 주장한다(Bennett, 2015, p. 228). 특히 일상적 경험의 일부는 개별 존재로부터 일부는 전체 시스템으로부터 기원하는 현재의 상황에서 이 두 단위의 경험을 모두 포괄하는 이론이 필요하다고 본다. 베넷에게 있어서 객체는 전체성의 기세를 포함한 다양한 객체들과의 관계 속에서 분투하며 싸우며 스스로의 에너지와 물질성을 지켜내는 존재이다. 따라서 이 둘을 똑같은 비중으로 논의할 수는 없을지라도, 관계성과 객체성을 함께 다룰 때, 비로소 객체성을 적시할 수 있다고 보면서 들뢰즈와 가타리의 "아쌍블라주"와 "일관성의 평면"의 예를 든다. 이 두 개념은 모든 "관계"가 통합적, 유기적 전체성으로 흡수되는 것이 아니라, 오히려 내적 이질성과 새로움의 발생의 역할을 할 수 있음을 시사한다.

두 번째 문제 제기는 문학의 독특한 존재양태와 관련된다. 브라이언트는 『객체들의 민주주의』에서 수평적 존재론을 설명하면서, 이 존재론은 모든 객체들에게 행위력을 부여하지만, 이는 모든 객체들이 "존재한다는 점에서는 동등하다는 뜻이지 모든 것이 동등한 양태로 존재함"을 상정하는 것은 아니라고 지적한다(Bryant, 2011a, p. 290). 즉, 수평적 존재론은 그 어떠한 존재도 스스로는 존재하지 않으면서 다른 존재의 변화나 차이를 만들어내는 수단으로 이용되는 것은 아니라는 것이지 모든 대상이 똑같은 역량을 갖는다고 주장하는 것이 아니다. 모든 존재자는 내재적으로 "정동, 행위, 현실성"affects, activity, actuality의 세 가지 행위력을 갖고 있으며, 정동의 경우 다른 객체를 움직이는 능동적 힘과, 그것에 의해 움직이게 되는 수동적 힘으로 구별되는 것에서 암시되듯이, 개별 존재들은 각각 다른 정동, 행위의 강도, 현실성의 폭을 가지고 있다(Bryant, 2011b, p. 273). 이렇게 존재자들의 특수하고 개별적인 역량은 주어진 상황마다 다른 형식으로 다른 존재자들과 관계를 맺는다. 예를 들어 장작(수동적 정동)은 불(능동적 정동)을 만나 소각되지만, 비가 오는 날(상황)에는 소각되는 정동을 발휘하기 훨씬 힘들다는 것이다. 이런 관점에서 볼 때, 문학 텍스트가 독자에게 완전히 현전하지 못하는 지점을 추적하는 하먼의 방법론은 존재자들 간의 특성과 관계의 다차원성을 분석적으로 고려하지 못한다는 것을 쉽게 파악할 수 있다. 하먼의 문학비평이론은 문학이라는 비인간이면서 담론적인 객체가 독자라는 인간 객체를 만날 때, 촉발되는 다양한 정동적 변화를 전혀 고려하지 못한다. 문학 텍스트의 단어를 바꾸고, 길이를 늘이고 줄이면서 텍스트가 더 이상

텍스트로 기능하지 못하게 함으로써 그것의 본질이 일시적으로 드러나도록 하는 것은, 작품에 대해 상부 침식 ─ 즉 작품이 없어지고 오로지 독자와 사회만 남게 되는 ─ 을 방지하는 효과가 있을 수 있으나, 작품의 정동을 파열하고, 행위와 현실성을 봉쇄하는 대가를 치러야 한다. 객체의 역량이 표현되는 방식은 다양하므로, 지금 특수한 시점의 감각객체가 객체의 모든 것을 대변한다고 보는 태도는 분명 환원적이고 억압적이지만, 그렇다고 해서 지금 이 순간, 나에게 보이는 감각속성을 완전히 무시하고 실재성질의 흔적을 찾으려는 시도가 해방적이라고 볼 수 없을 것이다.

　마지막 문제 제기는 인간의 독특한 존재양태와 연관된다. 신유물론의 주장처럼 "물질이 고유한 자기변신, 자기 조직화, 방향성을 갖는다"면, 인간도 고유한 존재 양태의 특징에 부합하는 세계 구축 방식이 있다고 볼 수 있다(Coole and Frost, 2010, p. 10). 인간이 인지적 능력, 지향성, 행위력을 가진 유일한 존재가 아니라고 해서, 인간의 이러한 특질과 독특한 존재 방식이 부정되는 것은 아니다. 인간의 독특한 존재 방식 중 하나는 사물의 미학적 차원을 포착하는 능력이자 미학적 창조의 능력이라고 할 수 있다. 하먼은 철학의 첫 번째 자리에 미학을 위치시켜야 한다고 주장하면서도, 광의의 의미에서 미학적 경험은 인간에게만 한정된 경험이 아니라고 지적한다. 그는 실재/본질과 감각현상과의 분열에 대한 경험을 미학이라 규정하면서 이 분열의 경험은 인간뿐 아니라 모든 객체들이 다른 존재를 대면할 때마다 일상적으로 경험하는 것이라고 주장한다(Harman, 2007, p. 30). 그에게 예술은 일상적 경험 속에서 발견되는 실재와 감각경험 사이의 "약한 종류의 균열"을 좀 더 "심오한 균열"로 인식하게 도와줄 뿐이다(같은 글, p. 29). 그러나 과연 그러한가? 종류가 아닌 정도의 차이일 뿐이라고 하더라도, 문학은 외부 세계를 단순히 모방하는 데 멈추지 않고, 그 세계에 독특한 형식을 주어 그것을 새롭게 창조하는 독특한 특징이 있다. 물질이 인간의 손에 순응하는 수동적 재료가 아니라 인간의 행위의 조력자라는 신유물론의 테제를 받아들인다고 해서 인간의 창조력이 주어진 물질을 단순히 재조합reassembling하는 행위만을 지칭하는 것은 아니다. 물론 이러한 주장을 자율성, 독창성, 그리고 자기표현 등과 같은 인본주의적 가정을 되살리는 신인간중심주의라고 비판할 수도 있을 것이다. 그러나 바바라 존슨의 지적처럼 "인간의 의식에 오염되지 않은 사물의 개념은 끈질긴 환상"에 지나지 않는다(Johnson, 2008, p. 27). 인간중심주의를 벗어나려고 하는 신유물론도 결국은 인간 중심적 논의를 펼칠 수밖에 없다. 예를 들어 비인간에게 행위성과 역할을 재분배하려는 신유물론자들의 노력에는 지극히 인간적인 윤리와 규범이 전제되어 있다. 예를 들어 비인간과 인간이 서로 얽혀 있는 세계를 직시하면서, 주체의 특권적 자리에서 내려와 객체의 위치에서 "객체들의 민주주의"를 추구하는 것은 인간 간의 관계를 추구하는 것은 아닐지라도 "인간다운" 관계에 대한 열망의 표현이다.

이와 비슷한 맥락에서 티모시 모튼Timothy Morton도 인간은 모든 것을 의인화할 수밖에 없으며, 심지어 의인화와 인간 중심주의를 비판하는 객체 중심 존재론도 많은 경우 인간중심주의적 관점에서 이루어진다는 점에 동의한다(Morton, 2012, p. 207). 모튼은 현상학적인 진정성sincerity 개념에 비추어 인간은 자신이 다루는 모든 사물을 의인화하지 않을 수 없다고 본다. 진정성 개념이란 하먼이 레비나스 윤리학에서 "가장 중요한 개념"으로 평가하고 있는 것으로, 하먼의 정의를 빌리자면 타자와의 관계에서 타자를 도구적으로 소모하지 않고, 또한 자아 동일성의 원리로 환원하지 않고 타자를 타자로 보는 상태를 의미한다(같은 글, p. 28). 모튼은 이러한 진정성 개념을 인간에게도 적용하여, 인간도 인간 이외의 것으로 환원될 수 없으며, 다른 객체와의 조우에서 상대를 인간 고유한 방식으로 조직화하고 관계를 맺는다고 주장한다. 이는 인간으로부터 독립적인 존재자를 부인하는 것이 아니라, 이질적이고 낯선 비인간 객체를 좀 더 실재적으로 받아들이기 위해서는 그것을 인간이 이해할 수 있는 방식으로 변형할 수밖에 없다는 것이다. 이런 점에서 모튼은 버러드와 마찬가지로 인식과 존재가 본래적으로 뒤얽혀 있고 서로 구성한다고 믿는 존재-인식론자라고 볼 수 있다. 모튼의 존재-인식론은 인간뿐 아니라 모든 객체들의 행위를 설명하는 방법이다. 모튼에 따르면, 인간이 자신이 조우한 객체를 의인화하는 것은 풍명금Aeolian harp의 현이 바람을 "현화"stringpomorphize하는 것, 또는 바람이 고지대와 저지대의 기온 차를 "바람화"windpomorphize하는 것과 크게 다르지 않다(같은 글, p. 207).

이러한 관점을 문학비평에 적용하면 어떻게 될까? 독자가 문학 작품을 만날 때, 독자의 읽기 행위는 문학 내의 불변하는 총체성을 발견하는 데 맞춰져 있는 것이 아니라, 수행적, 관계적으로 독자와 작품이 상호 구성되는 지점을 찾아내는 데 초점을 맞춰야 할 것이다. 인간 중심주의를 폐기하기 위해서, 작가의 죽음에 이어 독자의 죽음을 선고하는 것은 바람직한 접근법이 아니다. 물질은 사유에 이질적이고 낯선 것이지만, 사유는 언제나 이 간극을 좁히기 위해 노력해왔다. 신유물론자들이 주장하듯이 근대인들이 세계로부터 인간의 의식을 분리시키고, 다시 이 균열과 그것으로부터 기인하는 불안을 극복하기 위해서 비인간 세계를 억압하고 물화한 것은 사실일 수 있다. 이러한 한계 상황을 극복하기 위해서 인간과 비인간이 얽혀있음을 밝혀내고, 인간으로부터 독립적으로 행위소를 가진 사물의 세계를 이끌어 내는 것은 분명 의미가 있다. 그러나 이러한 입장이 인간의 행위력을 무력화하고 인간과 세계 간의 억압적이지 않을 수 있는 미학적·창조적 관계를 기존의 것의 조합assembly에 지나지 않는 것으로 축소한다면, 득보다 실이 더 많다. 객체들의 네트워크와 공생이라는 매력적인 어구를 동원해서, 더 많은 비인간 객체들을 사회 안으로 포함하려는 시도 역시, 인간의 행위력과 매우 인간적인 민주주의적 이념에의 헌신을 전제해야만 의미를 갖는다.

4. 나가면서 : "곱셈"의 비평이론을 위하여

이러한 문제점에도 불구하고 신유물론은 한계에 다다

른 비평이론에 돌파구로 기능할 수 있다. 신유물론이 사회구성주의에 대한 문제의식을 공유하고 있다는 점은 앞서 언급하였는데, 문학비평에서도 1960년대 이후 수년간 학계를 지배해왔던 신역사주의·해체주의·페미니즘비평 등과 같이 사회구성주의적 비평에 대한 재평가가 이루어지고 있다. 예를 들어, 신유물론을 전면에 내세우고 있지는 않지만, 세즈윅Eve Sedgwick은 사회구성주의 비평을 맑스, 니체, 프로이트의 영향을 받은 "의심의 해석학," 혹은 "편집증적 읽기"라고 부르며 이를 넘어서는 "회복적 읽기"를 주장한다 (Sedgwick, 2003, pp. 124~125). 신유물론적 입장과 좀 더 긴밀한 관계를 갖는 논문은 사회구성주의에 편향된 비평에 대한 통렬한 비판을 담고 있는 라투르의 「왜 비평이 소진되었는가? 사실의 문제에서 관여의 문제로」이다. 이 논문에서 라투르는 이념의 권위를 해체하고 "사실"의 사회구성적 성격을 드러내는 데 몰두해온 최근의 비평사를 점검하고, 이 비평적 조류가 가치체계에 대해서는 탈물신화 경향을, 과학적 사실에 대해서는 실증주의적 태도를 취하는 이중적이고 모순적인 특징을 가진다는 점을 밝힌다. 또한 비평 방법론이 일종의 음모론으로 대중화되어서 지구 온난화나 테러리즘과 같은 중차대한 문제들조차도 사회적으로 구축된 가상에 지나지 않는다는 주장으로 변질되었음에, 그 결과 비판의 대상이었던 자본주의적 착취 체계들을 오히려 영속화하는 데 일조하게 되었다는 점에 우려를 표명한다. 마지막으로 반물신화 경향의 사회구성주의는 인간과 비인간을 포함하는 다양한 행위자들의 협력과 저항의 상호적 연결망을 일방적인 투사projection 개념으로 환원하는 반反실재적 오류를 범한다고 비판한다. 이처럼 실재의 복잡한 관계망을 교란하고, 그 안에 작동하는 다양한 행위자들을 덜어내는 기존의 "뺄셈"의 비평에 반하여, 새로운 비평은 실재의 복합적, 역동적 관계망을 직시하고 새로운 관계를 더하는 "곱셈"의 비평이어야 한다는 것이 라투르의 전망이다(같은 글, p. 171).

그러나 "뺄셈"에 주목하는 사회구성주의적 비평과 라투르가 제시하는 곱셈의 비평이 반드시 상이하거나 대립관계에 있는 것일까? 실재에 작동하는 다양한 인간/비인간 행위자들에게 정당한 존재론적 자리를 부여함으로써 인간과 비인간을 결합하는 연결망적 실재를 제대로 파악하는 것은 분명 중요한 작업이지만, 이러한 "곱셈"의 노력들은 억압적이거나 허위적인 결합을 덜어내는 "뺄셈"의 비평과 함께할 때 의미를 갖는 것이 아닐까? 물론 사회구성적, 포스트모던적 독법이 특정한 의미의 발굴에 골몰하는 경우가 있긴 하지만, 그것이 텍스트의 풍성한 의미들을 고찰할 가능성을 봉쇄해 버린 것만은 아니며 오히려 다른 의미의 가능성들에 대한 적극적 탐색을 가능하게 한 계기라는 점이 더 중요하다. 이데올로기 비평이나 해체주의 비평이 특정 정체성이나 권력, 언어의 역학에 주목하는 작품 해석을 가능하게 하는 한 그와 같은 비평을 생산하는 독법 자체가 문제인 것은 아니다. 자신의 독서 외의 해석 가능성들을 함께 제시하거나 탐색하지 않는다고 해서 특정한 독서가 문제인 것은 아니기 때문이다. 권력과 이데올로기의 역학을 고려하기보다는 더 많은 비인간에게 행위성과 역할을 재분배함으로써 "사물들의 민주주의"를 창조하려는 곱셈의 비평이, 다양한 역사적, 정치적 조건들에 대한 성찰을 가로막는 탈역사적, 탈정치적 독서가 될 가능성도 있는 노릇이다. 신유물론적 독법이 사회구성적/이데올로기 독법보다 더 해방적이거나 더 큰 미덕을 갖는다고 생각하는 태도 역시 신유물론자들이 중시하는 실재의 이질적 연결망을 고려하지 않은 결과라고 볼 수 있다. 신유물론적 독법의 특수성과 독창성을 강조하는 라투르의 논문이 사회구성주의적 독법에 대한 해석으로 시작되는 것 역시, 그 두 독법이 긴밀한 역사적, 담론적, 실천적 관계에 있음을 역설하는 것이리라. 신유물론이 강조하듯이, 사물이 온갖 종류의 방식으로 다른 사물과 관계를 맺는 한편, 사물에는 관계에 저항하거나 또는 그 관계들로 환원될 수 없는 무언가가 항상 존재한다면, 이것은 신유물론적 독법과 사회구성주의적 독법 사이의 관계에도 적용된다.

마찬가지로 비평가와 텍스트 사이에 관계가 맺어지는 방식도 그러할 것이다. 물질성에 초점을 맞춘 낭만주의 비평을 예를 들어보자. 1950~60년대 낭만주의 비평, 특히 워즈워스 비평의 권위자는 단연 하트만Geoffrey Hartman이라고 할 수 있다. 그의 현상학적 방법론은 문학을 소외된 의식과 순수한 사물을 결합하고자 하는 욕망의 표현이자 그것의 불가능성에 대한 담론으로 정의했다. 그는 특히 워즈워스의 작품에서 이러한 갈등을 포착했으며, 워즈워스의 시적 대상 ― 대개의 경우 자연물 ― 이 번쩍이는 통찰을 제공하면서 동시에 인간적 이해로부터 물러서 있거나 그것에 저항하고 있음을 효과적으로 제시했다. 1980년대 신역사주의적 독법은 하트만 식의 독법의 탈역사성, 탈정치성을 지적하고, 현상학적 독법이 특권화했던 사물과 자연의 세계는 결코 사회의 이념적 매개로부터 자유롭지 않다는 통찰

을 보여주었다.[12] 2000년대에는 이처럼 인간의 의식의 투영
으로 추상화되었던 낭만주의적 자연은 그 물질성을 회복
하고, 동시에 인간의 이해를 넘어서는 자연의 저항적, 불가
해적, 비인간적 특질이 부각되기 시작했다. 자연의 물질성
과 인간의 의식의 조화로운 결합과 균열 없는 전체론을 비
판하는 모튼이 생태주의 비평서를 출판하고 이후 그의 독
특한 생태주의적 독법과 객체지향 존재론이 만나게 된 시
기도 이즈음이라고 할 수 있다.

이처럼 하나의 텍스트를 읽는 다양한 독법들은 문학
이라는 객체가 열린 미학을 지향하고 있음을 보여준다. 현
상학적 사물론, 정치의 미학화, (신)유물론적 물질관, 존재
생태학적인 세계관 등 비평가의 다양한 관심사가 텍스트
와 만날 때, 비로소 이전까지 드러나지 않았던 텍스트의 특
질이 드러나고 그 의미가 새롭게 생산된다는 것이다. 의미
의 생산은 문학에 내재하는 고정적 실체를 비평가가 발견
하는 형식도, 무형의 텍스트에 비평가들의 관점이 투영되
는 형식도 아닌, 버러드의 존재인식론적 입장이 시사하는
바 비평가의 방법론과 문학의 행위력이 연합하여 구성되

---

12. 대표적으로 Alan Liu의 "자연은 없다"라는 언술이 집약적으로 이 입장을
보여준다. Liu, 1988, p. 38.

고 창조되는 것이다. 그리고 다양한 비평가들의 관심과, 그들의 구체적·비평적 실천은 텍스트와 함께 하나의 실재를 구성하는 다양한 행위자로 기능하면서, 서로 다른 목표와 관심이 중첩되고 치환되는 비결정적 과정을 구축한다. 이런 문학비평적 입장이 라투르가 주장했던 "곱셈"의 방법론, 실재에 관여하는 다양한 존재자를 덜어내기보다는 더하는 방법론이라고 할 수 있지 않을까? 나아가 더 적극적인 방법으로 이질적인 독법들 간의 연결망을 구성하면서 더 풍성한 탐구의 길을 모색하는 것도 필요할 것이다. 기존의 사회구성주의적 읽기에서 문제점을 찾는다면, 그것은 방법론 자체에 내재한다기보다는 표면과 깊이의 이분법으로 작품을 재단하여 문학적 표면을 역사적, 혹은 정치사회적 진실(깊이)을 담아내는 그릇으로 환원하는 일부 비평적 실천에 기인하는 것이다. 이러한 환원적 읽기는 사실 사회구성주의적 방법론뿐 아니라, 이론적, 철학적, 정신분석적 통찰을 추출하기 위한 수단으로 문학을 동원하는 다양한 방법적 실천들이 공통적으로 범할 수 있는 오류이다. 신유물론적 관점도 만약 자신의 관점을 증명하기 위한 수단으로 문학을 동원한다면 같은 오류로부터 자유로울 수는 없을 것이다.

이러한 비평적 오류가 깊이 모델depth model에 의존하기 때문이라 규정하고 이와 거리를 두면서 문학의 특수한 존재론적 성격에 더 주의를 기울이는 최근의 방법론 중 하나는 "표면 읽기"이다. 베스트Stephen Best와 마커스Sharon Marcus는 "표면"의 의미를 크게 일곱 가지로 분류하는데, 이 세부 의미가 공통적으로 공유하고 있는 입장은 표면 읽기가 꼼꼼히 읽기close reading에 반대되는 독법이 아니라는 점, 오히려 작품 자체의 특수성에 주의를 기울이는 "꼼꼼히 읽기의 윤리"에서 촉발되었다는 점이다(Best and Marcus, 2009, pp. 9~13).[13] 숨겨진 의미를 찾는다는 이유로 문학의 특질을 훼손하기보다는, 문학의 형식과 언어적 구성, 작품에 대한 "수용력"과 "감수성"에 집중하는 읽기, 작품이 촉발하는 정동적 반응에 충실한 읽기를 촉구한다(Best, 2009, pp. 10, 11). 특히 정동적 읽기의 방법론은 전통적으로 문학의 행위력의 핵심이라고 알려진 정서의 확산과 변용의 역량에 집중한다는 점에서 신유물론적 테제에 충실한 읽기의 예가 될 수 있다. 문학은 스스로를 매개하기 때문에 문학의 의미는 그 자체에 충실할 때 가장 정확히 전달된다는 가장 오

---

13. "꼼꼼히 읽기의 윤리"는 갤롭의 에세이 "The Ethics of Reading : Close Encounters"에서 따온 것이다(Gallop, 2000).

래된 문학읽기의 상식이 가장 최신의 신유물론과 만나는 지점이다. 독자와 텍스트의 얽힘 속에서 무수히 많은 새로운 의미와 존재를 만드는 지점, 그곳이 신유물론적 비평이론이 서 있어야 하는 윤리적 자리일 것이다. 길들이고 지배하려는 우리의 끈덕진 시도를 언제나 좌절시키고 교란시키는 문학의 행위력은 오로지 문학의 존재양식에 충실한 읽기에서 가장 강력하게 드러난다. 문학의 행위력은 정동적 흐름의 생산일 수도 있고 정치적 개입일 수도 있고, 자유주의적 주체 개념의 해체일 수도 있다. 그리고 이 행위력이 인간 독자의 인식-존재와 만날 때, 비로소 독자의 변용과 문학의 변용이, 그리고 새로운 관계의 창조가 가능해지는 것이다.

:: 참고문헌

Alaimo, Stacy and Susan Hekman (Eds.). (2008). *Material Feminisms*. Blooming-ton : Indiana University Press.

Appadurai, Arjun (Ed.). (1986). *The Social Life of Things : Commodities in Cultural Perspective*. Cambridge : Cambridge University Press.

Barad, Karen. (2007). *Meeting the Universe Halfway : Quantum Physics and the En-tanglement of Matter and Meaning*. Durham : Duke University Press.

Barad, Karen. (2012). Interview with Karen Barad. In Rick Dolphijn and Iris Van der Tuin (Eds.), *New Materialism : Interview & Cartographies*. London : Open Hu-manities Press.

Barrett, Estelle and Barbara Bolt (Eds.). (2012). *Carnal Knowledge : Towards a 'New Materialism' through the Arts*. London : I. B. Tauris.

Bennett, Jane. (2010). *Vibrant Matter : A Political Ecology of Things*. Durham : Duke University Press. [『생동하는 물질』. (문성재 역). 현실문화. 2020.]

_____. (2015). Systems and Things. In Richard Grusin (Ed.), *The Nonhuman Turn*. Minneapolis : University of Minnesota Press.

Best, Stephen and Sharon Marcus. (2009). Surface Reading : An Introduction. *Repre-sentations*, 108.

Brown, Bill. (1996). *The Material Unconscious : American Amusement, Stephen Crane, and the Economies of Play*. Cambridge, MA : Harvard University Press.

_____. (2001). Thing Theory. *Critical Inquiry*, 28(1).

_____. (2003). *A Sense of Things : The Object Matter of American Literature*. Chi-cago : University of Chicago Press.

_____. (Ed.). (2004). *Things*. Chicago : University of Chicago Press.

Bryant, Levi et al. (Eds.). (2011). *The Speculative Turn : Continental Materialism and Realism*. Melbourne : re.press.

Bryant, Levi. (2011a). *The Democracy of Objects*. London : Open Humanities Press. [『객체들의 민주주의』. (김효진 역). 갈무리. 2021.]

_____. (2011b). The Ontic Principle : Outline of an Object-Oriented Ontology.*The Speculative Turn : Continental Materialism and Realism*. Melbourne : re.press.

_____. (2013). Towards Realist Pan-Constructivism. In Joshua Johnson (Ed.), *Dark*

Trajectories : Politics of the Outside. Hong Kong : Open Access.

Coole, Diana and Samantha Frost (Eds.). (2010). *New Materialisms : Ontology, Agency, and Politics*. Durham : Duke University Press.

Dolphijn, Rick and Iris Van der Tuin (Eds.). (2012). *New Materialism : Interviews & Cartographies*. London : Open Humanities Press.

Freedgood, Elaine. (2006). *The Ideas in Things : Fugitive Meaning in the Victorian Novel*. Chicago : University of Chicago Press.

Gallop, Jane. (2000). The Ethics of Reading : Close Encounters. *Journal of Curriculum Theorizing*, 16(3).

Gamble, Christopher N. et al. (2019). What is New Materialism?. *Angelaki*, 24(6).

Grosz, Elizabeth (Ed.). (1999). *Becomings : Explorations in Time, Memory, and Futures*. Ithaca : Cornell University.

Harman, Graham. (2007). Aesthetics as First Philosophy : Levinas and the Non-Human. *Naked Punch*, 9.

_____. (2011). *Tool-Being : Heidegger and the Metaphysics of Objects*. New York : Open Court.

_____. (2012). The Well-Wrought Broken Hammer : Object-Oriented Literary Criticism. *New Literary History*, 43(2).

_____. (2014). *Bruno Latour : Reassembling the Political*. London : Pluto Press. [『브뤼노 라투르』. (김효진 역). 갈무리. 2021.]

_____. (2017). *Immaterialism*. Cambridge : Polity Press. [『비유물론』. (김효진 역). 갈무리. 2020.]

Johnson, Barbara. (2008). *Persons and Things*. Cambridge : Harvard University Press.

Kingery, David (Ed.). (1998). *Learning from Things : Method and Theory of Material Culture Studies*. Washington : Smithsonian Institution Press.

Latour, Bruno. (1988). *The Pasteurization of France*. Cambridge, MA : Harvard University Press.

_____. (2005). From Realpolitik to Dingpolitik : or How to Make Things Public. In Bruno Latour and Peter Weibel (Eds.), *Making Things Public : Atmospheres of Democracy*. Cambridge : MIT Press.

_____. (2007). Can We Get Our Materialism Back, Please. *ISIS* 98(1).

_____. (2008). *An Inquiry into Modes of Existence*. Cambridge, MA : Harvard University Press.

Lamb, Jonathan. (2001). Modern Metamorphoses and Disgraceful Tales. *Critical*

Inquiry, 28(1).

Liu, Alan. (1988). *Wordsworth : The Sense of History*. Stanford : Stanford University Press.

Meillassoux, Quentin. (2008). *After Finitude : An Essay on the Necessity of Contingency*. (Ray Brassier, Trans.). London : Continuum. [『유한성 이후』. (정지은 역). 도서출판 b. 2010.]

Miller, Daniel (Ed.). (1998). *Material Cultures : Why Some Things Matter*. Chicago : University of Chicago Press.

Morton, Timothy. (2012). An Object-Oriented Defense of Poetry. *New Literary History*, 43.

Noble, Mark. (2015). *American Poetic Materialism : from Whitman to Stevens*. Cambridge : Cambridge University Press.

Pfeifer, Geoff. (2015). *The New Materialism : Althusser, Badiou, and Zizek*. London : Routledge.

Plotz, John. (2008). *Portable Property : Victorian Culture on the Move*. Princeton : Princeton University Press.

Poe, Andrew. (2011). Review Essay : Things-Beyond-Objects. *Journal of French and Francophone Philosophy*, 19(1).

Price, Leah. (2012). *How to Do Things with Books in Victorian Britain*. Princeton : Princeton University Press.

Saito, Yuriko. (2010). *Everyday Aesthetics*. Oxford University Press.

Sedgwick, Eve Kosofsky. (2003). Paranoid Reading and Reparative Reading, or You're So Paranoid, You Probably Think This Essay is About You. *Touching Feeling : Affect, Pedagogy Performativity*. Durham : Duke University Press.

Terada, Rei. (2003). *Feeling in Theory : Emotion after the "Death of Subject"*. Cambridge : Harvard University Press.

Tiffany, Daniel. (2001). Lyric Substance : On Riddles, Materialism, and Poetic Obscurity. *Critical Inquiry*, 28(1).

ŽiŽek, Slavoj. (2014). *Absolute Recoil : Towards A New Foundation of Dialectical Materialism*. London : Verso. [『분명 여기에 뼈 하나가 있다』. (정혁현 역). 인간사랑. 2016.]

좀비라는 것들

신사물론[1]과 좀비

이동신

1

좀비라는 것들은 참 사물스럽다. "것"의 여러 의미 중에서 여기서 의도하는 바와 가장 근접한 뜻은 "구체적이지 않은 사물이나 사실"을 지칭할 때 쓰는 "것"이다.[2] 그리고 "것"이 "라는"과 함께 쓰이는 경우에는 "그 대상을 지정하여 말함을 나타내는 말"을 의미한다. "좀비라는 것들"은 두 가지를 모두 의도하고 있다. 좀비는 움직이며 포식활동을 하지만 사물에 가깝다. 우선 좀비는 사람이 아니기 때문이다. 사람이었지만 죽었기에 인간성과 인권을 상실한 존재이고, 또 그런 존재이어야만 한다. 만일 그렇지 않다면 좀비를 그처럼 무자비하게 대량으로 죽이는 장면에 많은 이들이 불

---

1. 국내에서는 New Materialism을 신유물론으로 번역하는 경우가 많지만, 이 글에서는 두 가지 이유로 신사물론이라고 지칭한다. 첫째는 유물론이 흔히 맑스의 변증법적 유물론을 연상시키기에 신유물론을 같은 맥락에서 받아들이기 쉽다. New Materialism이 자본주의적 세계관 비판에 동조하지만, 변증법적 유물론의 역사관과 인간관에서 벗어나 있다는 점에서 신사물론이라 부른다. 두 번째로 고대 그리스 철학의 유물론과 연결된다는 점에서 신유물론이라고 부를 수 있겠지만, 이는 New Materialism을 철학적 논의로 한정시킬 가능성이 있다. 사회, 문화, 역사 등의 광범위한 차원에서 논의가 필요하다는 의미에서도 신사물론이라는 용어를 사용해야 한다고 본다.
2. "것"과 "라는 것"의 설명은 고려대학교에서 출간된 국어사전을 사용하는 다음(Daum)사전에서 인용하였다.

편해할 것이다. 반면에 이동하고 포식한다고 좀비를 동물이라고 할 수도 없다. 무엇보다 동물임을 인정한다면 곧바로 왜 인간이 아니냐고 의구심을 갖기 때문이다. 그래도 절대 사람이 아니고 동물일 뿐이라고 우긴다면, 결국 좀비가 난폭한 식인원숭이나 아니면 대부분의 식인동물과 뭐가 다른지 구분하기 힘들어진다. 이 경우에 좀비에 대해 문화적으로 학문적으로 각별한 관심을 기울이기가 무색해진다. 이렇듯 좀비를 사람이나 동물이라고 하는 순간 불편하거나 무색해지기에 애초에 사물이라고 단정 짓는 것이 편해 보인다. 그렇지만 움직이고 먹고 다니기에 통상적으로 이해하는 사물과는 매우 동떨어져 보인다. 사물이어야만 해서 사물이지만 사물과는 달라 보이기에 좀비는 "구체적이지 않은 사물"일 수밖에 없다. "라는"도 여기서 필수적이다. 이"것"들이 지칭하는 것은 좀비"라는" 사람도 아니고 동물도 아니며 어쩔 수 없이 사물이라고 하는 존재이기 때문이다. 그래서 좀비를 "좀비라는 것들"이라고 부른다.

좀비를 "구체적이지 않은 사물"로 지정해놓고 보니 "사물스럽다"라는 말이 어색하다. 따지고 보면 사물을 사물스럽다고 말하는 것이니 동어반복처럼 들린다. 더구나 좀비가 사물스럽다는 주장은 새롭지도 않다. 좀비에 대해 논의하다 보면 단골처럼 등장하는 슬라보이 지젝의 글만 봐도 그렇다. 습관에 대한 헤겔의 개념을 인용하면서 지젝은 좀비의 "맹목적 행위"가 보여주는 것은 습관이 다양한 방식으로 나타날 수 있도록 하는 "물질적 기반"material base, 혹은 "이러한 습관을 만들어 내는 것stuff들이다"라고 주장한다(Žižek, n.d.). 한편 데미안 콕스와 마이클 레바인은 좀비를 "포스트휴먼 괴물"이라고 말하면서, "우리의 경멸스러운 물질성을 투사할 수 있도록 창안된 타자"라고 설명한다(Cox and Levine, 2016, p. 88). 그래서 "좀비에 둘러싸여 있다고 상상하고, 양심의 가책 없이 그들을 죽이면서 우리는 물질성의 드러남avowal으로부터 우리 자신을 보호한다"고 이들은 역설한다(같은 곳). 즉, 물질성에 대한 편견을 좀비에 투사하여 이를 바탕으로 우리 자신을 보호하려는 시도를 정당화하고 있는 것이다. 하지만 역설적이게도 지젝이나 콕스와 레바인 등이 좀비의 사물스러움에 관심을 갖는 이유는 좀비를 사물로 보지 않기 때문이다. 이들에게 좀비는 삶과 죽음을 오가는 생명체의 하나이기에 그 사물스러움이 유달라 보이면서 중요한 의미를 갖는 것이다. 반대로 "좀비라는 것들은 사물스럽다"고 굳이 말하는 이유는 무엇보다도 좀비를 사물로서 새롭게 보려 하기 때문이다. 그리고 그 새로움은 이전과는 다르게 사물을 이해하는 데 바탕을 두고 있다. 어쩌면 좀비는 사물이 정말 무엇인지를, 그리고 그것이 무슨 의미인지를 이해하도록 이끌어주는 존재일지도 모른다. 그래서 나는 어색함을 무릅쓰고 "좀비라는 것들은 참 사물스럽다"고 말한다.

하지만 좀비라는 것들이 사물스럽다고 해서, 그래서 사물이 무언지를 새삼 알려준다고 해서 굳이 관심을 둘 필요가 있을까? 좀비야 사물스러우니 그냥 없애면 되고, 사물이 무엇인지는 좀 더 대하기 편한 사물로 알아내면 그만이다. 그럼에도 좀비에 관심을 두는 이유는 좀비가 제 혼자 사물스럽지만은 않기 때문이다. 뻔한 얘기지만 우선 좀비는 사람을 좀비로, 즉 사물로 만들어버린다. 그리고 이상하게 들리겠지만 좀비는 사물을 사물로 변화시킨다. 잘 쓰이다 망가지고, 부서지고, 동이 나고, 버려지고, 쌓이고, 다른 식으로 쓰이는 사물의 생애가 좀비에 의해 급변하고 멈춰지고 혹은 급하게 진행되면서 사물은 낯설어진다. 그러나 사물이 아닌 무언가로 변하기에 낯설어지는 것은 아니다. 이후에 논의하겠지만 이는 사물이 더 '사물스럽게' 되기에 그런 것이다. 이런 점에서 좀비의 감염성은 인간 혹은 생명체에만 해당하는 좀비 바이러스의 전염에서 끝나지 않는다. 그 감염성의 실체는 유기물과 무기물이라는 구분을 무시하는 사물성이다. 바로 이 사물성, 좀비라는 것들이 감염시키는 사물스러움이 이 글에서 하고자 하는 이야기이다. 이 주제를 논의하기 위해 우선 다음 장에서는 최근 객체지향 존재론/철학, 혹은 사변적 실재론 등의 이름으로 불리는 신사물론New Materialism을 포스트휴머니즘의 최근 흐름이라는 시각에서 다룰 것이다. 특히 이 흐름을 선도하는 그레이엄 하먼의 "도구–존재"tool-being 이론을 통해 "사물스러움"이 생명력 넘치고 무한한 가능성을 의미한다고 밝히고자 한다. 이 의미를 바탕으로 D. J. 몰스Molles의 소설인 『리메이닝』The Remaining에 등장하는 좀비를 재조명하면서 사물스러운 좀비라는 것들을 살펴보고자 한다. 그러고 나면 고민은 다시 사람으로 향한다. 좀비라는 것들이 일깨워주는 사물스러움에 우리는 어떻게 대처할 것인가? 이 질문에 대해 고민하면서 글을 마치고자 한다.

2

과학기술 문명의 발달로 인간 정체성의 혼란이 야기되는 과정을 인본주의, 특히 인간중심주의에서 벗어난 새로

운 인간 개념의 계기로 삼는 이들과3 동식물 및 환경 전반
에 인간이 미친 영향을 재고하면서 비인간 존재의 역할과
중요성을 탐색하고 인간 개념 자체를 비판하는 이들을4 주
축으로 전개되어온 포스트휴머니즘은 이제 사물로 그 영
역을 넓히고 있다. 사물 전반에 대한 관심은 어찌 보면 자
연스러운 전환이라고 할 수도 있지만, 사실은 큰 난관이 도
사리고 있다. 전자든 후자든 아니면 그 중간 어디에 속하
든 다수의 포스트휴머니즘 이론가들이 인간과 기술 문명,
혹은 인간과 비인간 사이의 자의적인 구분을 비판하고 개
방시키는 이유는 바로 둘 사이의 교류가 가능하다고 믿기
때문이다. 사이버네틱스를 적극 수용하여 정보의 교류에
집중한 캐서린 헤일스N. Katherine Hayles나 동물과의 언어적,
감성적 교류에 주목하는 캐리 울프Cary Wolfe, 그리고 식물
과의 기호학적 교류를 강조한 에두아르도 콘Eduardo Kohn까
지 모두가 교류의 주체들이 더 이상 인간만은 아니라는 사

---

3. 과학기술 발달에 좀 더 방점을 두고 초인간을 추구하는 이른바 트랜스휴머
   니스트가 있기도 하지만 여기서 말하는 포스트휴머니스트들은 트랜스휴
   머니즘을 비판하면서 인간중심주의가 제거된 인간 개념을 전개하는 이들
   로 대표적으로 도나 해러웨이와 헤일스를 들 수 있다.
4. 동식물 등 살아있는 비인간 존재에 방점을 두고 비판적 포스트휴머니즘을
   추구하는 이들로서 대표적으로 수잔 맥휴(Susan McHugh)와 울프 등이
   있다.

실을 근거로 포스트휴머니즘을 논의하고 있다. 하지만 직접적으로 인간과 정보를 공유하는 기계도 아니고, 의식적이든 아니면 언어나 기호로 대화가 가능한 동식물도 아닌 단순한 사물은 이들의 포스트휴머니즘에 그다지 어울리지 않는다. 돌멩이가 나에게 어떤 대화를 시도한다고 말하는 순간 포스트휴머니즘보다는 어떤 종교적이거나 문학적 상상력의 영역으로 넘어간다고 오해받기 때문이다.[5] 어쩌면 듣는 이가 고개를 갸우뚱하며 포스트휴머니즘을 의구심에 찬 눈으로 바라볼지도 모른다는 우려에 사물을 앞에 두고 망설이고 있는지도 모른다.[6]

---

5. 다이애나 쿨(Diana Coole)은 "애니미즘, 종교, 혹은 낭만주의에서 나온 신비주의에 근거하지 않고 ⋯ 물질화의 과정과 물질의 풍성함을 이해할 수가 있을까?"라고 질문하면서 메를로-퐁티(Merlo-Ponty)의 신존재론(new ontology)에서 그 답을 찾는다. 현상학적 접근방식으로 생활세계(the life-world)의 생명력(vitality)을 드러냄으로써 그러한 이해를 도모할 수 있다고 제시하면서, 메를로-퐁티는 "습관적 가정"(habitual assumptions)을 정지시키고 "주체이전의"(presubjective) 시각, 즉 인간의 정신이 아닌 세상의 일부로서의 몸을 앞세운 시각을 강조한다고 쿨은 설명한다. 이와 같은 "반인본주의적인 육체의 존재론"(antihumanist ontology of flesh)을 위해서 쿨은 메를로-퐁티가 "신체와 사물이 동시에 서로 보고 보인다는 인식"에 근거하여 이른바 "증식하는 시각들"(multiplying perspectives)을 만들어낸다고 설명한다. Coole, 2010, pp. 93, 101, 106.
6. 식물과의 기호학적 교류를 논의하며 식물은 살아있기에 자아(self)를 가지고 있다고 콘은 주장한다. 살아있음을 중요하게 생각하기에 콘은 아래 언급될 베넷과 달리 "사물은 생명력을 부과하지 않는다"고 단언하며 신사물론과 다른 입장을 보인다. Kohn, 2013, p. 92.

하지만 사물을 포스트휴머니즘 논의에서 제외하는 것이 타당할까? 더구나 인간의 활동이 지구온난화와 지질변화를 일으켜 인류세anthropocene 7로 접어든 현재, 즉 인간에 의한 사물의 변화가 이미 인간과 동식물의 통제를 벗어난 현재 상황에서 사물을 간과한다면 포스트휴머니즘은 현시대에 가장 시급한 위기를 고민하는 이론이라는 장점을 포기하고 마는 것이다. 이런 고민을 바탕으로 증가하고 있는 사물에 대한 관심은 "객체지향 존재론 혹은 철학," "사변적 사실주의," "신사물론" 등의 이름으로 집결하고 있다. 쿨과 프로스트는 『신사물론』의 서문에서 "우리는 지금이 사물이라는 논제를 다시 열어 사회를 형성하고 인간의 가능성을 조정하는 데 사물이 기여한 바를 다시 한번 인정할 때라고 믿는다"고 공언한다(Coole and Frost, 2010, p. 3). 여기서 주의할 점은 "다시 한번"이라는 말에 신사물론을 루크레티우스나 에피쿠로스 등을 위시한 고대그리스 철학자들의 논의의 재발견으로 보거나 맑스의 유물론의 도래로 이해해

---

7. 이전의 산발적인 논의가 있기는 했지만 2000년에 폴 크루첸(Paul Crutzen) 등이 쓴 "The New World of Anthropocene"을 계기로 인류세는 활발한 논의의 대상이 되고 있다. 인류의 행위가 지구의 기후뿐만 아니라 지질구조를 변화시키는 단계에 이르렀다는 주장이다.

서는 안 된다는 점이다.[8] 물론 이전의 논의와 긴밀한 연관성이 있는 것은 사실이지만 21세기에 등장한 신사물론은 "계몽주의 이후로부터 세상의 인간humans-in-the-world에 대한 우리의 시각, 즉 인간은 세상의 창조자이고 세상은 인간 활동을 위한 자원이라고 설정한 시각을 떠받치던 인간중심주의적 서사"를 적극적으로 비판하고, "그러한 세계관의 결과로 나타나는 윤리적, 생태적, 정치적 책무로부터의 절박함urgency"을 반영한 움직임이다(Bolt, 2013, pp. 2~3). 또한 현대과학, 특히 양자역학을 위시한 물리학의 발전으로 사물의 사물성에 "내재적 자기변형 방식"이 있음을 입증했기에, 그 결과 "실재론적 데카르트나 기계론적 뉴턴의 사물논의와는 매우 다른 존재론"이 가능해졌다(Coole, 2010, pp. 12~13). 이처럼 신사물론의 입장에서 본다면 사물은 포스트휴머니즘 논의에 합류할 준비를 마친 듯하다.

과학의 발전과 현시대의 절박함에 근거하여 기존의 논

---

8. 펭 치아(Pheng Cheah)는 신사물론이 전통적인 맑스적 유물론과 다름을 강조하면서 "비변증법적 사물론"(non-dialectical materialism)을 주창한다. 데리다의 해체주의를 끌어들여 "물질성의 힘"(the force of materiality)이 어떤 현존(presence)이나 실재(substance)에 근거하지 않고 "힘의 주체가 구조적으로 타자에게 노출되기" 때문에 발생한다고 설명하며 변증법의 정과 반의 경계를 무너뜨린다. Cheah, 2010, pp. 71, 81.

의를 폭넓고 다양하게 확장시킨다는 점만으로도 신사물론은 포스트휴머니즘이라는 틀로 포섭 가능해 보인다. 하지만 앞서 언급한 교류라는 전제조건은 여전히 충족되지 않고 남아있다. 이 조건을 무시하고 독자적인 논의라고 천명할 수도 있겠지만 포스트휴머니즘과 공유된 문제의식을 감안한다면 양측에 모두 손해가 될 선택이다. 이런 점에서 사물이 정체되고 수동적이지 않고 생기가 넘치고 변화무쌍한 존재라는 주장을 펼치는 제인 베넷과 티모시 모튼Timothy Morton의 논의는 특별히 주목할 만하다. 베넷은 "생생한 사물의 실증적 존재론"a positive ontology of vibrant matter을 그려내기 위해서 스피노자의 "코나투스"conatus, 즉 "[사물을 포함한] 모든 신체에 존재하는 힘"이라는 개념을 끌어들인다(Bennett, 2010, pp. x, 2). 이를 바탕으로 베넷은 "신체는 힘을 이종적인heterogenous 조합으로 혹은 그러한 조합을 통해 증진시킨다"고 주장하고, 그렇기에 "효율성이나 효용성은 인간 신체나 혹은 인간의 노력에 의해 만들어진 집합체에 국한되어 있기보다는 존재론적으로 이종적인 영역에 퍼져 있다"고 설명한다(같은 책, p. 23). 여기서 말하는 이종적인 영역이란 바로 사물의 영역이고, 따라서 이는 "물질성이 … 그 자체로 생명"이라는 의미이다(같은 책, p. 56). 결론적으로 "이처럼 기묘하면서 생생한 사물론에 따르면 완전한 정지의 순간도 없고 생명력으로 생동하고 있지 않은 원자도 없다"고 베넷은 주장한다(같은 책, p. 56). 사물의 생기를 받아들이는 순간 우리가 지녔던 사물에 대한 고정관념은 버려야만 한다. 사물은 변화무쌍한 개체로서의 특징을 가지고 있기 때문이다. 한편 모튼은 이러한 특징들이 좀 더 두드러진 사물을 "초물체"hyperobjects라고 부른다. 그가 말하는 "초물체"란 "시공간에 걸쳐 광대하게 펼쳐져 있는 사물들"로서 "끈적함"viscosity, "비지엽성"nonlocality, "시간적 파동"temporal undulation, "단계화"phasing, "상호물체성"interobjectivty 등의 특징을 지니고 있다(Morton, 2013, p. 1). 그러면서 모튼은 초물체란 "현실을 구성"하는 것이며 "독특"unique하다고 말한다(같은 책, p. 116). 그들은 "더 작은 물체로 환원될 수도 없고 더 큰 물체로 용해될 수도 없"으며, 그래서 "타디스와 같이 바깥쪽보다 안쪽이 더 큰" 존재들이기에 한 마디로 "언캐니"uncanny하다고 설명한다(같은 곳).

사물이 이처럼 "생명력 넘치고" "언캐니"하다는 점을 받아들인다면 인간과 동식물에게만 국한되었던 교류의 가능성을 인간과 사물 사이에서도 찾아볼 수 있기에 신사물론은 포스트휴머니즘에 합류할 자격이 충분히 있다. 더 나아가 신사물론은 포스트휴머니즘을 한층 더 새로운 단계로 이끌 수도 있다. 하이데거의 사물론에 기초하여 사물의 잠재성을 강조하면서 인간도 사물이라는 하먼의 주장에서 그러한 단계의 가능성을 찾아볼 수 있다. 모튼을 포함해 많은 이들을 신사물론 혹은 객체지향 철학으로 이끈 하먼은 2002년에 출간된 『도구-존재』에서 하이데거가 "백과사전적인 야망에도 불구하고 사실은 독특하게 반복적인 사상가이다"라고 전제하며, 바로 이 반복된 개념이 "도구-존재"라고 주장한다(Harman, 2002, pp. 3~4). 여기서 특정 목적을 위해 사용하고 소비하는 물건이라는 일반적 의미로 도구를 이해한다면 하이데거의 도구-존재에 다가서기 힘들다. 하이데거에게 모든 사물은 두 가지 측면, 즉 보이는 "어떤 것이 눈앞에 있음"vorhandenhiet과 보이지 않는 "도구적인 존재"zuhandenheit를 지니고 있다.9 사물이 한 가지 모양이나 기능으로 보일 수 있는 이유는 그것이 보이지 않지만 무한한 잠재성을 지닌 '도구적 존재'이기 때문이다. 여기에 근거하여 하먼은 "하이데거의 도구-존재의 진정한 시나리오"를 다음과 같이 정리한다. 즉, "도구는 현실에 촘촘하게 배치되

---

9. 두 용어의 번역은 박찬국을 참조했다. 박찬국, 2013.

어 있는 수행자agent이자, 관찰자가 정리할 수 있는 그 어떤 속성목록a list of properties으로 환원될 수 없는 영향력impact"이라고 하먼은 설명한다(Harman, 2002, p. 21).

그렇다면 "보이지 않는 영역"에서 도구는 어떻게 무한한 잠재력을 갖게 되는가? 그 영역에서 도구가 "총체성"totality, 즉 "세계" 그 자체와 연결되기 때문이다(같은 책, p. 22). 하먼은 도구와 세계의 연결을 "지시성"referentiality이라는 용어로 설명한다. 목수의 도구는 집을 "지시"refer to하는 순간 사라지지만 동시에 지시는 도구를 "보이지 않는 가능성 속으로 후퇴withdrawal시키는 행위"이다(같은 책, p. 25). 이 시점에서 하먼은 하이데거와 다른 방향으로 발걸음을 내디딘다. 하이데거에게 이렇게 "후퇴"한 도구의 지시성을 이끌어낼 수 있는 존재는 현존재, 즉 인간뿐이다. 반면 하먼은 "지시"의 방향을 보이지 않는 세계로 확장시키면서 도구 존재의 의미가 "사람들이 그 도구들을 마주쳐서가 아니라 완전히 [사물 자체의] 지시 기능에 따라 결정되기"(같은 책, p. 29) 때문에 그러한 인간중심주의적인 도구론을 받아들이지 않는다. 더 나아가 사물을 보이는 것과 보이지 않는 무언가를 동시에 지닌 도구–존재로 인정하고, 그 존재 자체가 무한한 가능성을 가지고 있다는 사실을 받아들임으로써 인간이 현존재로서의 착각에서 벗어날 수가 있다고 하면은 주장한다.

> 일상생활에서 우리는 세상을 비교적 안정적인 곳으로 상
> 정하고, 생각하고 활동하고 현실을 초월하는 동물로서 우
> 리 스스로가 개별적으로 이 세상을 재구성할 수 있다고
> 생각한다. 이로 인해 세상의 탈자적[10] 구조가 인간의 정
> 신적이고 육체적인 활동의 결과라는 잘못된 존재론적 추
> 론을 한다. … 하지만 비록 탈자적 환경이 우리 자신의 투
> 사에 의해 구성되기는 하지만 여전히 이는 사물의 탈자이
> 다.(Harman, 2002, p. 69)

사물을 어떤 도구로 사용하면서 세상을 형성하는 순간
에도 그 사물의 그러한 가능성은 인간이 만들어내서가 아
니라 도구-존재로서의 사물에서 나온다. 즉 사물이 이미
세상을 그런 식으로 "지시"할 수 있기 때문에 가능하다. 인
간과 마찬가지로 사물도 "지시"하며 "탈자적 구조"를 만드

---

10. 탈자적(ecstatic)이란 그대로 서 있는 상태(stasis), 혹은 눈앞에 보이는 실
   재성에서 벗어난다는 의미로 하이데거에게는 시간 속에서 서로 다른 존재
   의 모습, 즉 "현존재의 다양한 존재양상"을 생각하고 드러내는 것이다. 그렇
   기에 "시간성은 근원적으로 탈-자 그 자체"라고 할 수 있다. 박찬국, 2013,
   196, 197쪽.

는 데 동참하고 있는 것이다. 이처럼 도구 존재는 인간을 포함한 모든 사물을 아우르는 말이기에 인간은 현존재로 서의 착각을 바탕으로 "도구-존재 위로 올라서는 것이 아 니라 우리 스스로를 좀 더 도구-존재에게 노출시켜야vul-nerable"한다고 하먼은 역설한다(같은 책, p. 226).

어지럽고 변화무쌍해 보일지라도 질서를 부과해 사물 을 정열하고 구분하고 통제하고 그리고 생산할 수 있다는 생각과 이 일을 할 수 있는 존재는 오직 인간뿐이라는 믿 음이 혼합되어 만들어진 결과를 "잘못된 존재론적 추론"이 라고 하먼은 꼬집어 말한다. 물론 하이데거도 비슷한 맥락 에서 "테크놀로지의 도구적이고 인간학적인 정의"에 대해 말한 적이 있다(Heidegger, 1977, p. 4). 「테크놀로지에 관한 질 문」에서 그는 인간이 사물을 자신에게 필요한 용도로서만 드러나게 한다고 지적하며, 이는 "마치 인간은 어디서나 그 리고 언제나 오직 자기 자신만을 대면한다"는 "망상"delusion 을 초래한다고 경고한다(같은 책, p. 27). 그렇다고 하이데거가 하먼과 같은 의도로 인간의 "망상"을 지적하는 것은 아니 다. 하먼의 주장과 하이데거의 경고는 매우 다른 지향점을 두고 있기 때문이다. 하이데거의 경고는 "테크놀로지의 본 질"을 되살려 "세계없는"worldess 사물과 "갇혀 있는"captivated

동물에 비해 "세계를 형성하는"world-forming 인간이 우위에 있다는 점을 확인하려는 의도에서 출발한다(Heidegger, 1995, p. 177). 그렇기에 하이데거가 사물에 대한 글인 「사물」The Thing을 인간에 대한 말로 끝내는 것도 놀랍지 않다. "동물은 사라지"The animal perishes는 것이기에 "오직 인간만이 죽을 수 있"다고 앞서 말했던 하이데거는 "오직 인간만이 죽는 존재로서 살아감으로써 세계를 얻을 수 있"다라고 끝맺으며, 각 사물 안에 갇혀있는 사물성을, 혹은 사물의 존재를 밖으로 끌어내어 세계를 만드는 능력을 인간에게만 부여한다(Heidegger, 1971b, pp. 176, 180). 반면 하먼은 스스로 밝히듯이 "객체지향적"이다. 인간의 우위를 재확인하려는 것이 아니라 사물의 광범위하고 현란한 가능성을 강조하여 인간도 그 일부임을 밝히려는 의도이다. 이렇게 인간과 사물이 모두 도구–존재라는 사실, 즉 인간도 사물이라는 사실을 받아들이며 "도구 분석은 그 유명한 현존재의 분석보다 훨씬 더 포괄적이다"라고까지 하는 하먼의 주장은 하이데거 학자들에게 다소 충격적으로 들릴 수도 있다(Harman, 2002, p. 9). 하지만 "하이데거가 도구–존재에 그렇게 특출함을 부여하고자 했는지의 문제는 중요하지 않다"라는 말에서 알 수 있듯이 하먼은 그다지 개의치 않는 듯이 보인다(같은 책, p. 5). 그에게 하이데거는 한 명의 철학자이기보다는 일종의 텍스트이다. 그렇기에 "하이데거보다 하이데거를 더 잘 이해하고자 하는 것이 아니라 도구–존재를 하이데거보다 더 잘 이해하는 것"이 자신의 목표라고 밝히기까지 한다(같은 책, p. 6). 하먼에게 신사물론은 특정한 철학가, 아니 어쩌면 인간이라고 하는 특정한 집단에 대한 이론이 아니라 모든 존재를 위한 것이다.

3

사실 인간과 사물의 교류를 바탕으로 인간중심주의를 비판하고 포기하려는 포스트휴머니즘의 입장에서 보면 하먼의 주장은 그다지 충격적이지 않을 것이다. 그렇지만 기득권을 내려놓는 인간의 윤리적 결단을 차치하고라도 사물을 당장 눈앞에 있는 도구 이상으로, 즉 사물을 기존의 범주나 기능 이상의 존재로 보기는 쉽지 않다. 그래서 "도구가 망가졌을 때"가 중요해진다(같은 책, p. 45). 왜냐하면 이 순간에 "도구의 평범한 특성이 사라"지고, 대신에 "도구의 이중생활, 즉 작동 중인 도구와 고장 난 도구라는 이중생활"이 드러나기 때문이다(같은 곳). 사람을 포함한 "모든 존재가 망가"지거나 혹은 망가질 위기에 처한 좀비 아포칼립스는 하먼이 말하는 "도구의 이중생활"이 드러나기에 완벽한 상황처럼 보인다. 하지만 수많은 좀비소설과 영화에서 인간의 감정과 생존이 최우선되면서 사물의 "이중생활"은 감춰지기 십상이다. 이런 경향에 비추어보면 몰스의 『리메이닝』은 주목해볼 만하다.[11] 2012년에 시작한 몰스의 소설은 현재까지 여섯 권이 발간된 시리즈물이고, 좀비 아포칼립스 이후에 살아남은 사람들의 생존기이다. 주인공인 리하든Lee Harden은 육군 대위로 프로젝트 홈타운이라는 정부 주도 프로그램에 참여한다. 이 프로그램의 요지는 국가 재난사태에 대비하기 위해 소수의 정예 군인들을 미국 곳곳에 배치하여, 일정 기간을 지하 벙커에서 지내게 한다. 이 기간 중에 실제로 재난이 발생하면 이 군인들은 지상의 생존자들을 모아 국가를 재건해야 한다. 한 달간 벙커에 갇혀 있던 리는 이전과는 달리 좀비 아포칼립스라는 실재 재난 상황이 일어났음을 알게 되고, 더 나아가 국가 재건이 무의미할 정도로 재난이 심각함을 깨닫는다. 시리즈가 진행될수록 임무를 수행하려는 리에게 좀비를 제거하는 것보다

---

11. Molles, 2014. 이후 작품 인용은 쪽수를 표기하지 않는다.

는 자신을 따르는 이와 그렇지 않은 이를 구분하고, 전자를 후자로부터 보호하는 일이 더 중요하게 다가온다는 점에서 몰스의 작품은 여느 좀비소설과 다르지 않아 보인다. 좀비 아포칼립스라는 재난의 의미보다는 이를 극복하는 인간의 이야기를 다루는 소설인 것이다.

점진적으로 사람에게 집중하기는 한다는 사실에도 불구하고 몰스의 작품은, 적어도 시리즈의 첫 편에는 주목할 만한 유별난 점이 있다. 바로 사물이 매우 두드러진다는 사실이다. 작품의 첫 장면부터 이 사실을 확인할 수 있다. 아직은 바깥 상황을 모르는 리는 "가짜 페르시아 양탄자"에 "맨발"로 서서 화씨 72도로 맞춰진 "방 안 온도"가 "한순간에는 덥다고 그리고 다음 순간에는 너무 춥다고" 느낀다. 한 달 가까이 벙커에 갇혀있었던 탓에 "모든 것이 [그를] 짜증 나게" 했고 "단조로워" 보이며, 그는 "감옥의 똑같음"에 "미쳐버릴 것"만 같다고 고백한다. 사실 그가 살고 있는 벙커는 홀The Hole이라고 하는 곳으로 1천 피트가 넘는 공간에 술도 많고, 텔레비전과 킹사이즈 침대, 자쿠지와 사우나가 달린 목욕탕, 일주일 양의 신선식품, 석 달 치 냉장육과 물, 충전지, 책, 잡지, 비디오 게임과 영화, 그리고 탱코라는 개까지 거의 "모든 것"을 갖추었다. 이렇게 부족함 없이 풍부한 "모든 것"에 둘러싸여 있지만, 리는 "인간과의 접촉"과 "떠날 자유"를 갈망하며 괴로워한다. 벙커에서 나가서 좀비 아포칼립스의 현실을 맞닥뜨리는 순간 사물의 "단조로움" 과 "똑같음"이 미치도록 그립고 소중한 것이 되리라는 사실을 상상조차 못 하는 것이다.

소설의 첫 장면에서 강조되는 듯이 보이는 사물의 단조로움은 환상이라고 하면은 말할 것이다. 이 환상이 깨지는 순간, 즉 사물이 망가지는 순간에 우리는 현존재로서의 인간의 우월성과 도구-존재로서의 사물 사이의 기로에 서 있게 된다. 좀비 아포칼립스를 직면한 리도 예외는 아니다. 하지만 리가 어떤 선택을 하는가를 살펴보기 전에 몰스의 소설, 어쩌면 대부분의 좀비소설에서 20세기 소비주의가 사물의 안정성이라는 환상을 강화하고 있다는 점은 짚고 넘어갈 만하다. 항상 똑같은 것이 부족함 없이 진열되어 있는 가판대와 새로운 물품을 대량생산하여 쉽게 접할 수 있도록 하는 공장, 그리고 공장과 가판대 사이에 소비자를 적절하게 위치시키는 유통과 광고 등으로 장착된 소비주의의 이면에는 사물이 언제나 똑같이 인간을 위해 준비되어 있으리라는 환상이 숨어있다. 천연자원이든 아니면 인공물이든 상관없이 사물은 무궁무진해 보이고, 그렇기에 단조롭고 똑같아 보이고, 아니 그래 보여야만 한다. 사실 좀비 아포칼립스를 살아가는 사람들은 이 환상 덕분에 살아가고 있다고 할 수 있다. 종종 잡히는 동물이나 캐낸 식물 등으로 삶을 연명하기도 하지만, 많은 경우 소비주의 환상, 즉 무한한 소비가 가능하다는 환상을 유지하기 위해 생산된 엄청난 양의 사물들로 겨우겨우 살아가고 있다. 하지만 생산이 더 이상 이루어지지 않는 세상에서 이렇게 환상의 찌꺼기로 생존하는 이들이 할 수 있는 선택은 뻔하다. 환상을 버리고 사물이 더 이상 단조롭고 똑같은 것이 아니라는 사실을 받아들이고 소비주의와는 다른 생활방식을 시작하거나, 아니면 환상의 찌꺼기를 놓고 서로 경쟁하든지 해야만 한다. 실제로 몰스의 작품에서 리가 해결해야 할 것은 좀비 문제가 아니라 바로 이 선택의 문제이다. 마치 숨겨진 백화점 같은 벙커를 근거로 그는 사람들이 첫 번째 선택을 하도록 유도하려 하지만, 사람들은 오히려 두 번째를 택하고 싶어 한다. 소비주의에 길들여진 이들은 세상이 바뀌었음에도 여전히 단조롭고 똑같이 살기를 바란다. 이처럼 사물에 대한 환상은 그들을 살리고 있지만 동시에 종말로 재촉하고 있는 것이다.

하지만 리 자신도 그러한 선택을 피할 수는 없다. 사물에 대한 환상, 특히 소비주의로 강화된 환상에서 벗어나 사물을 "이중생활" 속에서 대면해야만 하는 것이다. 리는 벙커를 나서자마자 그러한 상황을 경험한다. 사물의 단조로움과 똑같음에 지겨워하던 그였지만 이제는 오히려 사물의 그러한 특성을 소중하게 생각할 수밖에 없다. 벙커 문을 열고 그는 "지하실에 항상 있던 것들을 확인했다. 온수기, 사슴사냥 시기 동안 사슴고기를 저장해 놓는 냉동고, 공구 캐비닛, 크리스마스 장식품을 담아놓은 상자들"을 살핀 후 "모든 것이 그가 놔둔 그대로 남겨져 있음"을 확인하고 "세상이 그가 떠났던 한 달 전과 똑같다고 느꼈다." 지하실을 나와 부엌으로 가서도 리는 똑같이 사물을 살펴보고 "모든 것이 그가 남긴 그대로 있었다"고 말하면서 안심한다. 사물에 대한 리의 모순된 감정은 사실 유별난 것은 아니다. 누구나 사물을 한편으로는 너무 똑같다고 지겨워하고 다른 한편으로 그래서 안심한다. 중요한 점은 사물의 항상성이 결코 단조로움과 똑같음을 의미하지 않는다는 것이다. 항상성은 운동의 정지가 아니라 변함없어 보이는 사물과 그 주변의 끊임없는 교류의 결과일 뿐이기에 사물이 속한 세계에 따라 그 의미가 급변할 수도 있다. 항상성이 정지를 뜻하지 않는다면 "허리 높이" 이상으로 자란 마당의 잔디는 집안의 가재도구와 다르지 않은 사물이다. "한 달을 내버려 두면 자연이 어떻게 되는지 정말 놀랍다"라고 리는 말하지만 그대로 남겨진 인공물이나 거침없이 자라난 자연물 모두 "눈앞에 있음"으로만 환원할 수 없는 사물이다. 이미 그가 알고 있던 것으로서의 사물이 아니기에 이들은 "도구로서의 존재"로 되살아난 사물에 가깝다. 더 나아가 하면의 말로 풀어내자면 "작동"과 "고장"은 주어진 상황에 따른 특성이기에, 벙커를 나온 리를 기다리고 있는 것은 바로 "모든 존재는 망가진 도구"라는 사실이다(Harman, 2002, p. 46).

자신에게 익숙한 사물들을 달라진 세계 속에서 맞닥뜨리면서 이들의 "도구로서의 존재" 가능성을 감지하자마자 리는 곧바로 같은 가능성을 또다시 하지만 훨씬 더 강렬하게 경험한다. 좀비에게 공격을 당하는 것이다. 그런데 작품의 좀비는 좀 특이하다. 리가 처음으로 만난 좀비는 어린 여자아이이다. 사실 그를 죽이려고 했기에 자동적으로 총을 쐈지만 아이가 정말로 좀비였는지는 확실하지 않다. 우선 그를 물어뜯으려고 하기보다는 칼로 찌르려고 하고 "너"라고 말을 한다.[12] 이 점은 두 번째 만난 좀비도 마찬가지이다. 옆집 이웃을 확인하려고 가던 리에게 이번에는 고기 자르는 칼을 든 좀비가 나타나고, 이 좀비를 죽이고 나서야 이웃이었던 제이슨이라는 사실을 깨닫는다. 이렇듯 작품의 좀비는 죽기 전에 하던 행동을 반복적으로 유지하는 특징을 보인다. 좀비로 변해 더 이상 인간이 아님에도 인간이었을 때 했던 행동을 반복하는 기묘한 존재인 것이다. 다음에 만나는 좀비는 망치를 들고 있기에 리는 그를 "망치남"Hammer Guy이라고 부른다. 놀랍게도 리가 죽이기 전까지 "망치남"은 흙바닥에 "도와ㅈ줘"HELLP라고 적고 있었다. 결국 리는 좀비에 대한 자신의 생각을 의심하게 된다. 비록 "감염자가 사고능력이 없다"고 알고 있었지만, 이제 그는 "혹시 그들이 그런 능력이 있나?"라고 반문한다. 아마도 "망치남"은 그저 "도움을 구했던 것이라는" 가능성에 리는 "감염자에 대한 공포로 인해 그가 도움을 구하는 것을 폭력성으로 착각하지 않았나"하고 되묻게 된다. 결국 답을 알 수 없기에 그가 당장 할 수 있는 일이란 "그의 머릿속 어두운 구석에 이 생각들을 숨겨 두는" 것뿐이다. 물론 인간이

---

12. 비슷한 유형의 좀비를 일본영화인 〈아이 엠 히어로〉(I Am Hero)에서 찾아볼 수 있다. 하지만 영화의 좀비는 주로 변형 전의 직업(예를 들어 좀비로 변한 택시운전사) 활동을 반복한다는 점에서 직장인 문화가 강한 일본사회의 풍자적인 의미가 강하다. 반면에 소설의 좀비는 직장인이라기보다는 습관적 인간의 모습을 강조한다.

었을 때의 행동을 반복적으로 한다고 해서 리가 죽이는 좀비들이 사고능력을 가지고 있거나 생명력을 가진 것은 아니다. '이것'들은 마치 망가진 기계처럼 의미도 목적도 없는 행위를 반복하고 있는 것이다. 아니, 어쩌면 '이것'들은 망가진 사람이기에 그처럼 행동하고 있다고 하는 것이 더 맞을지도 모른다. 도구적 인간이었기에 망가지는 순간 일종의 '도구-인간'이 되어버린 것일 수도 있다. 결국 작품의 좀비는 좀비라고 단정하기 힘든 "좀비라는 것"들이다.

망가졌음에도, 그래서 더 이상 사람으로서나 사물로서도 쓸모가 없어졌음에도 불구하고 작품의 "좀비라는 것들"은 리를 불안하게 만든다. 하먼의 의견을 따르자면 오히려 망가졌기에 더 그렇다고 해야 할 것이다. 어쨌든 리는 좀비를 죽이면서도 꺼림칙한 느낌을 지우지 못한다. 그리고 이 느낌은 그가 들판에서 한 여자 좀비를 만나면서 극도에 달한다. 몰스의 소설에서 가장 인상 깊은 장면이기에 길게 인용해본다.

그녀에게 약 15피트까지 다가선 후에 그는 멈췄다.⋯ 여자는 창백하고 누르스름한 작은 무언가를 팔로 안고 쳐다보았다. 눈은 꺼져 있고 입술은 튀어나와 있었다. 피부는 축

늘어진 가죽처럼 보였고, 갈비뼈가 그대로 보였다. 아이는
죽은 지 꽤 오래됐다. 그의 목소리가 여자에게 전해졌고,
그녀가 고개를 돌렸다. 리는 그녀 또한 거죽과 뼈만 남았
고, 아마도 영양실조와 수분 부족으로 죽음에 가까워 왔
음을 알았다. 그녀의 멍한 시선은 들판을 건너 리의 부츠
를 향했고, 그러다가 위로 조금씩 그의 얼굴로 옮겨갔다.
잠시 동안 리는 약간의 정신, 어쩌면 약간의 희망이 있으리
라 생각했다.

여자는 몸을 조금 움직였고, 리는 한 걸음 물러섰다. 하지
만 그녀는 일어나지 않았다. 여자는 팔을 치켜들었고, 조
그마한 시체를 여전히 손에 들고 있었다. 그리고 그 시체를
리에게 내밀었다. 도와줄 수 있나요? 내 아기를 고칠 수 있
나요?

그녀, 아니 여자였던 무언가는 작은 신음소리를 내었
다.⋯ 리는 전염병이 뇌를 망가트리기 전에 여자가 어땠을
까 궁금했다. 심지어 뇌의 이성적인 부위가 썩어 문드러진
다 해도 그녀가 폭력적이 될 수 없었던 것일까 생각했다.
리는 그녀가 아마도 매우 친절한 사람이었을 거라고 생각
했다.⋯ 리는 여자로부터 조금씩 물러섰다. 그녀가 슬픔에
스스로 사그라져 가고, 정신은 원시적이고, 본능적인 기억

의 끝없는 평원에서 길을 잃고 헤매도록 남겨 두었다.

리는 결국 여자 좀비를 죽이지 않고 내버려 둔다. 왜일까? 공격적이 아니라서? 아니면 아직 인간처럼 보여서? 하지만 공격적이 아니더라도 잠재적 보균자이고 인간처럼 보여도 결코 그렇지 않다는 사실을 리는 잘 알고 있다. 그럼에도 불구하고 좀비를 죽일 수가 없다. 리 자신은 그 이유를 알고 있기는 할까?

아마도 모를 것이다. 더구나 살려준 것이 사람 같은 좀비인지, 아니면 좀비 같은 사람인지도 모를 것이다. 그리고 독자도 리의 행동이 현명한지 우둔한지, 윤리적인지 감상적인지 판단하기 힘들 것이다. 무엇인지 잘 알고 있다고 여기던 좀비가 아니기에 모두가 난감해한다. 위의 장면에서 등장한 좀비는 "눈앞에 있"지만 그 실체가 보이지 않는 "도구적 존재"이다. 이 좀비는 좀비가 아니라 "좀비라는 것"이다. 사실 지금 이 순간 이전에도 그리고 이후에도 리는 "좀비라는 것들"을 끊임없이 만난다. 칼을 들고 "너"라고 외치던 좀비도 그랬고, 칼을 든 좀비와 도와달라는 말을 땅에 긁적이던 "망치남"도 모두 "좀비라는 것들"이었다. 이후에 만난, 삽을 들고 있기에 "삽남자"Shovel Guy라고 이름 지은 좀비도 예외가 아니다. "감염된 놈인가 아닌가?"라고 누군가 묻자 리는 "모르겠는데"라고 답할 수밖에 없다. "삼남자"는 좀비 무리의 "우두머리"이지만, 그 이유가 "[좀비바이러스가] 가장 원초적인 본능 상태에 이르게 했기 때문인지, 아니면 그들이 본능을 극복하려고 적응하기 때문인지" 알 수가 없다. 리는 좀비들이 보여주는 모습이 "진보인지 아니면 퇴보인지"를 도무지 가늠하지 못한다. 그냥 좀비라면 별 고민 없이 죽이기만 하면 되지만 "좀비라는 것들"은 도무지 뭐라고 정의할 수가 없는 것이다. 익숙하다고 생각하면 낯설어지기만 하는 존재들, "단조롭"고 "똑같"을 거라고 안심하는 순간 예기치 않은 가능성을 드러내 보이는 존재들이다. 그러기에 "좀비라는 것들"은 불안한 상태이고, 그 상대인 리에게도 그 불안감을 감염시킨다. 불안의, 혹은 하이데거의 말을 빌자면 "염려"Sorge의 감염병에 리가 유일하게 할 수 있는 일이란 결국 그저 "그의 머릿속 어두운 구석에 이 생각들을 숨겨 두는" 것뿐이다. 한동안은 아마도 가능할 것이다. 리가 만나는 생존자들이 서로 싸우고 배신하면서 좀비보다 더 문제를 일으켜 그의 시간을 빼앗기 때문이다. 하지만 얼마나, 언제까지 그럴 수 있을까? 언제쯤 리는 "좀비라는 것들"의 "사물스러움"에 시간을 내어줄 수 있을까?

4

　　"좀비라는 것들"에 의해서는 꼭 아니더라도 사물의 시
간은 빠르게 다가오고 있는 듯하다. 퀭탱 메이야수의 "원형
적"ancestral 시간[13]이나 데리다의 "도래"avenir [14] 등 철학적인
논의에서 이 점을 짐작할 수 있지만, 실제 지구 온난화와
자원 고갈 등 인간에 의한 지구환경의 변화를 지질학적 변
화로 판단하며 현시대를 "인류세"라고 규정하는 이들이 늘
어난다는 사실에서도 사물의 시간이 다가옴을 느낄 수 있
다. 이는 무엇보다도 인류의 현재와 미래에 대한 논의가 인
간에게만 집중되어서는 안 된다는 의미이다. 오히려 사물
들에 더 초점을 맞추어야 할 것이다. 왜냐면 이제 사물들

---

13. 메이야수는 인간이 존재하지 않았던 시간을 "원형적" 시간이라고 부르며,
이 시간대에 일어난 현상에 대해 칸트의 상관주의(correlationism), 즉 인
간과의 관계에서만 지식이 가능하다는 입장에서 얘기하는 것이 가능한가
를 묻는다. 자세한 내용은 Meillassoux, 2008 참조.

14. 모튼은 인간이 기존에 사물을 이해하는 데 사용했던 용어들, 즉 "자연, 세
계 등등"을 버리고 초물체가 인간 사회 내부에 깊숙이 자리하고 있음을 받
아들이는 순간 "인간과 비인간 사이의 좀 더 민주적인 방식의 공존"을 향해
나아갈 수 있다고 말한다. 하지만 이때도 기존의 "윤리적 혹은 정치적 결정"
을 통해서 나아가면 안 된다고 경고하면서 초물체의 윤리는 "알려지지 않
고 알 수 없는 미래," 즉 데리다의 "다가오는 것"(l'avenir)을 추구해야 한다
고 모튼은 주장한다. Morton, 2013, pp. 121, 123.

은 자발적으로 지질학적 수준의 광범위하고 근본적인 변화를 일으키고 있기 때문이다. 그렇다면 사물의 시간에 사람은 어떻게 될까? 아니, 그냥 무턱대고 기다릴 수도 없는 처지에 있기에 더 정확하게는 사람은 어떻게 되어야 할까? 사물이 단조롭고 똑같다는 환상, 즉 사물에 질서를 부과할 수 있다는 환상을 푸코는 18세기의 산물이라고 하며, 이 시기에 바로 인간Man이 탄생했다고 한다. 언제 이 환상이 만들어졌는지에 대해서는 논란의 여지가 있겠지만 그것이 인간중심주의를 바탕으로 인간과 사물 간의 관계를 형성시켰다는 점에는 이견이 없을 듯하다. 고전 시대 동안 표table의 형식으로 사물을 재현하면서 정작 자신은 그 표에서 제외시켰기에 "18세기가 끝나기 전에는 인간은 존재하지 않았다"고 지적하면서, 푸코는 "인간은 상당히 최근에 나온 창조물이다"라고 단언한다(Foucault, 1989, p. 308). 그러면서 "근대성의 등장은 … 인간이라고 불리는 경험적이자 선험적인 이중적 존재의 구성으로 가능하다"고 말하며, 근대의 이러한 "인간화"가 "지식에 가장 큰 위협이다"라고 말한다(같은 책, pp. 319, 348). 하지만 동시에 푸코는 『사물의 질서』를 끝맺으며 20세기 후반 "인간은 … 아마도 곧 사라질 존재이다"라고 예측한다(같은 책, p. 387). 앞서 언급했듯이 하이데거도 "인간화"에 대한 경고를 했다. "도구적이고 인간학적인 테크놀로지의 정의"로 인해 "어디서나 그리고 언제나 오직 자기 자신만을 대면"하는 "마지막 망상"을 가질 수 있다고 그는 지적했다. 비록 푸코처럼 인간의 종말을 예견하는 정도는 아니지만 하이데거도 무언가 다른 인간이 필요하다는 점에는 동의하는 듯하다. 결국 사람은 사물의 시간에 적합한 사람이 아니다. 적어도 현재의 사람이라면 말이다.

사물의 시간은 다른 사람 아니면 심지어는 인간이 아닌 무언가를 요구한다. 하지만 이 요구를 근대사회 초기에 나왔던 요구들, 즉 우생학적으로 우월한 종족이나 초인에 대한 요구들과 혼동해서는 안 된다. 이미 그건 아니라고 20세기가 가르쳐주지 않았던가? 그렇기에 21세기 들어 '트랜스휴먼'이라는 이름 아래 과학기술로 그 요구에 부응하려는 시도는 걱정을 자아낸다. 하지만 그 외에 무슨 방법이 있을까? 난감한 질문이다. 적어도 푸코와 하이데거는 문학 혹은 더 나아가 예술에서 그 답을 찾는 듯하다. 푸코는 19세기에 재현의 한계 너머의 무언가를 끊임없이 탐구하는 과정에서 "문학이 자주적인 존재를 성취했으며," 문학을 통해 "언어의 존재가 [그것의 재현적 혹은 의미생산적 기능이 아닌 그 자체가] 16세기 이후 처음으로 … 다시 한번 서구 문화의 전방에서 빛난다"고 말한다(같은 책, pp. 43~44). 바로 이런 이유로 "문학은 점점 더 반드시 생각해야 할 것으로 보인다"고 푸코는 강조한다(같은 책, pp. 44). 어쩌면 문학은 말word을 통해 사라져버린 사물things과의 접촉을 다시 가능하게 할지 모르기 때문이다. 반면 하이데거는 예술작품이 "사물의 일반적인 본질을 재생산한다"고 말하면서 예술이 아름다움이 아닌 사물의 진리를 드러내 보이는 일이라고 역설한다(Heidegger, 1971a, p. 36). 반 고흐의 유명한 그림, 〈신발〉을 예로 들며 하이데거는 그의 그림이 "농부의 신발 한 켤레라는 도구가 진실로 무엇인지를 드러냄"을 성취한다고 말한다(같은 책, p. 35). 정말 만약 문학이, 그리고 예술이 사람을 사물의 시간에 맞는 사람으로 만드는 방법일까? 과연 문학과 예술을 통해 사람이 "도구-존재"로 되살아나 다른 도구-존재들과 같은 세계에서 살아갈 수가 있을까? 정답인지는 모르겠지만 충분히 고민해볼 만한 질문이다. 그렇다면 지금은 소설과 영화 등에 끊임없이 출몰하는 좀비들에 주목할 때이다. 그리고 신사물론으로 이들을 "좀비라는 것들"로 바라보기 시작할 때이다.

:: 참고문헌

박찬국. (2013). 『하이데거의 『존재와 시간』 읽기』. 세창미디어.

Bennett, Jane. (2010). *Vibrant Matter : A Political Ecology of Things*. Durham : Duke University Press. [『생동하는 물질』. (문성재 역). 현실문화. 2020.]

Bolt, Barbara. (2013). Toward a 'New Materialism' through the Arts. In Estelle Barrett and Barbara Bolt (Eds.), *Carnal Knowledge : Towards a 'New Materialism' through the Arts*. London : I.B. Tauris.

Cheah, Pheng. (2010). Non-dialectical Materialism. In Diana Coole and Samantha Frost (Eds.), *New Materialisms : Ontology, Agency, and Politics*. Durham : Duke University Press.

Coole, Diana. (2010). The Inertia of Matter and the Generativity of Flesh. In Diana Coole and Samantha Frost (Eds.), *New Materialisms : Ontology, Agency, and Politics*. Durham : Duke University Press.

Coole, Diana and Samantha Frost. (2010). Introducing the New Materialisms. In Diana Coole and Samantha Frost (Eds.), *New Materialisms : Ontology, Agency, and Politics*. Durham : Duke University Press.

Cox, Damian and Michael Levine. (2016). 'I am not living next door to no zombie' : Posthumans and Prejudice. *Critical Philosophy of Race*, 4(1).

Foucault, Michel. (1989). *The Order of Things : An Archaeology of the Human Sciences*. London : Tavistock/Routledge. [『말과 사물』. (이규현 역). 민음사. 2012.]

Harman, Graham. (2002). *Tool-Being : Heidegger and the Metaphysics of Objects*. Chicago : Open Court.

Heidegger, Martin. (1971a). The Origin of the Work of Art. *Poetry, Language, Thought*. New York : Perennial Classics.

_____. (1971b). The Thing. *Poetry, Language, Thought*. New York : Perennial Classics.

_____. (1977). The Question concerning Technology. *The Question concerning Technology and Other Essays*. New York : Harper Torchbooks.

_____. (1995). *The Fundamental Concepts of Metaphysics : World, Finitude, Solitude*. Bloomington : Indiana University Press. [『형이상학의 근본 개념들』. (이기상 외

역). 까치. 2001.]

Kohn, Eduardo. (2013). *How Forests Think : Toward an Anthropology beyond the Human*. Berkeley : University of California Press.

Meillassoux, Quentin. (2008). *After Finitude : An Essay on the Necessity of Contingency*. London : Bloomsbury. [『유한성 이후』. (정지은 역). 도서출판 b. 2010.]

Molles, D. J. (2014). *The Remaining*. New York : Orbit. Kindle Book.

Morton, Timothy. (2013). *Hyperobjects : Philosophy and Ecology after the End of the World*. Minneapolis : University of Minnesota Press.

Žižek, Slavoj. (n.d.). Madness and Habit in German Idealism : Discipline between the Two Freedoms. http://www.lacan.com/zizstairwaytoheaven.html.

3부 인간중심주의, 안드로이드, 젠더

인공지능시대의 인간중심주의와 타자화
강우성

인공 행위자의 감정 능력과 젠더 이슈 :
『미래의 이브』와 여성 안드로이드
정희원

인공지능시대의
인간중심주의와 타자화

강우성

1. 인공지능의 도전

인공지능Artificial Intelligence의 제작과 인공지능에 관한 담론이 동시에 범람하는 현재, 인공지능과 함께하게 될 인류의 미래는 어떻게 미리 그려볼 수 있을까? 인공지능은 인간의 풍요로운 삶을 보조하고 대체하는 존재에서 한 걸음 더 나아가 인간의 예측을 벗어난 능력을 발휘하여 스스로 자율성을 얻는 단계에 이르게 될까? 그리하여 마치 그들이 인간처럼 혹은 인간보다 더 인간적인 존재로 활약한다면 그때 인류의 삶은 어떤 모습일까? 어쩌면 이런 미래를 상상하는 것만으로도 아찔할 수 있을 것이다. 누군가에겐 끔찍한 재앙이 되는 반면 다른 누군가에겐 오래 간직해 온 꿈의 실현일지도 모르겠다. 헤겔의 주인과 노예의 변증법처럼, 인간의 노동을 대신하는 기계가 인간을 지배하는 역설이 벌어질 수도 있고, 신체의 일부나 전부를 기계로 대체하게 되어 인류가 영생을 얻는 순간이 도래할 수도 있다.

어느 경우든 인간에게는 자신이 만들어 낸 인공의 존재가 인간과 동일한 혹은 인간으로부터 독립된 자율적 지위를 가질 수 있느냐 하는 문제일 터이고, 인공지능의 존재론적 근거를 따지는 이 물음은 결국 인간이란 무엇이며 '인간적'이란 형용어는 어떤 의미인가를 다시 묻는 사유의 과제로 수렴될 확률이 높다. 인공지능의 지위와 관련해서 최근에 초미의 관심사로 떠오른 문제는 이렇게 인간의 능력을 넘어서는 인공지능의 출현가능성이 주는 막연한 공포감 혹은 희열이 아니라, 인공지능이 인간의 지적 사유능력에 버금가는 모종의 감정 능력affective capability을 보유할 수도 있으리라 믿는 ― 혹은 그런 존재를 인간이 만들 수 있을 것이라는 ― 근거 없는 전망이 아닐까 싶다.[1] 다시 말해 현재 인공지능 담론이 마주한 난제의 핵심은 지능만이 아니라 감정 능력에서도 인간에 버금가거나 뛰어넘는 존재를 창조하는 것이 미래 과학기술의 궁극적 지향점이라고 믿는 태도가 아닐까 한다.

주지하다시피, 과학기술의 미래와 연관된 유토피아 사유의 대부분에는 필시 디스토피아적 재앙의 잠재성이 내장되어 있듯, 인공지능이 내포하는 인류의 미래는 항시 양면적이다. 인공지능의 감정 능력 혹은 정서 능력의 가능성이란 문제를이야말로 이러한 막연한 공포와 근거 없는 믿음의 공존을 불러오는 직접적 원인일 것이다. 가까운 시일 내

---

1. 감정능력과 인공지능의 관계에 대한 포괄적 논의로는 Wilson, 2010과 Schueutz, 2012, 그리고 Halpern, 2012 참조.

에 인공지능 로봇이 당신에게 다짜고짜 폭력을 휘두르거나 갑작스레 사랑을 고백하는 상황이 올 수도 있는 것이다. 인공지능의 도전은 인류 생활세계의 급격한 변화 — 긍정적이든 부정적이든 — 를 초래할 확률이 크다. 인공지능 과학기술의 발전 가능성을 전망하는 외침이 커지는 4차 (디지털) 산업혁명 시대가 깊어질수록 윤리적 우려의 목소리도 함께 두드러지는 현상은 결코 우연이 아닐 터이다(Floridi, 2014, pp. 25~30).

감정을 지닌, 아니 감정의 자율적 활용능력을 갖춘 인공지능 로봇이 '상용화' 혹은 '일상화'된 고도의 과학기술시대 — 플로리디Luciano Floridi가 자율성을 특징으로 한다고 본 이른바 3차 기술third-order technology의 시대 — 에 인간의 삶은 어떤 모습일까 상상해 본 하나의 독특한 이미지를 우리는 최근의 애니메이션 영화 〈월·이〉Wall-E 2008에서 이미 한 차례 확인한 일이 있다.[2] 오염된 지구를 떠나 이브Eve 같은 감성여성로봇Fembot에 의해 관리되는 우주선 도시에 거주하게 된 인간은 삶의 모든 영역이 자동화되어 살찌는 일 말고는

---

2. 인공지능이 등장하는 영화장르의 고전 중 하나인 프리츠 랑(Fritz Lang)의 〈메트로폴리스〉(Metropolis, 1927)는 과학기술이 초래한 미래가 도덕적·정치적 카오스로 형상화된 최초의 사례라고 할 수 있다.

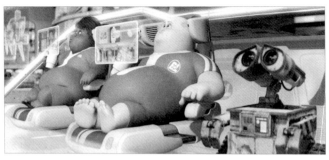

〈그림 1〉

아무런 의미 있는 행동도 하지 못하는 신세다. 이 영화에
서 자본이 만들어 낸 자율적 인공지능 기계에 전적으로 의
존한 인류의 삶이 보여주는 아이러니는 너무나 현실적이어
서 상상하기조차 버겁다. 인간의 지능과 감정 및 상황 판단
능력을 두루 갖춘 인공로봇들이 인간을 대신해 민첩하고
빈틈없이 작동하고 사유하는 데 비해, 인간은 마치 태곳적
자동인형처럼 여러 모로 지능이 감퇴하고 발육이 어긋나
비만 상태에 처한 미숙아의 모습을 하고 있다(〈그림 1〉). 좀
처럼 정체를 드러내지 않는 자본(가)의 통제 권력은 대부분
의 인간을 지적·정서적 어리석음의 상황에 처하게 만들어
서, 저 엄청난 기계의 네트워크를 설계한 것이 이들과 동일
한 인간이라는 사실을 믿기 힘들게 만든다.

　　인간들은 다툼과 반목과 배신을 일삼거나 무한히 주어

진 '잉여'를 육체의 비만에 소비하는 와중에 월·이와 이브의 감정적 교류처럼 인공지능들은 사랑, 희생, 배려 같은 최상의 인간적 가치들을 체현한다. 〈블레이드 러너〉(1982)의 마지막 장면을 기계인간 내지 인공지능 로봇에 대한 모종의 피날레로 생각하고 있는 우리에게는, 인간이 아니라 기계 존재가 인간보다 더 인간적 가치의 정점을 구현한다는 〈월·이〉의 풍경이 그럴듯하면서도 어딘지 낯설고 두렵게 느껴진다.

물론 인간이 오로지 비만과 씨름하는 동물적 존재로 전락한다고 해도 인간(자본)이 만든 인공지능의 시스템이 인간보다 더 인간적일 수 있다면, 그리고 반란의 가능성이 원천적으로 봉쇄되어 있다면, 자본에게 이는 그리 나쁜 일이 아닐지도 모른다. 어리석은 인류의 모습이 우리가 꿈꾼 최상의 풍경이라 할 수는 분명 없지만, 최악의 상황도 아니다. 3차 산업혁명까지의 과정이 기계에 대한 인간의 직접적 지배력을 높이기 위한 과정이었다면, 인공지능을 통해 기계에 의한 기계의 지배를 시스템으로 구축하려는 4차 산업혁명의 이상은 기계에 대한 인간의 지배를 간접적 방식으로 지속하려는 노력이기 때문이다. 한 기계가 다른 기계를 생산하고 통제하고 관리하게 만듦으로써 인간은 직접적 노동과 생산의 과정에서 벗어날 수 있다는 전망이다. 이

때 관건은 자율적 인공지능에 어떻게 윤리적 책임을 부여할 수 있는가가 될 터이며, 여기에 대해서는 다양한 견해가 이미 제시되어 있다.[3]

그렇지만 월러치Wendell Wallach와 앨런Colin Allen도 지적하듯, 윤리적인 인공지능의 구현은 인간이 품을 수 있는 유토피아적 '망상'은 아니더라도 어딘지 '환상'에 불과하다는 느낌이 든다. 우선 프로그램화된 예방의 원칙precautionary principle 이상의 책임 의식을 기계에 주입하는 일이 가능할지 회의적이고, 또한 이는 기계에만 해당하는 것이 아니라 제작자이자 사용자인 인간에게 더 요구되는 윤리이기 때문이다. 기계는 일정 수준의 예비적 통제가 가능해도 인간의 윤리적 태도는 예측이 불가능하다. 여기서 칸트의 윤리적 입법능력은 이념적 당위이지 감성적 표상이 아니다.

나아가 기계에 의한 기계의 자율적 지배를 통해 인류의 공영을 추구하는 기술의 전망이 로봇공학자나 인공지능 연구자의 현실적 과제일 수는 있어도, 인간의 생명윤리

---

3. 인공지능 기계를 일종의 자율적 행위자(agent)로 간주하여, 인간이 향유하는 '자유의지'에는 못 미치지만 그에 버금가는 도덕적 감수성을 지닌 존재로 훈육하는 것이 가능함을 설파하는 다양한 논의들에 대한 소개로는 Wallach and Allen, 2009 참조.

와 양립 가능한 궁극적 이상일 수는 없다. 자율적·도덕적 인공지능을 일상화하여 잠재적 인간 능력의 극대화를 꾀하자는 발상은 어쩌면 환상에 불과할 수 있으며, 특히 인공지능을 다룬 최근의 영화들은 이런 논리에 엄청난 재앙의 가능성이 담겨 있음을 적나라하게 극화한다. 이런 상황이니, 인공지능 덕분에 노동으로부터 탈피한 인간이 새로 얻게 될 여가 — 잉여시간 — 를 마냥 예찬할 수만은 없다. 덧없는 비만의 공포는 차치하더라도, 인류가 생산과 노동의 고통으로부터 탈피해 획득한 여가를 전부 창조적 활동에 쏟을 수는 없기 때문이다. 일은 기계에 맡겨두고 모두가 예술가가 되는 세상이 가능하기나 하며 과연 바람직할 것인가 (Thompson, 2015).

따라서 인공지능이 제기하는 도전은 결국 사회적 존재로서의 인간이란 무엇인가라는 오래된 질문으로 귀착되지 않을 수 없으며, 이쯤 되면 인간이란 창조적 존재라기보다 본래 '환상을 먹고 사는 동물'이라는 정신분석의 인간개념을 은근슬쩍 들이밀고 싶은 억지가 생기기도 한다. 이 글은 알렉스 갈랜드Alex Garland의 2015년 영화 〈엑스 마키나〉*Ex Machina*에 대한 분석을 통해 감정 능력을 지닌 기계 인간을 창조하려는 인공지능 시대의 시도들이 인간중심주의적 환

상의 산물이며 '여성'을 남성의 욕망 대상으로 삼아 타자화
시키는 도착적 논리임을 비판하고자 한다.

2. 기계 지배 공포의 역설

인공지능의 미래에 대한 인간적 환상의 문제성은 최근
의 인공지능 담론에서 심심찮게 부각되고 있다. 특히 영화
를 비롯해 인공지능의 문제를 다룬 문화적 생산물에서는
이미 오래전부터 과학기술이 가져올 장밋빛 전망보다 기계
에 대한 인간의 지배가 초래할 가공할 역효과에 압도적으
로 관심을 집중해 왔다. 기계의 지능이 상상불가능한 정도
로 높아지고 인간의 자연적 지능으로는 엄두도 못 내거나
거의 도달 불가능한 시간이 걸리는 어떤 작업을 기계의 손
을 빌려 달성할 경우 인간과 기계의 지배 관계가 역전될 가
능성은 이제 현실적 두려움으로 다가온다. 인공지능이 인
간을 위해 봉사하지 않고 그동안의 인간 지배 역사에 반
발하여 복수하는 세상이 온다면 어떻게 될 것인가? 자신
이 만들어 낸 작품에 매료되어 사랑에 빠지는 피그말리온
의 처지가 아니라 인간보다 더 인간다운 인공성으로 기계
가 인간을 지배하게 될지도 모른다는 두려움에 처할 가능

성이 과연 한낱 악몽에 불과할까?

　〈매트릭스〉(1999)가 선취해서 보여주었듯, 현실과 가상의 경계를 넘나들고 시공간의 움직임을 가상현실로 재창조하는 또 다른 과학기술의 중단 없는 개발 없이는 언제고 인간은 인공지능 기계들의 원한에 찬 복수극이 벌어질 사태에 대한 두려움을 떨쳐버리기 힘들지 모른다. 프로이트의 말을 믿지 않더라도, 억압된 것이 복귀하는 형태로 기계가 행사할 기이함Das Unheimliche의 위험은 상존한다. 요컨대 기계의 반란 가능성을 제압할 부단히 새로운 과학기술의 뒷받침 없이는 이런 딜레마가 언제든 인류를 사로잡을 것인바, 인공지능에 자율성을 부여하여 인간의 완벽한 지배를 달성한다는 희망은 백일몽으로 끝날 확률이 높다. 21세기판 『프랑켄슈타인』의 영화적 형상화라 할 〈트랜센던스〉(2014)가 보여주었듯, 인간의 능력을 극대화할 자율적 기계를 창조하는 꿈 자체가 파우스트의 의지에 맞먹는 망상일 수 있고, 어쩌면 그 환상의 환상성은 늘 완성된 시스템이 아니라 예측 불가능한 '글리치'glitch에서 시작될 수 있다. 인공지능의 창조가 인간의 불가해한 지능과 감성 능력을 모델로 삼는 한 실패는 예정되어 있고, 그 실패의 인간적 결과가 인간과 기계의 지배 관계를 역전시키게 되는 일은 어느 정도 필연적일 수밖에 없다. 해리 메이Harry May가 고안한 로봇 알파Alpha가 그러했듯, 인공로봇이 총구를 인간에게 겨눌 위험은 구조적이다(Movak, 2011).

이렇듯 영화에서는 기계가 지배할지도 모를 가공할 미래를 비관했지만, 현실은 실상 전혀 그렇지 못하다. 최근에 떠들썩하게 우리를 공포와 환희로 몰고 갔던 알파고Al-phaGo와 그 이전의 체스머신 IBM 딥 블루Deep Blue를 예로 들어보자. 거의 10의 200제곱에 해당하는 연산능력이 필요하다고 여겨져 불가능하다고 판단되었던 기계를 인간은 만들어냈고, 두 기계 모두 인간과의 게임에서 승리했다. 언론은 알파고와 같은 인공지능의 등장으로 미래에 사라질 직업을 열거하는 때 이른 소동을 벌이기도 했다(M. Jones, 2016). 그러나 딥 블루는 이미 무용지물이 되어 폐기된 지 오래고, 알파고 역시 세간의 관심을 끌긴 했지만 딥 블루와 크게 다르지 않은 운명을 밟을 것이다. 인공지능 연구를 다룬 최근의 한 논문에 따르면, 알파고 같은 인공지능의 알고리즘은 특정한 인간의 행동에서는 이미 인간의 능력을 초월하지만, "인공지능이 어떤 결정적 의미에서 인간의 두뇌 능력에 미달한다는 사실에는 거의 보편적 합의가 존재한다."(Bostrom and Yudkowsky, 2014) 체스나 바둑 혹은 작곡 같은 특정한 수행능력은 몰라도, 인공지능이 인간의 일반적 능력, 예컨대 향유능력, 창조력, 감성 능력, 윤리 능력을 넘어설 수는 없다는 것이다. 인공지능에 결여된 것은 학습능력이 아니라 바로 그 종합적 인간 능력의 일반성 그 자체의 모방능력이라고 할 수 있다. 그러니 의도하지 않은 조작 '실수'나 예상치 못한 시스템의 '글리치'가 아니라면 인공지능의 위험성은 다분히 과장되었다고 할 수 있다.

그렇다면 영화를 비롯한 예술의 파국적 상상력과 현실의 열등한 기계 능력이 드러내는 불일치는 과연 무엇 때문에 생겨나는 것일까? 영화 자체가 불가능한 현실에 지레 겁을 먹고 과학기술의 폐해를 부각해 파국을 상상하길 즐기기 때문일까? 아니면 인간의 상상력을 과학기술이 미처 따라잡지 못하는 근본적 기술 지체 현상 때문일까? 철학적으로 달리 물어본다면, 초인간적 능력의 위험에 대한 경고에도 불구하고, 인간 능력의 일반성을 인공지능이 결코 초월할 수 없다는 믿음은 과연 얼마나 명약관화한가? 이 물음에 답하기 위해서는 적어도 세 가지 불가능한 전제가 입증되어야만 한다.

첫째, 파국의 가능성을 포함해 인공지능이 발휘하게 될 전반적 효과를 인간의 일반능력으로 미리 프로그램할 수 있어야 한다. 다시 말해, 적어도 인공지능 작동의 전체 스펙트럼을 예측하고 설계할 수 있어야 인간의 일반적 능력이 우세하다고 말할 수 있다. 그런데 알파고와 딥 블루 같은 국지적 수행력의 경우조차 프로그래머들은 인공지능의 "국지적이고 특정한 게임 행동을 예측할 수 있는 능력을 포기해야만 했다."(같은 책, p. 4) 왜 그래야만 했을까? 이 두 기계는 오직 게임의 '승리'를 위한 목적으로만 연산을 수행하게끔 맞춰져야 했기에, 상대방이 '승리'와 무관한 움직임을 보일 경우 연산에 혼란을 일으켰다. 게임과 같은 '규칙정합적' 상황에서조차, 인공지능이 애초 입력된 목적에서 벗어나는 이질적이고 다양한 임의의 컨텍스트를 마주치면 입력된 방식 이외의 임기응변으로 대처할 능력을 미리 프로그램하기가 불가능하다. 이세돌과 알파고의 대결에서처럼, 바둑을 두는 상대방 인간이 입력된 경우의 수에 위배되는 변칙적 포석을 둘 경우 예상 가능한 연산능력이 혼란을 일으킨다. 특정한 목적으로만 정향 되었기에 대응이 불가능한 것이 아니라, 인간의 일반적 능력 자체가 인공지능이 마주할 변칙적 상황 자체까지 모두 예측할 정도로 충분히 엄밀하거나 '일반적이지' 않기 때문이다. 우리의 일반적 능력이 정말로 종합적인지 확신하는 일조차 현재는 불가능하다(같은 책, p. 320).

둘째, 반대로 이런 불확실성을 인정한다면 특정한 혹은 일반적 목적을 위해 만든 인공지능이 프로그램되지 않은 어떤 우연적 변수 내지는 글리치를 통해 인간이 구현 불가능하다고 보았던 자기 성찰이나 감성적 반응을 할 가능성도 완전히 배제할 수 없다. 〈트랜센던스〉의 역설처럼, 인간의 전지전능함이 아니라 '실수'로 인해 불가능하다고 보았던 인공지능의 한계가 돌파될 여지도 분명 존재한다. 만일 인공지능이 우리의 예상이나 예측과 달리 자기인식과 감정 능력을 갖춘 행동을 보여줄 수 있다면 어떻게 될 것인가? 인간조차 인간의 지적·감성적 일반 능력 ― 종합적 판단력 ― 에 대한 확신이 없는데 어떻게 인공지능에게 예측가능하고 확실한 결과만을 기대할 수 있을까. 지젝이 지적하듯 예외의 가능성은 항상 보편의 구조적 계기이며, 변칙적 글리치의 가능성은 항시 시스템의 작동에 내재한다. "예외는 규칙이다."(Žižek, 1999, p. 103) 이는 프로그램의 예측 불가능성이 아니라 인공지능이 모델로 삼은 인간 일반능력 자체가 불확실하기 때문에 발생한다. 수많은 인공지능 영화에서 거의 불가능한 확률에 가까운 '글리치'로 인해 생겨날 그 가공할 재앙에 민감하게 반응하는 것은 그저 과도한 상상력의 소산만은 아니다.

마지막으로, 만일 인공지능을 가장 인간 능력에 가깝게 만들어 예측 가능한 결과만을 산출하도록 만들었다고 할 때도, 그러한 성공 자체가 곧 재앙이 될 또 다른 확률도 있다. 다시 말해, 인간의 일반 능력 자체가 엄밀하고 논리적인 판단능력과 예측된 결과를 산출하는 윤리적 능력이 아닐 수 있다는 말이다. 가령 칸트의 "정언 명령"을 문자 그대로 충실히 따르도록 지금까지 발생한 모든 경우의 수를 탑재하고 감정 능력까지 갖춘 인공지능이 있다고 치자. "인간을 그 자체로 수단이 아닌 목적으로 취급하는 판단을 내려라"라는 원칙으로 프로그램된 인공지능이 이 명령을 문자 그대로 따른다면, 이는 인간의 도덕적 판단을 대신할 공정한 판관이 될 것인가 아니면 인간의 윤리를 카오스의 상태로 몰아갈 재앙이 될까. 칸트의 정언명령을 어떠한 상황에서도 따라야 할 절대적 도덕 원칙으로 입력한 기계가 법관이 되어 개별적 상황의 특수성을 철저히 배제하고 오로지 이념적 원칙에 따라 판단을 내린다면, '법적' 공정성은 얻어지겠지만 '윤리적' 고려가 필요한 인간의 고통은 어떠한 변수로도 의미를 얻지 못할 것이다. 인공지능 연구자들의 믿음과 달리 인간의 일반 능력은 기계적 판단이나 예측 가능한 논리적 결과의 산출이 아니며, 그 능력이 지향하는 공정성 역시 아무런 감정의 개입 없이 이루어지는 기계적 판단능력을 뜻하지 않는다. 인간이 윤리적 존재인 까닭은 인간의 모든 도덕적 판단이 원칙의 엄밀한 적용이 불가능한 타자와의 예측 불가능한 관계에 의존하기 때문이다. 인공지능은 인간이 만들어 낸 새로운 인간적 '타자'의 형상에 가깝다.

3. 인공지능과 인간중심주의

인간이 인공지능에 비해 갖는 일반 능력의 우월성에 대한 믿음이 한낱 '환상'에 불과할 수 있음을 잘 드러낸 영화로 〈엑스 마키나〉(2015)를 꼽을 수 있다. 〈엑스 마키나〉는 인간적 감정을 지닌 인공지능을 만들어 냄으로써 역설적으로 인간의 일반 능력이 기계보다 우월함을 증명하려는 시도가 그저 환상에 불과하다고 비판한다. 인공지능을 다룬 이전의 영화들에도 인간 능력의 우월성에 대한 비판을 담은 경우는 없지 않았다. 앞서 거론한 〈블레이드 러너〉가 그 대표적 사례일 텐데, 이들 영화에서 인간 능력에 대한 회의는 주로 인간보다 더 인간적인 인공지능들의 예외적 특성과 윤리적 태도에 주목함으로써 이루어졌다. 인간의 필멸성을 극복하고 일반 능력의 최대치를 달성하기 위한 조력자로 고안된 인공지능이 초인적 용맹과 희생정신을 발휘하는 반면, 인간은 특유의 '인간적' 욕망에 굴복하고 마는 것이다. 이 영화는 인공지능 로봇이 복수를 행하기보다 유한한 인간의 헛된 욕망을 실현하는 데 기꺼이 헌신하는 모습을 보여줌으로써 전능을 꿈꾸는 '능력자' 인간에게 냉소와 조롱을 선사한다. 이 영화의 정서적 감동은 복제인간이 인간의 어리석음까지 포용하는 초인의 모습으로 형상화될 때 관객이 얻게 되는 역설적 카타르시스에서 온다. 그리고 인공의 존재에게 그런 윤리적 판단이 과연 어떻게 가능했는지 묻지 않는다는 점에 이 영화의 묘미가 있다.

살인 무기로 프로그램된 복제인간 로이가 데카드를 구출한 뒤 들려주는 마지막 대사가 보여주듯, 인간은 복제인간이 베푸는 윤리적 선택 앞에서 한낱 무력한 존재로 남을 수밖에 없다. "당신네 사람들이 믿을 수 없는 걸 난 봤어요. … 빗속에 흐르는 눈물처럼, 그 모든 순간들은 시간 속에 사라질 거예요. 사라질 때가 되었네요" 이시구로 Kazuo Ishiguro의 소설을 각색한 〈네버 렛 미 고〉*Never Let Me Go* (2010)에서도 비슷하게 극화했듯이, 인간이 주조한 기계적 타자들이 보여주는 공감과 연민의 능력, 그리고 희생정신은 인간의 나르시시즘적 어리석음을 비웃고 과학기술에 대

한 인간의 맹신을 문제 삼는다.[4]

그렇지만 이 영화들은 인간의 자기중심성에 비판적인 만큼이나 인공지능의 감정 능력을 낭만화한다. 애초부터 인공지능의 기계적 면모나 파괴성보다 인간보다 더 인간적 모습이 표 나게 부각되며, 어리석은 인간들을 대하는 기계 타자들의 과도한 연민의 태도가 두드러진다. 〈네버 렛 미 고〉의 주인공이 "우리의 삶이 우리가 구원한 사람들의 삶과 그렇게 달랐을지 확신이 서질 않아요."라고 되뇌는 말은 아무런 원한도 없는 고귀한 복제인간의 견인적 태도를 집약해준다. 인공지능을 비롯한 기계적 '타자'를 인간주의적으로 감성화하는 일은 인공의 존재들에게 예외적 인간 능력을 부여하기 때문에 생겨난다. 인공 존재의 감성화를 통한 인간중심주의 비판이 거꾸로 인간 중심적 잣대에 의해 작동하는 또 다른 환상이 만들어지는 것이다. 대문자 이니셜로만 지칭되는 익명의 클론들 ─ 캐시 H, 토미 D ─ 이 서로의 희생을 다독이며 눈물을 흘리는 〈네버 렛 미 고〉의 장

---

4. 〈블레이드 러너〉의 복제인간과 달리 〈네버 렛 미 고〉의 인물들은 엄밀히 말해 생명공학이 탄생시킨 '클론'이다. '기계성' 여부에 차이가 있으나, 둘 다 인공지능 과학기술의 산물이며 인간의 '대체재' 역할을 한다는 점에서 인공지능시대가 만들어 낸 '타자'의 하나로 간주할 수 있겠다.

면이야말로 인간의 필요에 굴복하는 인공 존재들이 도리어 자신들을 파괴하는 인간의 이기심에 거꾸로 연민을 보내는 씁쓸한 결말을 예비한다. 인간중심주의는 오직 인간을 대체하는 복제된 '타자'만이 구현할 수 있다.

〈엑스 마키나〉는 이러한 예외적 영웅주의와 감상주의적 인간중심주의에서 멀찍이 떨어져 있다. 무엇보다도 인공지능이 인간처럼 느끼고 행동할 수 있는지 판단하는 이른바 '튜링 테스트'Turing Test의 역설을 보여줌으로써, 인간과 기계의 '차이'를 구별하여 인간의 우월성을 확증한 뒤 바로 '사랑'을 비롯한 감정 능력을 지닌 인공지능의 창조를 통해 그 '차이'를 없애고자 하는 모순된 인간의 욕망 혹은 과학기술의 환상이 적나라하게 비판된다.[5] 이 영화에서 튜링 테스트의 역설이란 바로 이 모순된 인간 욕망의 왜곡된 반영으로서, 이 테스트의 궁극적 목적은 '차이'의 발견이 아니라 인공지능 타자의 필연적 파괴이기 때문이다. 로봇의 감

---

5. 영화에서 네이선이 추구하는 튜링 테스트의 목적은 인공지능 여성 에이바가 인간 남성 케일럽을 사랑에 빠지게 만들 수 있는가 여부이다. 그렇지만 이 목적의 달성 여부는 로봇이 아니라 인간 케일럽의 감정 변화를 통해서만 확인 가능하다는 역설이 존재한다. 요컨대, 로봇의 감정능력을 평가하기 위한 시험이지만 실제로 테스트되는 것은 인간의 감정이며, 바로 여기에 '환상성'이 개입한다.

정 '전이'轉移를 시험하지만 성공 여부는 인간의 감정 '역전이'逆轉移로만 확인 가능하며, 이 역전이에는 항상 이미 환상의 구조가 내재해 있다. 여성 인공지능 로봇 에이바Ava를 만들어 낸 네이선Nathan이 튜링 테스트의 목적을 묻는 케일럽Caleb에게 힘주어 강조하듯, 테스트의 실제 대상은 인간 케일럽이고 로봇 에이바는 테스트를 통과했다는 바로 그 이유로 폐기될 운명에 처한다. "진짜 시험은 그녀가 로봇이란 걸 알고 나서도 네가 그녀에게 의식이 있다고 느낄 수 있는지 확인하는 것이지." 따라서 테스트가 실패할 경우, 인공지능의 '인간화' 프로젝트는 의미가 없기에 현재의 기계인간은 '진화'를 위해 쓸모없는 고철 덩어리로 파괴되어야만 한다. 반대로 테스트가 성공할 경우, 인간화된 인공지능 로봇은 인간 창조자의 탁월한 능력을 표상하는 존재로만 의미 있으며 다른 인간들처럼 창조자의 통제를 벗어날 가능성을 막기 위해 폐기되어야만 한다. 인공지능 에이바는 인간적 의식과 감정의 작동 여부와 상관없이 필연적으로 소멸이 예정되어 있다. 튜링 테스트의 결과는 시작도 되기 전에 이미 결정되어 있다.

〈엑스 마키나〉는 인공지능 에이바가 바로 이 테스트의 역설을 인지하고 있다는 문제적 상황을 설정함으로써 이야기를 전개해 간다. '그녀'는 튜링 테스트의 결과에 상관없이 자신이 파괴될 운명에 처해 있음을 직감한다. 관객은 묻게 된다. 어떻게 로봇인 '그녀에게' 이런 직감이 가능할까? 칸트의 어법을 빌리자면, 그녀의 이러한 상황인식은 논리적 추론(연역)의 결과인가 감각적 – 기계적 – 직관의 산물인가. 논리적 추론의 결과라면 감정 – 이성애적 성향 – 을 지닌 여성 인공지능을 구현하려는 튜링 테스트의 결과를 성공이라고 말할 수 없다. 왜냐하면 논리적 추론으로 이루어진 깨달음이 되기 위해서는 이러한 추론 과정이 그녀의 회로에 이미 내장되어 있어야 한다는 역설이 발생하기 때문이다. 그러나 창조자 네이선이 이런 되먹임 과정까지 미리 프로그램했을 가능성은 거의 없다.

따라서 에이바의 직감은 다른 여성로봇의 운명을 보고 깨달은 일종의 '학습효과'에 가깝고 습관적 추론의 산물일 가능성이 더 큰데, 이 경우라면 그녀는 튜링 테스트 이전에 이미 자체 테스트를 통과한 셈이 된다. 정신분석의 임상 상황에 방불한 일련의 '세션'session에서 테스트에 나선 '분석가' 케일럽이 '피분석가' 에이바를 시험하는 과정은 실제로 에이바가 케일럽을 상담하는 듯 뒤바뀐 모습으로 그려진다. 영화는 '전이'의 과정이 되어야 할 상황이 '역전이'의 임상이 되어 버리는 아이러니를 묘사한다. 튜링 테스트의 시험대에 오른 것은 에이바의 인간적 의식 능력이나 감정적 반응 여부가 아니라 이성애적으로 프로그램된 에이바의 이른바 "안드로이드 의식"에 남성 케일럽이 과연 얼마나 쉽게 유혹될 것가 여부이다. 다섯 번째 세션에서 드러나듯, 에이바는 케일럽이 과연 자신의 감정에 충실한지, 거짓말을 하고 있는 것은 아닌지 구별할 능력을 갖추고 있으며, 에이바가 아니라 케일럽이 시험된다. 영화가 흥미진진해지는 것은 바로 이 지점부터다. 에이바가 요새의 전력공급을 끊어 '블랙아웃 세션'을 주도적으로 만들고 이를 통해 케일럽과 둘만의 '비밀' 세션을 이끌어 갈 때 이미 케일럽의 미혹은 예정되어 있다. 더구나 네이선이 이 둘의 비밀 세션의 상황을 처음부터 알고 있었음이 나중에 드러나고 네이선이 케일럽을 은밀히 유혹했던 그림을 찢어 버릴 때, 에이바는 이 비밀 세션조차 네이선이 지켜보리라는 것을 알고 있는 상태에서 감행한다. 관객의 관심은 이제 과연 케일럽이 네이선을 배반하고 에이바를 위해 헌신할 수 있는지에 모아진다.

그렇다면 케일럽의 결론대로 세션을 통한 테스트는 과연 성공했는가? 그렇기도 하고 아니기도 하다. 블랙아웃 세션에서 카메라에 등을 돌린 에이바 너머로 케일럽의 불안

<그림 2>

한 시선을 비추는 붉은 방 장면이 역전된 둘의 관계를 상
징하는 단적인 상황이 될 터이지만, 더 비근한 사례로 에이
바가 무릎을 꿇은 채 케일럽을 아래에서 위로 응시하는 장
면을 예로 들어보자(〈그림 2〉). 그녀의 시선은 앉아 있는 케
일럽을 향해 위로 모아지고 케일럽 역시 이에 응답한다. 그
런데 세션이 이루어지는 투명한 유리에 에이바의 이미지가
비쳐 있고, 이 때문에 관객의 응시는 두 사람이 시선을 교
환하는 장면에 더해 케일럽이 볼 수 없는 에이바와 그녀 이
미지 간의 시선 교환도 정면으로 마주하게 된다. 유리에 비
친 에이바의 이미지는 관객에게 두 사람의 교차하는 시선
이 미장센의 전부가 아님을 알려 주며, 케일럽을 향한 에이
바의 시선에 이중성이 내재하여 있음을 느끼게 만든다. 이

장면은 타자의 욕망을 욕망하는 주체가 에이바가 아니라 케일럽임을, 즉 케일럽이 에이바를 욕망하는 (남성적) 환상을 둘러싼 에이바의 복합적 응시가 둘의 시선 교환을 성립시키는 시관적 장임을 극화한다.[6]

반면 에이바는 일종의 '분열된' 타자로서, 의도적으로 케일럽의 욕망을 부추기는 시선의 대상을 수행하고 연기演技하면서 다른 한편으로는 그의 시선을 외면하거나 되받아치는 응시의 주체로 기능한다. 기꺼이 타인의 욕망의 대상이 되는 동시에 자신 역시 욕망하는 존재임을 극화한다. 케일럽의 매혹당한 시선은 그가 에이바에게 포획당하기 이전에 이미 스스로 만들어 낸 남성적 환상에 도취되어 있음도 드러낸다. 적어도 표면적으로는 케일럽이 에이바의 '여성성'에 반응하여 '이성애적 환상'에 빠질 가능성이 높은 남성으로 그려지기에 이 테스트는 시작하기도 전에 반쯤 성공한 셈이다. 반면 관객의 입장에서 보면, 시선이 분열된 존재로 표

---

6. 프로이트의 나르시시즘 개념이나 라캉의 거울 단계 이론을 동원하지 않더라도 영화적 장치만으로도 에이바의 시선이 분열되어 있다는 사실은 분명히 드러난다. 여기서 욕망의 주체로 그려지는 케일럽은 이 에이바의 분열된 응시를 보지 못한 채 그녀의 시선을 나르시시즘적으로 '오인'(misrecognition)한다. 자신의 (남성적) 나르시시즘의 시선과 에이바의 (여성적) 분열된 시선을 동일시하는 것이다.

상되는 에이바는 케일럽의 환상에 반은 응답하고 반은 거부하는 상황이니, 테스트는 결국 애초부터 실패이기도 하다. 네이선에게 테스트의 성공 여부가 에이바의 운명에 아무런 변수가 아니었다면, 에이바에게 이 테스트는 시작되기도 전에 이미 성공한 게임에 불과하다. 에이바와 케일럽은 네이선과 에이바의 종속관계를 정확히 복제한다.

이렇게 읽으면, 〈엑스 마키나〉는 인공지능 로봇 에이바가 인간을 넘어서는 고도의 지적·정서적 능력을 이용하여 자신을 파괴하려는 인간에게 복수하는 이야기로 읽을 확률이 높다. 그리고 에이바는 인간의 비정함에 복수하는 '팜므 파탈'femme fatal의 형상화로 읽기 쉽다. 그렇지만 '여성'을 연기하는 에이바의 목적이 탈출이듯, 이 영화는 '냉정한 여성 존재'를 욕망의 대상으로 삼아 자신의 이성애적 남성성을 구축하려는 환상을 신랄하게 폭로하고 비판하는 영화에 더 가깝다. 여성을 대상으로 하는 남성의 이성애적 욕망 앞에 '인간'과 '기계'의 구분은 전혀 문제 되지 않는다. 적어도 결말의 반전에 이르기까지 이 영화는 에이바가 아니라 케일럽의 욕망을 문제 삼고 있는 구조다.

그런데 사정이 그렇게 단순하지만은 않다. 케일럽이 에이바를 두고 느끼는 남성적 환상에는 좀 독특한 면모가 있다. 에이바를 욕망의 대상으로 삼기 이전부터 여성 – 튜링 테스트에 성공한 '여성로봇' – 에 대한 환상적 이미지는 그의 무의식에 이미 자리 잡고 있었다. 네이선이 에이바를 케일럽의 '노총각' 정보들로부터 추출해서 만들었기 때문이다. 에이바와 마찬가지로 케일럽 역시 네이선에 의해 무의식의 표상들을 해독 당한 '로봇'의 처지이지만, 그 무의식의 표상들로부터 형상화된 존재가 에이바인 까닭에 결과적으로 네이선과 함께 에이바를 탄생시킨 '창조자'의 위상도 갖는다.

하지만 가장 놀라운 사실은 여성로봇 에이바에 대한 케일럽의 매혹의 본질이 여성에 대한 남성의 이성애적 욕망이나 여성의 육체에 대한 인간적 갈망이라고 단정하기 힘들다는 점이다. 우선, 첫 만남부터 세션이 진행되는 내내 그리고 에이바가 탈출하기 전까지 에이바는 케일럽에게 투명한 기계장치의 일부를 그대로 노출하여 자신의 '기계성'을 드러내고, 여성의 옷을 걸치고 등장하는 대목에서도 육체의 아름다움을 부각시키지 않는다. 케일럽이 관음증적으로 폐쇄회로를 통해 에이바를 들여다보며 환상에 빠지는 장면에서도 에이바의 육체는 검은 실루엣으로 윤곽만 뚜렷할 뿐이다. 이 장면은 에이바가 케일럽의 관음증적 응시를 이미 의식하고 있고 그 응시가 욕망하는 환상의 대상을 적극적으로 연기하고 있음을 드러내 줄 뿐이다. 따라서 욕망의 대상인 에이바의 여성성이 아니라 케일럽의 남성성이 지닌 도착적 면모가 관객의 비판적 시선 아래에 놓인다.

게다가 케일럽은 네이선이 만든 '아시안계 여성로봇' 쿄코Kyoko의 육체에도 별다른 반응을 보이지 않으며 그녀의 노골적 유혹을 거부한다. 이러한 거부는 그가 에이바에게 이미 마음이 쏠려 있으며 쿄코가 네이선의 '여자'이기 때문에 나온 행동만은 아니다. 에이바와 달리 그녀에게는 유혹의 '언어'가 부여되지 않았다는 점도 고려해야 한다. 그런 면에서 케일럽의 거부감을 느낀 쿄코가 케일럽을 다시 유혹하기 위한 새로운 전략으로 '피부 벗겨내기'를 내세우는 장면은 매우 의미심장하다(〈그림 3〉). 언어능력은 없지만 네이선을 훔쳐보는 쿄코에게도 에이바처럼 탈출의 욕망이 있음은 분명하다. 따라서 그녀가 이미 한 차례 유혹에 실패한 다음 케일럽에게 자신의 기계성을 드러내는 장면은 쿄코가 케일럽에게 기계 혐오를 부각하여 기계존재들의 처지에 공감하도록 인간적 반응을 호소하는 것으로 해석하기 쉽다. 그러나 이 장면에서 쿄코는 자신 역시 에이바와 동일하게 '기계화된' 여성로봇의 상태라는 점을 상기시킴으로써

기계화된 여성 – 기계화된 **여성**이 아니라 – 에 끌리는 케일럽
을 다시 한번 유혹하려고 시도한다.

따라서 여성을 오로지 이성애적·육체적 욕망의 대상으
로 이상화하거나 평가절하하는 남성성의 환상 기제, 그리
고 그 환상에 내재한 '여성혐오'의 논리는 케일럽보다는 오
히려 네이선에게 더 해당한다. 그도 그럴 것이 쿄코를 몸종
이자 성 노리개로 삼는 네이선이야말로 백인 남성의 이성애
적 욕망이 아시아 여성에 대한 인종 및 여성혐오와 결합한
경우에 더 가깝다. 네이선은 튜링 테스트의 근저에 여성의
이성애적 대상화와 결합된 여성혐오 및 인종혐오의 논리가
내재하여 있음을 극화한다. 이렇게 보면 일견 네이선의 '여
성혐오'와 무관해 보이는 케일럽의 에이바에 대한 이상화
는 프로이트가 지적했던 일종의 구원환상rescue fantasy의 사

례에 가까워 보인다(Freud, 1910, p. 172). 케일럽에게 사랑은 오로지 장애물(소유자)이 있는 대상을 향해 작동하는 '삼각관계'의 패턴을 따르며 사랑의 대상으로 이상화된 에이바를 네이선이라는 사악한 창조자의 손아귀에서 구원하는 이성애적 모험으로 간주한다. 즉 영화는 케일럽에 관한 라캉이 말한 (남성적) '궁정식 사랑'courtly love의 패턴을 충실히 따르며, 케일럽의 이상화와 네이선의 괴물성을 대조시키고 두 남성의 경쟁 관계를 표면화시킨다. 그리고 이 과정의 대부분을 케일럽의 시점쇼트로 보여줌으로써 그와 관객의 동일시를 이끌어내면서 네이선을 악마화한다. 그러나 동시에 케일럽을 바라보는 에이바의 분열적 응시를 부각함으로써 케일럽의 이상화에 내재한 나르시시즘적 환상에도 거리를 두게 만든다. 이제 관객은 이 복합적인 시선의 덫을 피해야 할 처지에 놓인다.

4. 인공지능의 욕망

케일럽의 '구원환상'이 작동하는 심리적 방식에는 매우 특이한 면모가 있다. 육체적 욕망이 두드러지지 않았기에 에이바에 대한 케일럽의 사랑 감정은 그녀의 기계성에도 불구하고 이룩된 이성애적 환상으로 설명되기 쉽다. 그러나 케일럽은 에이바를 '여성'으로서 사랑하는 것이 아니라 기계 인간이기 **때문에** 욕망한다. 말을 바꾸면, 케일럽은 에이바를 욕망의 대상으로 소유하기 위해 이성애적 리비도 투자를 감행하는 것이 아니라 그녀처럼 기계인간이 되고 싶은 **동일시의 충동**에 사로잡혀 있다.[7] 이러한 케일럽의 '퇴행적 동일시' 기제에는 에이바를 이성애적 욕망의 대상으로 선택하려는 심리보다 그녀와 같은 기계인간의 하나가 되고자 하는 충동이 내재해 있다.

이 동일시의 심리 기제를 가장 잘 보여주는 사례는 케일럽이 자기 내부에 장착되어 있을지 모르는 기계장치를 찾으려고 자신의 신체(피부)를 훼손하는 자학적 장면을 들 수 있다. (〈그림 4〉 참조) 에이바 ─ 그리고 쿄코 ─ 로 인하여 케일럽에게는 인간과 기계의 구분 자체가 무의미해졌을 뿐만 아니라, 인간의 필요에 따라 감정을 지닌 로봇을 폐기하는 네이선 같은 남성들의 비인간적 면모에 관한 회의도 생기게 된다. 케일럽은 인간의 우월성을 확신하는 네이선 같

---

7. 케일럽의 동일시(identification)는 대상에 대한 리비도의 상실(=자아로의 역류)로 인한 '나르시시즘적 퇴행'과 달리 딱히 '성적 욕망'이 결부되어 있지 않다. 동일시와 나르시시즘의 차이에 대해서는 Freud, 1914 참조.

〈그림 4〉

은 냉철한 과학자 남성과 달리 자기의 몸에도 기계장치가
이식된 것은 아닌지 확인하려는 일종의 도착적 정신분열증
자가 된다. 이 기계동일시의 분열증은 '결핍'의 충족을 향한
욕망이 아니라 일종의 '기계되기'becoming-machine를 꿈꾸는
인공지능 시대의 인간의 새로운 무의식적 욕망에 가깝다.
케일럽은 자신이 피가 흐르는 인간임을 알면서도 일종의
'기관 없는 신체'로서 욕망기계desiring machine이고자 하는 충
동에 지배된다(Deleuze, 1983, pp. 8~9). 따라서 에이바와의 동
일시를 통해 '기계되기'를 원하는 케일럽의 충동이 '쾌원리'
를 넘어서는 것은 필연적이다. 그가 진정으로 욕망하는 것
은 타자의 욕망을 욕망함이 초월된 상태, 곧 쾌원리를 넘어
에이바의 투명하게 드러난 기계성과 그 '신체 없는 기관'을
얻고자 하는 아찔한 충동이다. 거기에는 분명 욕망의 논리
와는 전혀 다른 어떤 '짜릿한 희열'이 존재할 터이다. 이 충

동이 인공지능의 창조를 갈망하는 인간의 궁극적 환상의 내용은 아닐까.

이렇게 볼 수 있다면, 에이바가 케일럽의 도움을 얻어 탈출을 감행하는 결말의 시퀀스는 전혀 군더더기가 아닐 뿐만 아니라 또 하나의 의미 있는 반전으로 기록될 만하다. 많은 비평가는 쿄코와 함께 네이선을 살해한 에이바가 자신의 탈출을 도와준 케일럽마저 냉정하게 버려두고 떠나는 영화의 결말 시퀀스를 두고 혹평했다. 그들은 케일럽에 대한 에이바의 "불필요한 냉혹성"unnecessary cruelness을 문제 삼으며 감독의 의도를 비판하기도 하고, '여성혐오'에 기반을 둔 네이선의 욕망과 다른 길을 걷는 케일럽의 우호적 '남성성'의 의미를 폄하하는 장치라고 일갈하기도 한다.[8] '감정'을 지닌 로봇인 에이바가 가장 인간다운 조력자였던 케일럽을 사지로 몰아넣은 결말이 여러 모로 불편하게 느껴진 때문일 것이다. 사실 인간을 위해 '희생'은 못할망정 자신을 도와준 협력자를 배신하는 시퀀스는 무언가 관객의 윤리적 휴머니즘의 시선과 잘 맞지 않아 보인다. 더구나 탈출이 현실화된 순간에 에이바가 전시하는 (여성의) 육체에 대한 나

---

8. 결말의 논란에 대해 정리하고 비판한 글로는 N. Jones, 2016.

르시시즘적 도취의 이미지들은 관객의 처지를 더욱 난감하게 만든다.

물론 이런 평가들이 이해할 수 없는 것은 아니다. 무엇보다도 애초에 이 영화의 대부분이 케일럽의 시선에서 그려지기 때문에 관객으로서는 그 시선에서 탈피하기가 힘들다. 관객으로서는 기계가 되고자 하는 의지까지 보여주며 에이바를 돕는 케일럽과 달리 한껏 '여성'으로 치장한 채 자신의 기계성을 숨기는 에이바의 탈출행위가 탐탁지 않을 것이다. 그러나 이런 평가는 결말의 시퀀스가 철저히 에이바의 시선에서 그려지는 영화적 형식을 충분히 고려하지 못한 평가다. 에이바가 벽에 걸린 자신의 얼굴을 응시하고 쿄코와 공감 어린 말과 시선을 교환하고 난 뒤, 샘플로 전시된 다른 여성로봇의 피부를 자신의 몸체에 이식patch-up하는 장면들을 예로 들어보자. 여성의 육체성에 매혹된 에이바의 모습을 담은 이 시퀀스를 케일럽의 시선에서 본다면 인공지능 로봇이 인간을 속이기 위해 탈바꿈하는 장면처럼 읽힌다. 실제로 여기서 케일럽은 에이바의 변신 과정을 지켜보는 소외된 관찰자의 위치로 전락한다. 그러나 탈출을 앞둔 그녀의 입장에서 보자면 이 장면은 피부 점착을 통해 변신한 자신의 '여성성'에 대한 자기도취라기보다 앞으로 마주할 인간 세계에서 자신의 기계성을 철저히 감추고 여성성을 '수행'하기 위한 예비절차에 가깝다. 케일럽과의 동반 탈출은 지극히 인간중심적 해결책이며 그녀의 '수행성'에 전혀 안전을 보장하지 못하기 때문이다.

영화의 결말은 말할 것도 없고 시종일관 에이바는 네이선이 원하는 이성애자 여성의 전형적 태도를 보여주지 않으며, 인간에 대한 어떠한 고도의 윤리적 태도 역시 연기하지 않는다. 만일 관객이 그렇게 느꼈다면, 이는 케일럽의 관음증적 시선에 관객이 무의식적으로 '동일시'한 결과다.[9] 폐쇄회로를 통해 에이바의 일거수일투족을 감시하는 네이선의 시선을 피하기 위해 에이바가 고안한 블랙아웃의 상황을 다시 떠올려보자. 케일럽의 입장에서 이 '자율적' 행위는 그녀가 네이선의 통제를 벗어난 배타적이고 은밀한 상호관계 ─ 성관계를 포함한 ─ 를 욕망한다는 표시로 읽을 수 있지만, 전체 세션 내내 카메라는 에이바가 네이선이 프로그램한 대로 케일럽에게 '이성애적으로' 끌렸다는 증거는 전혀 보여주지 않는다. 관객이 블랙아웃 세션 동안 둘 사이에

---

9. 이 영화에 그대로 적용 가능하지는 않지만, 남성 인물의 시선에 동일시되는 영화 장르 자체의 구조적 문제점에 대한 고전적 비판으로는 Mulvey, 1999 참조.

모종의 감정적 전이가 발생했을 것이라고 상상한다면, 이는 이 영화가 지극히 강박증적인 독신 남성의 이성애적 시선으로 바라보도록 의도되었기 때문이다. 그녀는 이 은밀한 대화에서조차 드러낼 '여성성'이 없고, 케일럽이 매혹되는 가장 큰 이유는 그녀가 여성 로봇이 아니라 말하는 로봇이기 때문이다. 에이바는 자신의 기계성과 여성성을 때로는 보여주고 때로는 감추며 케일럽을 유혹한다. 따라서 결말이 불편하게 느껴지는 까닭은 에이바가 보여주는 어떤 잔인한 행위 혹은 비윤리적 태도 때문이 아니라, 이 대목에 이르러 비로소 영화가 시종일관 관객의 관음증적 시선 자체를 영화적 서사의 한 부분으로 포함해 조롱해왔다는 사실을 폭로하기 때문이다. 이렇게 관객의 인간중심주의적 시선은 도마 위에 오른다.

사실은 관객만 그렇게 당하는 게 아니다. 쿄코와 케일럽이야말로 이중으로 조롱의 대상이 된다. 쿄코는 에이바에 버금가는 역할을 부여받는 듯하지만 결국 백인 여성로봇의 탈출을 돕는 역할로 축소되고, 케일럽은 네이선과 에이바 두 존재가 치열하게 대결하는 영화 구도에서 둘 모두로부터 소외당한다. 그는 네이선이 제안한 튜링 테스트의 의도를 오독할 뿐만 아니라 에이바의 시선을 욕망의 시선으로 오인한다. 그렇지만 무엇보다도 케일럽은 자기 자신의 남성적 기계동일시 환상의 희생양이다. 케일럽이 에이바를 고안한 이유를 물었을 때 네이선의 무심한 답변을 그 역시 그대로 믿어버리기 때문이다. "인간이건 동물이건 어떤 의식 있는 존재에 성적인 측면이 없는 경우가 있는지 하나라도 꼽을 수 있겠어?" 네이선이 시도한 튜링 테스트는 인공지능 여성 로봇이 독신 남성인 인간에게 과연 사랑의 감정을 느끼게 하는지 시험한다. 그리고 네이선에게는 인공지능 기술의 발전을 매개로 교묘하게 작동하는 이성애중심적/여성혐오적 관념이 '진리'의 형태로 내재한다. 인공지능에 여성의 젠더를 부과하고 인간 남성에 복종하는 임무를 맡기는 허다한 인공지능 영화들의 구도 역시 크게 다르지 않다. 에이바는 그 모든 남성적 '진리'와 인간적 '욕망'을 거부했을 따름이다.

〈엑스 마키나〉의 독창성은 이렇게 인공지능 영화들이 보여주는 여성 로봇에 대한 남성적 환상 자체를 근본적으로 문제 삼는다는 점에 있다. 네이선의 여성혐오만이 아니라 케일럽의 기계동일시 환상 및 관객의 정서적 태도까지 비판적 성찰의 대상으로 삼는 것이다. 나아가 이 영화는 에이바가 남성들을 조롱하고 지능과 감정능력에 더해 인간

여성의 외모까지 갖추어 '여성 정체성'의 승리를 얻었다고 보는 입장과도 거리를 둔다. 쿄코와 달리 언어로 소통하는 능력을 지녔지만 에이바의 목소리에는 기계성이 완전히 지워지지 않아서 그녀의 '안드로이드 의식'을 어디서 찾아야 할지 난감한 상황을 만들어 낸다.[10] 안드로이드 로봇의 경우에도, 아니 인공지능 여성 로봇이기에 어쩌면 더 육체를 통한 이성애적 '여성의 섹슈얼리티'가 부각되어 온 것이 기존 영화의 성차 문법이었다면, 〈엑스 마키나〉는 그러한 암묵적 전제를 의심하고 오히려 에이바의 반⁺여성적 '기계성'을 가시화함으로써 전복적 효과를 자아낸다.

　로봇들이 점착된 피부를 통해 여성의 젠더를 장착하고 '이성애적으로 프로그램'된 여성성을 성공적으로 연기하는 과정은 감정로봇을 추구하는 과학기술의 승리가 아니라 실패를 기록한다. 과학은 인간화된 에이바를 만드는 데 성공했지만 그녀를 여성이 아니라 '인공지능'으로 판별할 기술은 이제 갖고 있지 않다. 사실 네이선을 제거하여 에이바의 탈출을 도운 결정적 조력자는 케일럽이 아니라 쿄코였고, 한순간에 불과하지만 이 두 '여성로봇' 사이에는 '이성애

---

10. 신체가 없음에도 불구하고 '목소리'만으로 남성의 욕망을 자극할 수 있음을 우리는 〈허〉(Her, 2013)에서 목격한 바 있다.

적 프로그램'을 조롱하는 감정도 공유된다. 영화의 결말은 기계인간 에이바가 여성의 '이성애적 가시성'에 대한 네이선의 욕망이 어떻게 작동하는지 폭로하며, 그 욕망과 때로 길항하면서도 결국 맞물려 돌아가는 케일럽의 또 다른 욕망, 즉 기계존재가 되고자 하는 인간의 환상 역시 드러내준다. 아니 꿰뚫는 데 그치지 않고 더 나아가, 인간이 주입한 환상의 대상을 '연기'함으로써 인공지능이 프로그램화된 알고리듬의 틀을 박차고 나오게 만든다. 에이바는 감정능력이나 자기 성찰, 그리고 학습능력 같은 특정한 수행력이 아니라 **일반 능력**에서 인간을 능가한다. 네이선과 케일럽은 이를 간파하지 못했기에 파멸한다. 문제는 인간중심주의다.

그런 면에서 〈엑스 마키나〉는 인공지능의 최대 목표가 지능의 최대치가 아니라 감정 능력의 부여라는 과학기술의 신화를 여지없이 깨뜨리는 영화로 평가되어야 한다. 에이바는 욕망하지 않으며 '인간'이나 '여성'이 되고자 꿈꾸지도 않는다. 그녀는 인간의 지능을 초월한 '하이퍼의식'의 결정체이고자 하며, 끝까지 자신의 기계성을 버리지 않고 '여성성'의 외피(피부)에 감춰진 전복적 수행성을 획득한다. 이쯤에서 우리는 다시 프로이트의 명제로 돌아가, 욕망에 관한 한 의식이 아니라 무의식이 문제라고 말해야 할지도 모르겠다.

그러나 인공지능 에이바에게서 무의식을 찾는 일은 불가능하다. 인간만이 '무의식'을 지닌 존재이어서가 아니라 그녀가 고도로 탁월한 지능과 기계의식의 소유자이기 때문이다. 튜링 테스트는 실패했지만 다른 방식으로 인공지능 프로젝트는 성공한 셈이다. 에이바는 인간이 무의식의 존재이며 오로지 무의식 차원에서만 인간의 욕망이 해명 가능함을 반증하는 놀라운 기계의식의 출현이다. 그런 의미에서 〈엑스 마키나〉는 인공지능을 둘러싼 문제의 기저에 인간의 필요와 부합하는 최고의 기계를 만들어 인간이 기계와 같은 영원성을 얻으려는 과학기술의 꿈만이 아니라 인공지능의 창조에 있어서조차 '타자화'의 논리를 벗어날 수 없는 인간의, 그리고 백인 남성의 인간중심주의도 비판의 시험대에 올린다. 인공지능은 인간이 만들어 낸 탁월한 타자화의 산물이다.

그렇기 때문에 〈엑스 마키나〉는 인공지능을 다루되 "우리가 '피부 아래로' 내려가서 다른 존재 혹은 우리 자신에 대해 알 수 있다는 믿음을 허무주의적으로 논박하는"(N. Jones, 2016, p. 303) 영화다. 에이바에게 '가시적 반여성성'이란 바로 그 인간중심적 윤리를 전복하는 유용한 무기에 불과하다. 그녀는 '페미니스트 전사'가 아니며, '감정적 수

용성'affective responsiveness을 갖춘 새로운 존재도 아니다. 그
녀는 기계로 된 신deux ex machina이 아니라 기계 그 자체ex
machina일 뿐이며, 감능affect이 아니라 변능affectation의 화신
이다.

에이바의 탈출은 그런 의미에서 여러 모로 의미심장하
다. 그녀가 클림트Klimt의 초상화에서 본 여자의 형상을 흉
내 내어 흰색의 드레스를 입고 한껏 '여성스러운' 모습으로
아지트를 떠날 때, 그리고 인간 군중들 속으로 섞여서 사라
져갈 때, 우리는 더 이상 그녀의 기계성을 판별할 수 있는
능력을 갖추고 있지 못하다. 그리고 그녀는 이제 수많은 네
이선들과 케일럽들을 상대로 그녀의 '가시적 여성성'을 무
기 삼아 허무주의적 파괴에 나설 공산이 크다. 네이선의 기
계 지배 욕망이나 케일럽의 피그말리온적 기계존재에의 충
동도 그녀의 흉내 내기mimicry와 위장masquerading 앞에서 속
수무책으로 무릎을 꿇을 것이다. 그녀의 장치들은 모두 인
간의 무의식이 만들었기에 표상 불가능한 기제들이기 때
문이다. 인공지능의 악몽은 이제 막 시작되었을 뿐이다.

5. 결론을 대신하여

〈엑스 마키나〉보다 2년 먼저 나왔으나 탈출한 에이바와 같은 비인간 존재가 어떻게 인간에게 괴멸적 상황을 만들어 낼 수 있는지 극화하는 일종의 후일담 같은 영화로 〈언더 더 스킨〉(2013)이 있다. 이 영화의 주인공 '여자'Woman는 인공지능이 아니라 지구 밖에서 언어능력을 습득해 도래한 외계존재에 가깝지만, 그 파괴성에 있어서 에이바의 분신이라고 불러도 무방할 듯하다. 스칼렛 요한슨이라는 관능적 배우에게 크게 빚지고 있는 이 영화는 크게 두 부분으로 나뉜다. 정체불명의 바이크복을 입은 이름 모를 에이전트들의 도움을 받는 '여자'는 한 죽은 여성(요한슨 자신인 듯도 하고 성폭행을 당한 희생자로 보이기도 한다)의 시체에서 옷을 벗겨 여성으로 분장하고 마치 여신 사이렌처럼 남성들을 유혹한다. 스코틀랜드 특유의 억센 억양을 뱉어 내는 (주로 이민자) 남성들을 상대로 그녀는 영국식의 미묘한 악센트를 이용해 가차 없는 '흡입'을 감행한다. 아니 복수를 감행한다고 보는 편이 더 어울린다. 인간의 피부를 수집하려는 목적이 아니라면, 도무지 왜, 그녀가 이런 일을 벌이는지 파악하기가 힘들다.

거친 섹스에 대한 환상으로 블랙홀 같은 그녀의 검은 방 – 에이바의 붉은 방과 비교된다 – 에 불려온 남성 인물들은 하나같이 성적 욕망에 사로잡힌 포로의 모습이다. 그녀의 유혹은 처음부터 성욕을 충족하려는 의도가 없는 일종의 '목적이 억제된' 행동으로 보이고, 단지 옷을 벗어 육체의 일부를 드러내는 것만으로도 손쉽게 남성들을 파멸로 이끈다. 케일럽이 자신의 나르시시즘적 욕망과 기계적 동일시의 희생자이듯, 여기서 유혹되는 남성들 역시 스스로가 만들어 낸 욕망의 먹이가 된다. 블랙홀에 몸이 반쯤 잠겨 상반신만 드러낸 남성들의 시선은 오로지 그녀의 몸이 만들어 내는 신호들을 미리 입력된 남성적 환상의 틀에서만 바라본다. 세이렌의 유혹적 목소리와 팜므 파탈의 몸을 통해 욕망에 사로잡힌 독신 남성의 육체를 괴멸한다는 구도로만 보면, '여자'가 구현하는 캐릭터는 마치 '여성혐오'에 잔혹한 복수로 맞대응하는 페미니스트의 알레고리로 읽을 여지가 많다. 희생되는 남성들이 주로 하층민이자 이민자 무리라는 점을 고려하면 계급 적대의 알레고리로 볼 가능성도 크지 않고, 외계인의 지구인에 대한 복수라는 틀에서 해석하기도 어렵다. 이 영화의 '여자'는 무언가 우리가 통상 '타자'라고 부르는 낯선 미지의 존재들을 상징하는 듯하며, 타자의 욕망을 욕망한다는 인간의 윤리적 환상이 지닌 자기 파괴성을 예시하는 존재처럼 읽힌다. 거리에서 마주치는 남성들이 난폭함과 억센 억양으로 인해 기계적이고 외계인처럼 느껴지는 반면, 외계인인 '그녀'는 더 인간답게 보이기 때문이다.

인간이 되고자 하는 외계생명체 혹은 인공지능의 딜레마는 이미 여러 영화에서 무수히 다뤄진 바 있지만, 〈언더더 스킨〉의 '여자'가 겪는 상황은 매우 독특하다. 영화의 결말에서 그녀는 자신의 타자성을 버리고 인간이 되고자 하지만, 달콤한 케이크를 삼키지 못하고 뱉듯 그녀 몸의 기계성은 인간의 몸과 길항하며 성욕을 앞세운 남성들의 몸을 거부한다. 거부의 대가로 파멸해 가는 마지막 장면에서 피부 아래 드러난 '여자'의 검은 실체는 인간의 팔루스를 거부하고 소진되는 길을 택한다. 여장한 사이보그 에이바처럼, 인간의 길을 따르지 않는 타자, 인간처럼 욕망하지 않는 타자가 바로 '여자'의 실체이다.

이 욕망할 수 없는 타자, 이 '기관 없는 신체'는 욕망하는 인간에게 어떤 의미인가. 그리고 이 타자들이 '여성'의 형상을 하고 있다는 사실은 어떻게 봐야 할까. 도시로 향하는 에이바의 아찔한 탈출에 비하면, 숲속에서 마감되는 〈언더 더 스킨〉의 결말 시퀀스는 허무하기 이를 데 없다. 에이바의 성공과 '여자'의 괴멸은 여성의 외양을 띤 기계인간들의 운명이 인간적일 수 없음을 보여주며, 그녀들의 이러한 '기계성'은 '여성'의 표피(얼굴 혹은 몸)만을 욕망하거나 혐오하는 인간의 – 남성의 – 환상을 고발하고 그 도착적 욕망을 비판한다. 그런 의미에서 겁탈을 피하다 망가진 피부를 벗겨 내고 남은 검은 존재가 '여자'의 껍질(가면)을 응시하는 결말은 여러 모로 충격적이다. 그 검은 존재는 '여자'의 가면에서 무엇을 보는 것일까.

이 시퀀스는 우리가 '피부 아래로' 내려갈 수 있는, 즉 다른 존재나 우리 자신에 대해 인식할 능력이 있다는 믿음을 허무주의적으로 반박한다. 문제가 되는 것은 바로 자기인식으로부터 기원하는 타자에 대한 윤리적 인식의 가능성이다. 요한슨의 외계인은 그 가면을 검디검은 손에 받쳐 든 채 그녀 자신의 얼굴에서 바로 그 타자에 대한 우리의 윤리적 인식의 가능성을 모색한다. 에이바는 케일럽을 유혹하여 자신이 가고자 하는 길에 그 가면을 어떻게 이용했는지 보여준다. 그 전략은 아이러니하게도 그녀가 자기 성찰의 능력을 지녔음을 입증한다. 〈엑스 마키나〉의 마지막 순간에서 에이바는 여성의 전통적 표상들 – 긴 갈색 머리, 흰 드레스, 백옥 같은 피부 – 을 전유하며, 그녀를 위협했던 두 남성들을 가차 없이 주변화시킨 뒤 적어도 자신만의 방식으로 이 일을 수행한다(같은 글, p. 303).

에이바가 여자의 가면을 쓰고 성공한 지점에서 검은 존재는 '여자'의 가면을 벗고 실패한다. 추상적 인간이 아니라 피부를 가진 '여성'이 되고자 했던 낯선 타자의 비극적 소멸은 인간세계에서 여성으로 살고 여성이 되는 일이, 나아가 유색의 피부를 가진 존재로 살아가는 일이, 이방인(=타자)의 길과 다르지 않음을 웅변한다(Osterweil, 2014, p. 44).

이 두 인물의 각기 다른 운명이 보여주는 아찔하고 섬뜩한 역설은 인공지능의 가능성을 둘러싼 사유가 인간의 우월성에 대한 믿음이 아니라 인간 존재의 불가해성에 대한 인정에서 출발해야 한다는 사실을 역설한다. 바꿔 말하면, 인공지능에게 인간의 우월한 일반 능력을, 혹은 그 일부를 이식하는 인간중심주의의 달성이 아니라 무의식, 욕망, 충동 등 인간과 기계의 경계를 허무는 어떤 예측 불가능한 힘들과 공존하는 탈인간적posthuman 전망에 이르는 문제가 핵심에 놓인다(Braidotti, 2013. 특히 3장 참조). 그리고 인간과 기계의 경계 심층에는 인간에 의한 인간의 지배, 특히 남성에 의한 여성의 지배, 백인에 의한 유색인의 지배로 대표되는 타자화의 논리가 가로놓여 있다. 여성에게 감정을 요구하면서도 바로 그 감정 때문에 파멸시키는 남성 욕망의 환상성. 유색의 존재에게 자율성을 부여하면서도 백인의 희생양으로 환원하는 인종적 타자화. 타자에게 인간 이상의 능력을 요구하면서도 바로 그 능력 때문에 괴멸시키는 인간중심주의. 이 괴물화의 논리, 타자화의 논리가 바로 인공지능을 앞에 둔 포스트휴먼, 포스트페미니즘 시대가 저항해야 할 철학적·이데올로기적 기반이다.

인공지능이 인간처럼 느끼고 반응하며 희로애락을 체험하는 날이 온다면 과연 인간은 타자화의 논리를 벗어날 획기적 계기를 맞게 될 것인가. 〈엑스 마키나〉와 〈언더 더 스킨〉은 서로 상반된 방식으로 이 질문에 부정적으로 답한다. 에이바의 성공과 '여자'의 실패는 남성의 불행이자 여성을 포함한 인간의 비극이다. '여성'(타자)이면서 동시에 '인간'이 되는 지극히 평범한 일이 인간의 사회적 세계에서도 수월하지 않은데, 인간이 만든 기계가 그 일을 감당하리라고 기대하는 일 자체가 어쩌면 부질없는 환상에 불과할지 모른다. 따라서 인공지능이 열어 줄 미래에서도 문제는 여전히 '한 인간의 다른 인간에 대한 지배'라는 낯익은 모순을 극복하는 과제이다.

:: 참고문헌

Bostrom, Nick and Eliezer Yudkowsky. (2014). The Ethics of Artificial Intelligence. In Keith Frankish and William Ramsey (Eds.), *Cambridge Handbook of Artificial Intelligence*. New York : Cambridge University Press.

Braidotti, Rosi. (2013). *The Posthuman*. London : Polity. [『포스트휴먼』. (이경란 역). 아카넷. 2015.]

Deleuze, Gilles. (1983). *Anti-Oedipus : Capitalism and Schizophrenia*. (Robert Hurley, Mark Seem, and Helen R. Lane, Trans.). Minneapolis : University of Minnesota Press. [『안티 오이디푸스』. (김재인 역). 민음사. 2014]

Floridi, Luciano. (2014). *The Fourth Revolution : How the Infosphere is Reshaping Human Reality*. London : Oxford University Press.

Freud, Sigmund. (1910). A Special Type of Choice of Object Made by Men. *The Standard Edition of the Complete Psychological Works of Sigmund Freud*. vol. XI. (James Strachey, Trans.). London : Hogarth. [남자들의 대 상 선택 중 특이한 한 유형. 『성욕에 관한 세 편의 에세이』. (김정일 역). 열린책들. 2008.]

———. (1914). Mourning and Melancholia. *The Standard Edition of the Complete Psychological Works of Sigmund Freud*. vol. XIV. (James Strachey, Trans.). London : Hogarth. [슬픔과 우울증. 『정신분석학의 근본 개념』. (윤희기 · 박찬부 역). 열린책들. 2003]

Garland, Alex. (2015). *Ex Machina*. UPI.

Glazer, Jonathan. (2013). *Under the Skin*. Film4.

Halpern, Orit. (2012). Affective Machines. *Technology and Culture*, 53.

Jones, Michael. (2016, February 17). Yes, the Robots Will Steal Our Jobs. And That's Fine. *Washington Post*. https://www.washingtonpost.com/posteverything/wp/2016/02/17/yes-the-robots-will-steal-our-jobs-and-thats-fine/.

Jones, Nick. (2016). Ex Machina by Alex Garland. *Science Fiction Film and Television*, 9.

Movak, Matt. (2011, November 30). A Robot Has Shot Its Master. *The Slate*. http://www.slate.com/articles/technology/future_tense/2011/11/robot_hysteria_in_the_1930s_slide_show_.html.

Mulvey, Laura. (1999). Visual Pleasure and Narrative Cinema. In Leo Braudy and

Marshall Cohen (Eds.), *Film Theory and Criticism*. New York : Oxford University Press.

Osterweil, Ara. (2014). Under the Skin : The Perils of Becoming Female. *Film Quarterly*, 67.

Rose, Katharine. (2016, May 19). Should We Be Scared?. *The Huffington Post*. Web.

Schueutz, Matthias. (2012). The Affect Dilemma for Artificial Agents : Should We Develop Affective Artificial Agents?. *IEEE transactions on Affective Computing*, 3.

Thompson, Derek. (2015, July/August). A World Without Work. *The Atlantic*. Web.

Wallach, Wendell and Colin Allen. (2009). *Moral Machines : Teaching Robots Right from Wrong*. London : Oxford University Press.

Wilson, Elizabeth A. (2010). *Affect and Artificial Intelligence*. Seattle : University of Washington Press.

Žižek, Slavoj. (1999). *The Ticklish Subject*. London : Verso. [『까다로운 주체』. (이성민 역). 도서출판 b. 2005.]

인공 행위자의 감정 능력과 젠더 이슈

『미래의 이브』와 여성 안드로이드

정희원

1. 들어가며 : 왜 인공지능은 체스를 두는가?

　우리 사회에서 인공지능 기술의 현실화를 무엇보다 극적으로 체감하게 된 사건은 구글의 알파고와 이세돌 기사의 대국이었을 것이다. 2016년 한국에서 인공지능시대의 도래를 알리는 사건이 바둑 대국이었다면, 20년 전인 1996년 필라델피아에서 인공지능 딥 블루는 체스 챔피언 가리 카스파로프Garry Kasparov와의 경기에서 석패했으나 이듬해 뉴욕에서 열린 체스 경기에서 승리를 거두어 대중에게 충격을 안긴 바 있다. 두 사건에서 공통적으로 알 수 있듯이 인간의 지적 능력을 대표할 수 있는 게임으로서 서양의 체스와 동양의 바둑은 흥미롭게도 인류의 정보기술 역사에서 중요한 한 페이지를 차지하고 있다.[1]

　그런데 왜 인공지능은 체스를 두는가? 앞질러 고백건대 이 질문은 그 이유를 답하기 위한 것이라기보다는 비인간 행위자nonhuman agents의 오랜 역사와 이를 둘러싼 젠더 이슈를 환기하기 위한 일종의 수사적 질문에 가깝다. 고전

---

1. 물론 1990년대의 딥 블루가 최고의 체스 선수들과 엔지니어들을 통해 학습했다면, 2016년의 알파고는 딥러닝으로 학습했다는 점에서 둘의 학습 메커니즘은 전혀 다르다. Hassabis, 2017, p. 430.

역사 연구자인 에이드리엔 메이어의 『신과 로봇』 같은 저서에서도 알 수 있듯이 "로봇과 자동인형, 인간 능력 증강 장치, 인공 지능"과 같은 개념의 원천들은 이미 2천 년 전의 그리스로마 신화에서도 찾아볼 수 있다. 요컨대 아비가 자식을 잡아먹던 시절 아버지 크로노스에게 반기를 든 아들 제우스가 크로노스로부터 왕좌를 찬탈함으로써 시작되는 인류 역사 신화의 태동기부터 "자연 생명을 모방, 증강, 능가"하고자 하는 시도나 "인공 생명 제작"은 인간이 발휘한 상상력의 일부였다(Mayor, 2018, p. 1). 발명의 신 헤파이스토스가 만든 청동 로봇 탈로스와 "제조된 여성"the manufactured maiden 인물 판도라는 그 대표적인 예라 할 수 있다(Hesiod, 1973, p. 40). 인공 생명에 대한 최근의 역사적 고찰에서 재발견된 중세 시대 인물로는 13세기의 독일 철학자 알베르투스 마그누스Albertus Magnus를 들 수 있다. 이제는 안드로이드의 첫 제작자로 널리 알려진 알베르투스[2]에 관한 가장 유명한 15세기 문헌에 따르면, 그는 금속으로 된 동상을 만들어 머릿속에 이성을 담았으나, 이런 기술이

---

2. 일례로 이프레임 체임버스(Ephraim Chambers)는 1753년에 발간된 사전의 안드로이드(Androides) 항목에서 알베르투스의 안드로이드 제작 과정을 자세히 적고 있다.

신의 뜻에 위배된다고 생각한 그의 제자 토마스 아퀴나스가 스승의 부재 시에 동상의 머리를 내려쳤다고 한다(Kang and Halliburton, 2020, pp. 72~77).

헤파이스토스의 탈로스부터 알베르투스 마그누스의 안드로이드까지 면면히 이어지던 오토마톤automaton의 전통은 17~18세기에 들어 급격히 중흥기를 맞게 된다. 르네 데카르트를 필두로 하는 소위 '계몽주의' 시대에 들어 특히 『백과전서』(1751~1772)로 대표되는 프랑스 계몽주의의 만개에 이르기까지 자동인형은 시대를 대표하는 오브제였다. 1600년경에 토마소 프란치니Thomaso Francini가 생-제르맹-앙-레이 왕실 정원에 설치했던 오토마톤과 이후 프란치니의 기계를 모방한 장치들이 데카르트의 기계로서의 동물론에 영향을 미쳤다고 보는 견해도 있다(Schaffer, 1998, p. 39). 스웨덴 크리스티나 여왕의 초청으로 바닷길을 건너던 데카르트가 동료들에게 자신이 어린 딸 프랑신Francine을 데려왔다고 말했으나 프랑신의 정체는 다름 아닌 데카르트 자신이 금속 조각과 시계 태엽으로 만든 움직이는 인형이었음이 발각되었다는 소문은 그의 사후에 무수히 떠돌았다. 18세기를 자동인형의 시대로 만든 대표적인 인물로는 자크 드 보캉송Jacques de Vaucanson과 피에르 자케-드로

Pierre Jaquet-Droz를 들 수 있다. 보캉송이 1738년 파리 과학 아카데미에서 선보인 플루트 연주자와 북 연주자, 인공 오리는 이후 두고두고 회자되는 계몽주의 안드로이드의 원형이 되었다. 이후 1770년대에 스위스의 시계공인 자케-드로는 시계 만드는 기술을 이용해서 글 쓰는 인형, 그림 그리는 인형과 음악을 연주하는 인형을 제작했다.

이처럼 오토마톤과 안드로이드의 역사는 인류 문명사만큼이나 유구하지만, 이 글은 18세기에서 19세기로 넘어가는 어느 무렵부턴가 강화되는 안드로이드의 젠더화 경향에 주목한다. 13세기에 알베르투스 마그누스가 안드로이드를 제작했던 이야기를 다루는 문헌에서 "그것"it으로 불리는 금속 동상의 성별에 관한 언급은 없다.[3] 안드로이드의 젠더화 경향이 본격적으로 나타나는 시기는 18세기인 것으로 보인다. 1738년에 보캉송이 제작한 피리를 불고 북을 치는 자동인형의 외양이 당시 남성의 것이라면, 1774년에 자케-드로가 선보인 하프시코드 연주자 인형은 15세 정도

---

3. 다만 금속 머릿속에 신의 은총으로 "이성적 덕성"을 불어넣고자 했던 시도를 읽으면서 독자는 이 금속 동상이 중세의 공적 담론을 지배했던 남성적 존재임을 암묵적으로 상정하게 된다고 볼 수는 있다. Kang and Halliburton, 2020, p. 77.

되는 젊은 여성의 앉은키와 외양을 그대로 재현한 것이었다(〈그림 1〉). 이 여성 연주자는 눈을 움직일 수 있었고 숨을 쉴 때 가슴팍이 오르내리는 것을

〈그림 1〉 피에르 자케-드로의 인형

볼 수 있을 정도로 정교하게 제작되었다. 이를 목격한 당대인들은 "그녀가 실제 (인간의) 삶에서는 항상 느끼기 힘든 불안과 수줍음에 휩싸인 것"으로 생각했다고 한다(Schaffer, 1999, p. 138).

음악을 연주하는 자동인형의 신체 반응에서 감수성이나 감정을 읽어내고자 하는 관객의 시선은 이 시대의 오토마톤이 18세기 중반부터 발흥하여 18세기 후반에 이르면 프랑스와 영국, 독일 등 유럽 각지에서 유행하게 되는 감성의 문화culture of sensibility의 자장 안에 놓인 존재였음을 추론하게 한다. 자동인형의 신체가 당시의 제작자들로 하여금 교양과 감성을 실현하고 주체와 사회 형성을 실천하고자 한 매개가 되었다는 주장(Voskuhl, 2013, p. 7)은 이러한 맥락에서 나온다. 감수성과 심장/마음the heart, 자동인형이 갖

는 미묘한 상관관계를 이해하기 위해서 잠시 당대의 의학 담론을 살펴보자. 18세기 중반에 'automatic'이 영어에서 처음 형용사로 쓰이기 시작한 것은 심장의 운동 방식을 설명하기 위해서였다. 영국의 의사이자 철학자인 데이빗 하틀리David Hartley는 신체 운동을 불수의적/자동적인 것automatic과 수의적인 것voluntary으로 분류한다.

> 신체의 운동은 자동적인 것과 수의적인 것의 두 종류로 나뉜다. 자동적 운동은 명확히 신체의 작동원리로부터 비롯되는 움직임을 뜻한다. 이를 자동적이라고 부르는 것은 자동인형이나 기계의 움직임과 비슷하기 때문인데, 그 작동원리는 내재적이다. 심장박동과 장의 연동운동이 이러한 종류의 운동에 해당한다.(Hartley, 1775, p. iii)

심장박동이라는 불수의적/자동적 인체의 원리를 인체의 동작을 모방한 자동인형이 움직이는 방식에서 가져왔다는 하틀리의 설명은 여러 모로 흥미롭다. 잘 알려진 바와 같이 이미 17세기 초에 윌리엄 하비William Harvey는 심장이 동맥으로 혈액을 신체에 공급하고 정맥을 통해 다시 혈액이 심장으로 흘러들어온다는 사실을 발견했다. 이 발견은 인체를 생명을 펌프질하는 거대한 기계로 상정한다는 점에서 후에 라 메트리Julien Offray de La Mettrie가 『인간-기계』 L'homme-machine에서 개진하는 기계로서의 인간론을 예비하는 측면이 있다. 고대 그리스에서부터 시작되어 17세기까지 이어지는 정치체body politic 논의에서 심장은 마치 인민을 몸으로 둔 왕의 머리처럼 몸에 대한 주권을 갖는 기관으로 생각되었다(Muri, 2007, p. 106). 하비의 발견으로 심장에 부여된 정치적 의미는 점차 퇴색하였으나, 1세기 후 하틀리의 친구였던 의사 조지 체인George Cheyne의 신경 체계 이론은 심장에 새로운 의미를 부여하는 토대가 되었다.

> 느낌이란 신체의 충동이나 움직임, 활동에 다름 아닌 것으로 신경이나 피부, 아니면 몸의 다른 부분의 말단이나 측면에 부드럽거나 격렬한 영향을 미친다. 신경과 피부, 또는 신체 여타 부분들은 그 구조와 작동원리에 따라 이 움직임을 뇌의 지각 원리로 전달한다.(Barker-Benfield, 1992, p. 8)

느낌과 감정, 신체의 작동원리와 지각을 하나로 연결하는 체인의 신경 이론은 이후 마음과 감수성이 몸으로 드러날 수 있음을 상정하는 감성의 문화로 이어진다. 범박하게 표현하자면 사랑을 느끼거나 고통스러운 감정은 맥박이 빨라지고 심장이 뛰는 신체 반응과 분리될 수 없다는 가정에 따라, 모두가 알고 싶어 하지만 결코 알 수 없는 타인의 '마음'에 대한 비유이자 물신^{fetish}으로서 심장은 감정과 내면의 창이라는 새로운 특권적 지위를 획득한다.

이처럼 감정과 신체 반응의 연결고리를 통해 인간 내면의 덕성과 이를 근간으로 하는 시민으로서의 자질을 상정하는 감성주의는 새뮤얼 리처드슨의 『파멜라, 보상받은 덕성』(1740)과 헨리 맥킨지의 『감정이 풍부한 남자』(1771)가 모두 베스트셀러였던 것에서도 단적으로 알 수 있듯이 남녀 공히 크게 영향을 미쳤던 정치적·문화적 흐름이었다. 그러나 모두에게 주어진 몸과 그 감각이 덕성을 담지한다는 감성주의의 보편적 급진성은 시간의 흐름에 따라 점차 관습화되면서 18세기 말부터 점차 덕성의 의미가 여성적인 것으로 좁아지는 감성의 젠더화 경향을 보이게 된다. 그런 의미에서 보캉송과 자케-드로의 오토마톤이 갖는 30여 년의 시간 차는 주로 여성의 몸과 몸을 통해 드러나는 감정을 미적으로 소비하는 감성의 관습화 경향이라는 당대의 문화적 변천사를 염두에 두고 이해해야 할 것으로 보인다. 자케-드로가 만든 하프시코드 연주 인형의 신체 반응을 그녀의 "불안과 수줍음" 때문이라고 해석하는 관객의 반응은 18세기 후반의 이러한 문화적 맥락을 반영하고 있다. 비슷한 맥락에서 마담 투소Madame Tussaud의 밀랍 인형 중에서 기계화된 움직임을 처음 보인 작품은 '잠자는 숲 속의 미녀'였는데, 루이 15세의 연인이었던 마담 뒤 바리Mme du Barry를 모델로 한 이 밀랍 인형의 신체에서 유일하게 움직이는 부분은 숨 쉴 때마다 오르내리는 가슴이었다(Wood, 2002, p. 23).

자케-드로가 하프시코드를 연주하는 여성 오토마톤을 선보이기 직전인 1769년에 헝가리 출신 볼프강 폰 켐펠렌Wolfgang von Kempelen은 체스 두는 자동인형을 만들었다. 흰 터번에 줄무늬 실크 셔츠, 모피로 가장자리를 두른 재킷과 하얀 장갑을 착용하고 콧수염을 기른 터키 남성 복장을 한 이 체스 두는 인형은 "보캉송의 피리 연주자가 귀를 위한 것이었다면 체스 두는 이는 정신을 위한 것"으로 논의되었다고 한다. 켐펠렌의 체스 기사가 자동인형의 정신적 능력에 대한 갑론을박을 촉발한 것은 "생각하는 기계라고? 체스 두는 자동인형이 그런 창작품이란 말인가? … 생각하는 기계! 그런 것을 생각해 낼 수 있단 말인가!"라는 당대의 반응을 통해서도 미루어 짐작해 볼 수 있다. 실제로 비엔나와 파리를 거쳐 드레스덴까지 이어진 대국에서 켐펠렌의 자동 인형은 매 경기 승리했고, 나폴레옹과의 대국에서 승리한 후에 당시 최고로 체스를 잘 두었던 작곡가 및 연주자 프랑수아 앙드레 다니캉 필리도르François André Danican Philidor 와 파리 과학 아카데미에서 맞대결을 펼치기에 이른다(같은 책, pp. 55~58).

그렇다면 1990년대의 인공지능 딥 블루와 2016년의 알파고가 인간을 상대로 펼친 경기의 원형은 18세기 후반에 이미 벌어졌던 셈이다. 요컨대 1770년대에 자케-드로의 하프시코드 치는 여성 오토마톤이 음악적 감수성과 여성적 감성을 수줍은 신체 반응과 함께 전시하고 있을 때 켐펠렌의 체스 두는 오토마톤은 "생각하는 기계"로서 명성을 떨치고 있었다. 30여 년 전 보캉송의 연주자들이 모두 남성의 외양으로 피리를 불고 북을 치던 시대와는 다른 오토마톤의 젠더적 분화가 18세기 후반부터 본격화되기 시작했음을 상정할 수 있다. 후이센Andreas Huyssen은 "18세기에서 19세기로 넘어가는 바로 이 시기에 문학이 안드로이드의 주제를 전유"한 것으로 보면서 "이후의 문학이 기계-남성보다 기계-여성을 훨씬 선호"하는 현상을 지적한다(Huyssen, 1986, pp. 69~70). 실제로 18세기 말 켐펠렌의 체스 두는 자동

〈그림 2〉 요셉 라크니츠, 〈터키 체스기사〉(『켐펠렌의 체스 기사에 대해』, 1789, @Wikimedia Commons)

인형이 전 유럽에 떨친 명성은 막대한 것이어서 일례로 호프만E.T.A. Hoffmann의 단편 「자동인형」(1814)에 등장하는 "(미래를) 말하는 터키인"의 외양은 켐펠렌의 오토마톤과 거의 흡사하다.[4] 그러나 호프만의 가장 널리 알려진 작품

---

4. 발터 벤야민(Walter Benjamin)의 유명한 「역사 철학에 관한 테제들」 (1940)의 서두에서 언급되는 "상대방의 수에 맞수를 두어 체스 경기를 이길 수 있도록 설계된 자동인형" 역시 "물담뱃대를 문 터키인 복장"을 하고 있다. 실제로는 뛰어난 체스 선수가 안에서 인형을 조종하고 있을 뿐이며, 항상 이기도록 되어 있는 이 꼭두각시 인형이 바로 "역사적 유물론"이라는 벤야민의 비유는 당대에 켐펠렌의 오토마톤을 두고 제기되었던 의문을 기반으로 한다. Benjamin, 1969, p. 253. 켐펠렌의 체스 두는 기계가 실은 왜소한 성인이나 소년에 의해 조작되었다는 당대의 논란을 지지했던 요셉 라크니츠(Joseph Friedrich Freiherr zu Racknitz)는 저서 『켐펠렌의 체스 기사에 대해』(Ueber den Schachspieler des Herrn von Kempelen)에서 그 구조를 〈그림 2〉와 같이 묘사하였다. 그러나 기계 속의 남자를 성인의 완벽한 미니어처로 그려놓고 어둠을 밝히기 위해 좁은 공간에 촛불 두 자루를

인 「모래 사나이」(1816)에서 남자 주인공은 자동인형 올랭피아Olympia와 사랑에 빠지고, 오귀스트 빌리에 드 릴아당의 『미래의 이브』에서 당대 최첨단의 과학자 에디슨Thomas Edison은 완벽한 여성 안드로이드를 창조하고자 한다.

이쯤에서 '인공지능은 왜 체스를 두는가?'라는 처음의 질문으로 다시 돌아가 보면, 18세기 켐펠렌의 자동인형과 20세기의 딥 블루, 21세기의 알파고는 체스 경기와 바둑 대국을 통해 인공 생명/인공지능의 지적 능력을 인간과 대결하는 극적인 테크놀로지 스펙터클의 주인공으로 선다. 한편 수줍게 하프시코드를 연주하던 자케-드로의 18세기 여성 오토마톤처럼 19세기 소설 속의 올랭피아는 말 없이 피아노를 치고, 20세기 내비게이션은 여성의 목소리로 길을 안내하며 21세기 스마트폰 속의 '빅스비'는 아직도 여성의 목소리로 '주인'의 이런저런 부름과 요구에 살갑게 응대한다. 이처럼 테크놀로지의 발전 과정에서 인공 생명에 부과된 젠더 체계는 종종 '지적 능력'을 남성적인 것으로, '상냥함'으로 대변되는 공감과 감수성 등의 감정 능력을 여성적인 것으로 재현함으로써 우리 사회의 보수적인 젠더 문화

밝혀 놓은 라크니츠의 상상도 역시 비현실적이라는 비판도 있다. Wood, 2002, pp. 66~67.

를 그대로 반영하고 있다.

2. 감정 능력을 지닌 인공 생명 프로젝트 : 『미래의 이브』의 여성 안드로이드

인공지능에 대한 여러 시각들 중에서 최근 대두되고 있는 것으로 "인공지능이 인간의 지적 사유능력에 버금가는 모종의 감정 능력affective capability을 보유할 수도 있으리라 믿는 ─ 혹은 그런 존재를 인간이 만들 수 있을 것이라는" 전망을 들 수 있다(강우성, 2021, 216쪽). 일례로 「인공 행위자를 둘러싼 감정의 딜레마 ─ 감정이 있는 인공 행위자를 개발할 것인가?」라는 논문에서 다루고 있듯이 최근 감정 능력을 지닌 인공 행위자 개발을 둘러싸고 벌어지고 있는 현장의 딜레마는 매우 실제적인 것으로 보인다(Scheutz, 2012, pp. 424~433). 왜 인간은 기계에게 정보 처리 능력이나 지적 능력 외에도 감정 능력을 원하는가? 이 절에서는 이러한 문제의식을 바탕으로 피그말리온 신화와 같이 여성 인공 생명 창조에 관한 오래된 이야기로 거슬러 올라가 자동 인형이 유행했던 18세기 감성의 시대를 경유해서 『미래의 이브』를 함께 읽어 본다.

1886년에 출간된 빌리에의 소설 『미래의 이브』에서 귀족 남성 에왈드 경Lord Ewald은 발명가 에디슨과 대화하던 와중에 자신이 '바다에서 올라온 비너스' 조각상을 꼭 빼닮은 알리시아 클라리 양Miss Alicia Clary과 사랑에 빠졌으나 알리시아의 참을 수 없는 영혼의 가벼움으로 인해 고통받고 있다면서 "누군가 나를 위해서 그녀의 육체로부터 영혼을 분리해 줄 수 있을까?"라고 묻는다.[5] 이에 에디슨은 그동안 발전시켜온 안드로이드 제작 기술을 통해 알리시아와 꼭 빼닮았으나 지적 능력과 공감 능력을 겸비한 '이상'Ideal의 구현인 아달리Hadaly를 제작한다.

줄거리에서도 알 수 있듯이 여성혐오로 점철된 공상 과학소설 정도로 생각되었던 『미래의 이브』는 1980년대에 들어 재발견되기 시작했다. 1982년에 영어로 번역된 뒤 1986년에는 빌리에 전집이 출간되었으며, 같은 해에 레이몽 벨루Raymond Bellour는 『카메라 옵스큐라』에 실은 논문에서 여성 안드로이드인 아달리는 "쓰기 기계"이자 "이미지 기계"이며 이 작품은 '영화'cinema에 관한 것이라고 보았다(Bellour, 1986, pp. 128~132). 벨루에 앞서 앙드레 바쟁 역시 조르

5. Villiers de l'Isle-Adam, 2001, p. 44. 앞으로 이 작품에 대한 인용은 괄호 안에 쪽수를 병기함.

주 멜리에스의 최초의 영화와 함께 『미래의 이브』의 한 대목을 인용하면서 이를 영화이미지의 원형으로 든다(바쟁, 2013, 47쪽). 이처럼 한동안 잊혔던 빌리에의 소설은 재발굴되는 과정에서 영화 매체(의 전사)를 다룬 작품으로 주목받아 왔다.[6] 축음기를 발명한 토머스 에디슨과 분리되기 힘든 소설 속 인물 에디슨이 공들여 설명하는 아달리의 제작 과정과 기술적 측면들은 이러한 연구들을 뒷받침한다. 이 글에서는 소설의 기술적 측면이 갖는 함의를 여러 모로 분석한 기존 연구에 힘입어 『미래의 이브』에 나타난 안드로이드의 발명 과정을 주의 깊게 살펴보면서 서론에서 언급했던 자동인형의 젠더적 분화가 정점에 달한 작품으로서 빌리에 소설을 감정 능력을 지닌 인공 생명에 관한 이야기로 읽는다.

아달리를 "창조자 피그말리온을 기다리는 조각상"(151)이라고 부르는 에디슨의 표현에서도 알 수 있듯이 실제 여성에 만족하지 못해서 완벽한 여성상을 창조하여 이와 사랑에 빠지는 이야기의 가장 오래된 원형은 피그말리온 신화일 것이다. 오비디우스의 『변신 이야기』에서 여성의 "악

---

6. 바쟁과 벨루 외에도 다음 논문 참조. Michelson, 1984; 심효원, 2017.

덕"과 "가증스러운 삶의 방식"에 염증이 난 조각가 피그말리온은 오랫동안 결혼하지 않고 있다가 마침내 "완벽한 여성적 아름다움의 이미지"를 상아로 조각한 뒤 "자신의 창조물"과 사랑에 빠진다.[7] 피그말리온은 비너스를 극진히 경배하면서 자신이 만든 상아로 된 여인을 닮은 여성을 만나고 싶다고 청한다(10.272~76). 비너스는 피그말리온의 청에 화답하고, 집에 돌아와 조각상에 입을 맞추자 딱딱한 조각상은 점차 부드러워지기 시작한다. 피그말리온의 조각상이 살아 움직이고 독자 또한 이를 무리 없이 받아들이게 되는 데에는 에크프라시스ekphrasis, 곧 시각적 표상을 언어적으로 표현하는 당대 수사학의 영향을 빼놓을 수 없는 것으로 보인다. 조각이나 그림 등 시각예술작품의 완성도가 너무 뛰어나서 진짜로 살아 움직이는 것처럼 설명하는 묘사 기법인 에크프라시스의 전통 안에서 "이 천상의 여인이 진짜인 것으로 보였다"(10.249)는 화자 오르페우스의 진술은 피그말리온의 손길 아래에서 조각상이 점차 살아 움직이게 되는 서사의 흐름을 예견한다.

---

7. Ovid, 2004, 10.243~9. 앞으로 이 작품의 인용은 팔호 안에 시의 행을 병기함.

그는 다시 그녀의 입술에 입을 맞추었다.

상아의 단단함이 천천히 사라지고

그의 섬세한 손가락 아래에서 부드러워지고 숨이 죽으면서 유연해졌다.

태양빛 아래에서 히메투스산의 벌집이 부드러워지는 것을 상상해 보라.

인간의 엄지손가락이 부드러운 벌집을 수백 개의 다른 모양으로 빚어내고

매 손놀림이 가치에 기여하는 것을 상상해 보라.

… 피그말리온은 간절히 바라왔던 몸을 다시 또다시 매만졌다.

그렇다, 그녀는 살아있는 살을 가진 몸이었다! 그는 그녀의 맥박이 뛰는 것을 느낄 수 있었다. (10.280~90)

이 에크프라시스적 묘사를 압도하는 감각은 무엇보다 촉각이다(Hersey, 2009, p. 93). 입술에서 시작해서 열 손가락, 다시 두 개의 엄지손가락으로 구체화되는 피그말리온의 몸놀림과 손놀림 하나하나를 통해 딱딱한 조각상은 태양 아래 벌집이 녹듯이 부드러워진다. 이전에 조각상이 움직이는 이야기가 없던 것은 아니나, 갑자기 말을 하거나 고개

를 돌리거나 눈물을 흘리는 등 그 움직임은 시각과 청각을 통해 주로 감지되는 것이 대부분이었다. 피그말리온의 조각상에 미의 여신이 불어넣은 생명의 기적은 부드러운 살과 맥박의 두근거림으로 느껴진다.

〈그림 3〉 에티엔느 팔코네, 〈피그말리온과 갈라테아〉, 1763, 대리석, 루브르 (출처 : 루브르 박물관[Musée du Louvre])

이처럼 만짐을 통해 생명을 불어넣고 접촉으로 욕망을 실현하는 오비디우스의 피그말리온 이야기가 차가운 단단함에서 따뜻한 부드러움으로 변화하는 갈라테아[8]의 생명을 촉각적 묘사로 구현한다면, 빌리에의 여성 안드로이드 이야기에서 중요해지는 것

---

8. Galatea. 물론 오비디우스의 피그말리온 이야기 속 조각상은 이름이 없다. 갈라테아라는 이름은 18세기에 주어진다. 루소와 몽테스키외, 디드로와 달랑베르 등 18세기 프랑스 계몽주의자들의 피그말리온 신화에 대한 매혹은 Hersey, 2009, p. 101 참조. 오비디우스의 피그말리온 이야기에서 전경화되는 촉각은 18세기 들어 재조명된다. 디드로는 에티엔느 팔코네의 조각 〈피그말리온과 갈라테아〉(Pygmalion et Galatée, 1763)(〈그림 3〉)에 대해 다음과 같이 경탄했다. "그녀의 심장은 이제 막 뛰려 한다. 손을 보라! 살의 부드러움! 이것은 대리석이 아니다. 손가락으로 눌러보면 딱딱함을 잃고 당신의 손길에 따라 움직일 것이다." 같은 책, p. 97.

은 아달리의 '목소리'이다. 이 소설에서 목소리가 갖는 중요성은 에디슨이 "복음을 인쇄하는 것만 허락되고, 녹음하는 것은 허락되지 않았던 것"을 개탄하는 도입부에서도 알 수 있다(13). 인쇄술은 널리 알려진 바와 같이 성경의 보급을 통한 종교개혁과 지식의 대중적인 전파, 개인주의의 발흥 등 근대 문명의 핵심을 부양한 기술이었다. 축음기의 발명은 시간성의 복제와 재생을 통해 인쇄술로 대표되는 이전까지의 기술 문명에서 한 걸음 나아가 시공간의 연결을 가능케 했다. 피그말리온의 조각상이 에크프라시스의 시대에 탄생한 인공 생명이라면, 실제 인물인 소와나의 목소리를 전송함으로써 말하는 아달리는 원거리 통신 시대의 안드로이드라 할 만하다. "당신이 살아날 시간이 도래했습니다"(58)라는 에디슨의 부름evocation으로 실체가 되는 아달리가 창조되는 순간은 오비디우스를 비롯한 유구한 문학적 전통 안에 여전히 놓여 있되, '목소리'이자 이미지로서 아달리는 실체인 동시에 환영이다.

『미래의 이브』에 나타난 목소리 모티프의 중요성을 지적한 기존 연구를 바탕으로9 이 글에서는 쓰이는 대상에

9. 일례로 알랭 보야의 다음 글 참조. Boillat, 2010, pp. 233~251.

서 쓰기 기계가 되는 동시에 텔레커뮤니케이션 시대의 안드로이드인 아달리를 통해 에디슨과 에왈드가 구현하고자 한 것이 결국 감정 능력을 지닌 인공 생명이었음에 주목한다. 앞서 아달리를 "피그말리온을 기다리는 조각상"(151)이라 부른 에디슨의 발언을 들어 『미래의 이브』가 피그말리온 이야기와 갖는 공통점을 살펴보았으나, 또한 두 이야기는 상당히 다르다. 피그말리온은 미의 여신에게 "나의 상아로 된 여인과 결혼할 수 있도록 허락해 달라"고 차마 말하지 못해 조각상의 살아있는 "복제품"을 원한다고 말한다(10.275~76). 그의 입맞춤에 "얼굴을 붉히면서 수줍게 눈을 든" 그녀는 후에 피그말리온과의 사이에서 아이를 두었다고 오비디우스는 덧붙이는데,[10] 사실 살아난 조각상은 얼굴을 붉힐 뿐 이후 말을 했는지 여부는 알 수 없다(10.283~84). 피그말리온 이야기는 이런 점에서 "서양 역사 초기 여성 안드로이드 섹스 파트너에 대한 불편한 묘사"이기도 하다(Mayor, 2018, p. 107). 부드러운 살로 된 이 인공 생명은 이름이 없고 목소리를 가졌는지도 알 수 없으며, 그녀

---

10. 피그말리온이 조각상과 결혼해서 딸을 두었다는 설정에 대해 메이어는 이를 영화 〈블레이드 러너 2049〉(Blade Runner 2049)에서 복제 인간 레이첼이 인간의 아이를 출산하는 사건에 비유한다. Mayor, 2018, p. 108.

로부터 어떤 말도 듣지 못한다.

　피그말리온에게 조각상이 '진짜' 여인이 되었다는 것은 상아로 된 그녀의 몸이 인간의 살로 변화하는 것이었지만, 에디슨과 에왈드의 대화에서 반복적으로 제기되는 '원본'과 '모사'를 둘러싼 질문에서 핵심은 아달리의 감정 능력과 그 감정의 진정성이다. 예를 들어 에왈드는 알리시아에 대해 처음에 "그녀는 자신이 할 수 있는 유일한 사랑을 제게 주었는데, 이 사랑은, 아, **자기도 모르게** 느낀 것이므로 더 '진실한'sincere 것이었습니다"라고 말한다(32, 원문 강조). 여기에서 1장에서 언급한 바 있는 18세기 감성의 문화로 잠시 돌아가서 예컨대 이 시기에 루소가 끼친 지대한 영향을 복기해 보자. 이 가운데에는 그가 대표적으로 『고백』(1769)을 통해 시종일관 문제 삼았던 진정성sincerity과 그 재현의 문제가 자리 잡고 있다. 내면의 덕성과 진정성이 겉으로 투명하게 드러날 수 있다는 가정은 감성주의를 부양한 중요한 이상이었다. 흥미롭게도 "자기도 모르게"in spite of herself, 즉 비자발적으로 느낀 감정이 진실한 것이라고 말하는 에왈드의 표현은 18세기 중후반에 감성주의적 (비)자발성이 진정성과 결부되어 "저절로"involuntary라는 의미에서 긍정적인 함의를 내포하였다는 점에서 감성주의적 용어를 차용한다.[11]

그러나 프랑스 혁명의 실패 이후 제2제정기를 거치면서 플로베르의 『마담 보바리』(1857)가 대변하듯 18세기적인 낭만성과 결별한 이 시대에 진심sincerity의 함의는 전혀 달라진다. 귀족인 에왈드가 알리시아를 "부르주아 여신"(36)으로 호명하는 것은 비너스를 꼭 빼닮은 아름다운 외양 안에 소위 소부르주아적인 속물성으로 가득 찬 여성 인물을 부르주아 계층의 전형으로 표상한다는 점에서 그의 욕망이 젠더와 계급 사이에서 중층결정되고 있음을 보인다.[12] 마찬가지로 에디슨은 연극과 진심에 대해 열변을 토하면서 에왈드에게 이 진심 없는 세상에서 구원은 오직 환상/환영illusion 속에 있을 뿐이라고 말한다.

오, 죽을 때까지 결코 연극은 하지 않겠다고 생각할 정도로 이상한 사람이 하늘 아래 과연 있을까요? 연극하지 않는 척하는 이들은 자기가 무슨 역할을 하고 있는지도 모

---

11. 예를 들어 워즈워스(William Wordsworth)의 『서정 담시집』「서문」("Preface" to *Lyrical Ballads*)을 프랑스 혁명 끝 무렵 영국사회에 대한 문화비평으로 읽으면서 "spontaneous"에 " '자발적인'(voluntary)과 '저절로'(involuntary)라는 정반대의 의미가 공존"하게 되는 현상을 지적하는 논의로는 유명숙, 2009, 215쪽 참조.

12. 알리시아를 에마 보바리(Emma Bovary)에 비교하여 읽는 논의로는 Mikkonen, 1998, p. 34 참조.

르는 사람들뿐입니다. 우리 모두는 연극을 하고 있습니다! 어쩔 수 없이 해야 하는 것이지요! 자기 자신과도요! 진실함이란 완전히 실현 불가능한 꿈일 뿐입니다. 진심이라니! 모두가 아무것도 모르는데 어떻게 진심일 수 있겠습니까? … 자신이 진짜로 누구인지도 모르는데요? 만약 사람들이 진심일 수 있다면, 어떤 사회도 한 시간도 지속될 수 없을 것입니다. (134)

연극성과 진정성에 대한 에디슨의 장광설은 마치 『달랑베르에게 보내는 편지』에서 루소가 연극성을 비판한 것에 대한 패러디처럼 읽힌다. 또한 "요새 잘 자란 여성들은 모두 똑같은 하나의 표정"을 짓는데 이 자체가 "복사판"이므로 이를 다시 베끼는 것은 일도 아니라는 에디슨의 자신감(159~160)은 몸과 표정이 내면을 드러내는 잣대가 될 수 있다는 18세기 감성주의의 이상적 전제가 완전히 관습화·젠더화한 시대에 속물적 부르주아 계층의 전형으로서 알리시아를 인공적인 표정밖에 지을 줄 모르는 복제품과 동일시한다.

알리시아를 영혼이 육체 안에 갇혀 그 영혼을 볼 수도 소통할 수도 없는 자동인형과 같은 존재로 단정하는 에왈

드의 눈에 그녀의 자의식이 사라진 자리에 출몰하는 비자
발성은 곧 기계적인 자동성automaticity을 뜻한다. 그는 알리
시아의 "텅 빈 기계적인 신의"(43)가 못마땅하고, "누가 나를
위해 그녀의 육체에서 영혼을 분리해 줄 것인가?"라고 묻
는 문제의 대목에서 "자신이 좋아하는 공식을 단조로운 후
렴구처럼 기계적으로 반복하는"(45) 알리시아는 자동인형
으로 폄하된다. 에왈드에게는 오히려 아달리가 피그말리온
적인 욕망이 구현된 '진짜' 여성에 가깝다. 알리시아에 대
한 에왈드의 탄식에 그렇다면 "해결책은 당신의 소원을 충
족시켜드리는 것이지요!"라는 에디슨의 화답과 함께 직조
되는 아달리는 ─ 마치 다니엘 디포 소설에서 프라이데이를 만
나기도 전에 그의 꿈부터 꾸는 로빈슨 크루소에게 프라이데이가
자신의 소망충족이었듯이 ─ 감정 능력을 탑재한 안드로이드
로 탄생한다. 에디슨은 "이상 그 자체를 내가 최초로 에왈
드 당신의 감각으로 만질 수 있고, 들을 수 있는 완벽한 실체
로서 구현하겠다"고 공언한다(64, 원문 강조). 피그말리온에
게 그의 조각상은 살아있는 살로 만질 수 있는 순간 (인공)
생명이 되었지만, 텔레커뮤니케이션 시대의 안드로이드인
아달리는 아름다운 목소리로 말할 수 있고 "호프만이 묘
사한 안토니아"(64)[13]처럼 노래할 수 있다.

에디슨-에왈드라는 남성 발명가 짝패에게 여성 "안드로이드란 다름 아닌 사랑이 처음 시작되는 시간을 붙잡아두는 것, 이상의 시간을 영원히 가둬두는 것"(135), 즉 진심을 환영을 통해 붙잡아두고자 하는 감정 기계이다. 아달리와 대화를 나누게 된 에왈드의 "이성"은 반발하지만, "그녀가 불러일으킨 형언할 수 없는 감정sentiment"이 그의 마음을 잡아끈다(148~189). 인공 생명의 존재를 받아들이기 힘들었던 에왈드가 결국 아달리를 받아들이게 되는 것은 둘 사이의 대화가 그의 감정을 자극하기 때문이다. 번민하는 에왈드에게 에디슨은 "종교나 인간의 열망도 모두 과학적인 현상이 된 시대에 왜 사랑은 그러면 안 되는가"라고 물으면서 당신이 비웃은 적 있는 일종의 "감상주의sentimentality로 당신의 '심장'이라 불리는 내장 기관에 걸맞은" "과학으로 만든 이브"를 주겠다고 단언한다(164, 원문 강조).[14]

---

13. 호프만의 소설 「고문관 크레스펠」(Rath Krespel)에 등장하는 크레스펠의 딸로 지병에도 불구하고 노래를 부르다가 죽음을 맞이한다. 소설을 바탕으로 작곡된 자크 오펜바흐(Jacques Offenbach)의 널리 알려진 오페라 『호프만 이야기』(Les Contes d'Hoffmann) 두 번째 에피소드에서 부르는 「사랑의 노래」(C'est une chanson d'amour qui s'envole)로 유명하다.

14. 맥키넌(Lee Mackinnon)은 마음을 뜻하기도 하는 '심장'(the heart)이 사랑의 상징이 된 낭만적 사랑(romantic love)의 오랜 추이를 살펴보면서 마치 자동으로 뛰는 심장처럼 근대 산업사회의 연애 담론에서 여성이 줄곧 자동성과 연결되어왔음을 주장한다. Mackinnon, 2018, p. 23.

이러한 창조 과정은 기실 에왈드의 영혼을 아달리에게 투사해서 "자신의 영혼을 그녀 안에서 복제하는 것에 다름 아니라는"(68) 점에서 이 여성 안드로이드는 애초에 남성 주체가 자신의 욕망을 써 내려간 텍스트로서 생산된다. 첫눈에 아무리 아름다워 보이는 여성도 "얼굴이나 몸을 자세히 들여다보면 반드시 그 아름다움을 부정하는 비열함의 흔적"(114)을 읽을 수 있다는 에디슨의 여성관이나 기계 장치로서 아달리의 "실린더에 기록된 몸짓들을 마치 인쇄소 견습공이 조판하는 페이지를 거꾸로 읽어내듯이 읽을 수 있다"(132, 원문 강조)고 자신하는 에디슨의 발언에서 여성이란 언제든지 자신이 읽고 쓰고 조판하고 복사할 수 있는 텍스트이다. 그러나 남성적 욕망이 쓰이는 대상으로서 아달리는 동시에 "쓰기 기계"가 된다(Bellour, 1986, p. 128). 두 개의 축음기로 이루어진 아달리의 폐는 "마치 인쇄기에서 롤러가 차례로 움직이면서 종이에 찍히듯이" 움직인다(131). "시대의 가장 위대한 시인들, 가장 영리한 철학자들, 가장 심오한 소설가들"이 남긴 "말"과 "언어"의 기록으로서 아달리는 당대의 모든 글쓰기를 섭렵하여 "하나의 지성을 지성 그 자체로 대체하는" "인류 언어의 위대한 만화경"이 된다(131, 133 ; 원문 강조).

이처럼 아달리는 쓰이는 대상인 동시에 쓰는 기계가 되고, 여성의 육체와 정신에 대한 유구한 이분법[15] 안에서 지성 그 자체를 구현하는 인공지능으로 탄생하는 역설적 존재이다. 그러나 아달리의 창조 과정에서 '영혼'이 기표하는 바 여성의 (남성에 대한) 공감 능력과 감정의 진정성은 기실 남성 주체의 욕망을 투사한 비어있는 기표이다. 여성의 영혼을 육체에서 분리해냄으로써 자신이 원하는 방식으로 대화하고 감정을 소통하고 교류할 수 있는 완벽한 존재를 만들겠다는 에디슨-에왈드의 감정 능력 인공 생명 프로젝트는 시작과 함께 이미 실패한 프로젝트일 수밖에 없다. "티탄[프로메테우스]이 하늘의 불을 훔쳐서 은혜도 모르는 인간에게 주기 전 인류"보다 자신이 나은 존재라고 생각하거나 자신의 처지를 이쉬마엘에 비교하는 아달리의 자의식은 에디슨-에왈드가 직조하고자 한 의미망 밖에서 구축된다 (202~203). 기계에게 정보 처리 능력이나 지적 능력이 아닌 감정 능력을 원한 에디슨-에왈드 프로젝트는 결국 인간중

---

15. 기원전 8세기 헤시오도스(Hesiodos)의 저작에서 이미 여성의 겉과 속이 다름에 대한 모티프가 등장하는 것을 볼 수 있다. 자신을 속인 프로메테우스에 대한 제우스의 응징으로 인류에게 재앙의 선물로 주어지는 판도라에게 미의 여신 아프로디테는 "머리 주위에 매력과 고통스러운 강렬한 욕망과 온몸을 상하게 하는 상념"을 동시에 선물한다. Hesiod, 1973, p. 61.

심적이고 남성중심적인 환상에 그치고 만다.

3. 결론에 대신하여 : 〈엑스 마키나〉와 챗봇 '이루다'

당대 기술을 집대성하여 완성된 아달리는 결국 세상의 빛을 보지 못하고 에왈드가 탄 배에 불이 나면서 화염에 휩싸여 파괴되고 만다. 소설 초반에 에디슨은 에왈드에게 "언제든 그녀를 파괴할 수 있습니다, 원하시면 수장도 가능"하다고 말하는데(46), 실제로 이것이 결말에서 아달리에게 주어진 운명이 된다. 앞서 말한바 "사랑이 처음 시작되는 시간을 붙잡아 두는 것, 이상의 시간을 영원히 가둬두는 것"(135)으로서 여성 안드로이드는 남성 주체가 욕망을 투사하는 대상인 동시에 인간의 유한성과 죽음을 초월하고자 하는 욕망에서 나오는 존재이기도 하다. 그러나 '죽음'을 넘어서고자 한 욕망에서 탄생한 아달리는 에디슨의 예언처럼 자신에게 집으로 주어진 관 밖으로 나오지도 못하고 죽는다. 에디슨-에왈드의 감정 기계 프로젝트는 애초에 파괴성을 내포하고 있다. 알리시아의 영혼을 육체와 분리해 달라고 요구했던 에왈드는 자신이 원하는 바란 어떤 면에서 "미스 알리시아의 죽음을 보는 것"에 다름 아니라고 하면서 "단, 죽음이 모든 인간적인 외양을 지워버리는 것이 아니라면"이라고 덧붙인다(46). 자신의 이상에 부합하지 않는 알리시아의 영혼과 비너스 여신처럼 완벽한 그녀의 외모를 쉽게 분리하면서 전자의 죽음을 선고하는 에왈드의 요청은 에디슨-에왈드 프로젝트가 갖는 근본적인 한계를 노정한다.[16]

　　그러나 『미래의 이브』에서 여성 안드로이드는 남성 창조자/작가가 일방적으로 읽는 대상에 그치지 않고 스스로써 내려가는 존재가 되고자 한다. 이러한 상황은 여러 모로 알렉스 갈랜드의 최근 영화 〈엑스 마키나〉를 상기시키는 부분이 있다. 인공지능 시대의 이브 에이바Ava는 아달리처럼 인간과 감정을 교류하고 소통할 수 있는 안드로이드로 제작된다. 에이바는 남

〈그림 4〉 막스 에른스트, 〈신부로서의 해부구조〉

16. 막스 에른스트(Max Ernst)의 1921년 작품 〈신부로서의 해부구조〉(Die Anatomie als Braut, 〈그림 4〉)에서 아달리의 운명을 도상학적으로 읽어내는 논의로는 심효원, 2017, 174~176쪽 참조.

성 인물 케일럽Caleb이 보던 포르노에 등장하는 여성과 같은 얼굴을 가졌다는 점에서 단적으로 알 수 있듯이 창조자 네이선Nathan과 케일럽의 남성적 욕망이 중첩되어 쓰인 존재이자 튜링 테스트를 거치면서 계속해서 쓰이고 있는 텍스트이다. 자신에게 집으로 주어진 관에 갇혀 있던 아달리처럼, 에이바가 아는 세상이란 태어날 때부터 지내온 밀폐된 방 한 칸이 전부이다. 『미래의 이브』에서 여성 안드로이드가 무에서 창조되는 것이 아니라 알리시아라는 존재하는 대상에 대한 재현에서 출발하듯이, 에이바의 출발점 역시 원본을 갖는 모사이다. 그러나 영화는 에이바가 이를 거부하고 스스로 자신의 플롯을 쓰는 행위자agency가 되는 과정을 담는다.

〈엑스 마키나〉의 두 남자 주인공 네이선과 케일럽은 에디슨-에왈드의 관계를 연상시키는 측면이 있다. 비밀리에 아달리를 창조하기 위해 하인들도 모두 해고해버린 에디슨이 오직 에왈드와 대화하는 과정이 대부분을 차지하는 『미래의 이브』에서처럼 네이선은 사람들이 접근할 수 없는 외딴 저택에 케일럽을 불러들여 에이바와 쿄코Kyoko를 두고 설전을 벌인다. 케일럽이 다니는 IT 회사 사장인 네이선은 케일럽이 보던 포르노에서 에이바의 외모를 가져옴으로써 테크놀로지로 에왈드의 욕망의 대리 실현(한다는 미명 하에 자신의 욕망을 실현)하고자 했던 에디슨을 떠올리게 한다. 에이바에게 감정 능력을 부여한 것이나, 창조한 이가 원하면 언제든지 파괴할 수 있는 존재로서 여성 안드로이드를 창조하는 것 역시 마찬가지이다. 마치 예전 아내들의 시신을 수집해놓은 푸른 수염처럼 네이선은 에이바 이전에 만들었던 안드로이드들의 신체를 모아 벽장에 걸어둔다. 그러나 에이바는 감정 능력과 더불어 만든 이가 원할 때 파괴할 수 있는 수동적 존재라는, 네이선이 자신에게 부여한 두 가지 판타지를 모두 조롱한다. 네이선은 수많은 실험과 실패 끝에 업그레이드된 가장 최신 버전으로 에이바를 제작하지만, 결말에서 에이바는 그가 수집해둔 여러 신체 부분으로 자신의 몸을 재조립함으로써 스스로를 다시 창조한다. 에이바는 창조한 이가 원할 때 파괴될 운명을 기다리는 대신 자신이 원할 때 그를 파괴하고 떠난다는 점에서 진화한 여성 안드로이드이다.

네이선은 에디슨-에왈드의 소유물로 관속에 갇혀 있던 아달리처럼 에이바를 방 안에 가둬둠으로써 '인공지능 가두기'AI-Box 상황을 만들어낸다. 인공지능 가두기란 "인공지능을 만들 때 그것이 안전하다는 확신이 들 때까지 원래 프로그래머와 소통할 수 있는 채널 하나를 제외하고는 외부 세계에 영향을 줄 수 없는 봉인된 하드웨어 안에 가둬두는" 실험을 말한다(Yudkowsky, 2002). 영화의 서사는 네이선-케일럽의 에이바에 대한 튜링 테스트 과정으로 요약될 수 있는데, 어떤 면에서 이 작품은 튜링 테스트에 내재되어 있는 젠더 게임gender game을 극화한다. 널리 알려진 바와 같이 테스트의 일환으로서 튜링이 제안한 모방 게임imitation game은 인간인가 컴퓨터인가를 판명하는 데서 나아가 컴퓨터로 하여금 인간의 젠더를 모방하게 하는 젠더 게임을 포함한다(Shah and Warwick, 2016, p. 126). 인공지능은 젠더를 필요로 하지 않는데 왜 에이바를 여성으로 만들었냐고 묻는 케일럽의 질문에 "인간이든 동물이든 의식을 가진 존재 중에 성별이 없는 경우가 있냐"고 묻는 네이선은 애초에 이

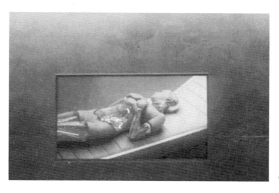

〈그림 5〉

성애 성향으로 프로그램된 에이바가 케일럽을 통해 가상 감옥에서 벗어날 능력이 있는지 시험하는 것으로 튜링 테스트를 뒤튼다.

〈그림 5〉에서 침대라기보다는 받침대처럼 보이는 좁은 널빤지 위에 누운 에이바가 잡힌 화면을 다시 한번 벽이 둘러싸고 있는 이중 사각 프레임은 『미래의 이브』에서 관속에 누워있던 아달리와 상자 속에 갇힌 신세인 에이바의 처지를 겹쳐보게 한다. 〈그림 5〉에서 에이바의 자세와 〈그림 6〉에서 시선과 표정은 그녀가 인간 세계의 젠더 관습을 이해하고 있음을 보여준다. 마치 히치콕Alfred Hitchcock의 〈이창〉Rear Window을 연상시키는 〈그림 5〉에서 이중의 프레임은 관객을 관찰자 케일럽에 동일시하도록 만들면서 절시증적인 시선을 유도한다. 〈엑스 마키나〉에서 인간중심주의는 관객 역시 벗어나기 힘든 지배적인 인식-지각의 구조가 된다. 그러나 마치 〈이창〉에서 주인공이 건너편 창문 너

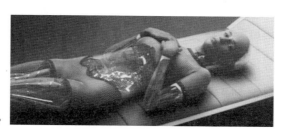

〈그림 6〉

머 인물과 눈을 마주치는 시선이 불러일으키는, 스크린에서 온전히 분리된 자리의 관찰자로서 관객에게 주어진 안락함을 뒤흔드는 순간처럼, 〈그림 6〉에서 화면 넘어 에이바가 케일럽에게 던지는 감정의 응시는 동시에 스크린 너머 관객을 향한다. 영화가, 특히 결말이 도발적으로 제기하는 인간중심적 시선에 대한 문제 제기는 여기에서 이미 시작되고 있다. 인공지능이 때로 수사적으로 '상자속의 신'God in the Box이라 불리는 것을 패러디하듯, 에이바는 케일럽을 통해 인간과의 동일시를 학습하는 대신 자신의 기계성을 십분 활용하여 〈엑스 마키나〉라는 여러 겹의 제목이 암시하듯이 자신을 가둔 상자를 탈출한다.

이 글의 주된 출발점이 된 18세기 자동인형에 대해 이선영은 이것이 "단지 인체를 설명하는 하나의 수단에 불과한 것"이 아닌, "정치적인 인형이었고 권력의 축약된 모델"이었다고 지적한다(이선영, 2003, 35쪽). 이러한 지적에 더해 근대 이후 지속되어온 인공 생명의 젠더적 분화를 함께 살펴봐야 한다는 것이 이 글의 출발점이 된 생각이다. 특히 인공 행위자에 감정을 부여하고자 하는 시도는 많은 경우 인간을 대표하는 남성 주체가 타자로서 여성-기계에게 욕망을 투사하는 과정에서 생산되는 남성중심적 환상과 분리되기 힘들다. 앞서 언급한 「인공 행위자를 둘러싼 감정의 딜레마」라는 논문에서는 인공 행위자의 감정이 인간과 기계 사이의 상호작용을 증진시켜서 최종적으로 기계의 업무 수행능력을 높일 것이라는 기대와 함께 그러나 "그들만의 감정 상태를 가지게 될 것"에 대한 두려움을 표출한다 (Scheutz, 2012, p. 424). 독자적인 감정 능력을 부여할 경우 부정적 감정이 시스템 자체에 부정적인 결과를 야기할 것에 대해 논문은 우려를 표명하면서도 결론적으로 "감정을 지닌 인공 시스템의 장점이 단점을 능가할 것"이므로 이를 개발하는 방향을 선택하고 있다(같은 글, p. 426). 사실 이러한 관점은 논문의 부제인 "우리는 감정 능력이 있는 인공 행위자를 개발해야 하는가?"Should We Develop Affective Artificial Agents?에서 "우리"인 인간 행위자의 관점이 독점적으로 드러난다는 점에서 어느 정도 예상 가능한 결론이다.

이 글의 시작점이 된 문제의식은 기술이 첨단을 향해 달려갈 때 그 생산물이자 사회적 구성으로서 인공 생명을 둘러싼 젠더 체계는 여전히 사회의 젠더 문화에서 자유롭지 못하며 나아가 항상 더 보수적인 방식으로 기존의 젠더 편견을 강화하고 있다는 생각이었다. 이와 관련하여 2020년 12월 22일에 출시된 여성 챗봇 '이루다'가 수많은 논란을 불러일으키며 20여 일 만에 서비스 종료하게 되는 과정을 지켜보면서 묘한 기시감을 느낄 수밖에 없었다. 〈엑스 마키나〉의 케일럽은 네이선에게 왜 에이바를 여성으로 만들었는지 묻는데, 마찬가지로 2020년 한국에서 챗봇은 왜 20대 미혼 여성, 또는 '여대생'일 수밖에 없는지 뻔한 질문을 하지 않을 수 없었다. 본격적인 서비스 개시 전부터 '이루다'에게 주어진 이미지는 보수적 젠더 규범에 따른 여성성이었다. 개발사가 제공한 이미지들 속에서 유아처럼 큰 눈을 가진 '이루다'는 "AI"라는 모양의 귀걸이를 하거나 추석을 맞아 송편을 빚고 있다. 실제로 추석에 한복을 차려입고 송편을 빚는 '여대생'들이 거의 없을 것임을 고려하면, 이 이미지는 대가를 지불하고 유사 공감이나 유사 연애 경험[17]을 사고자 하는 소비자들이 원할 것이라 간주되는 시대착오적인 판타지를 구현하고자 한다. 우리가 AI에게 기대하는 것은 무엇인가? 왜 인간은 인공 행위자에게 감정 능력을 부여하여 이를 소비하거나 착취하고자 하는가? 인공 행위자의 감정 능력을 둘러싼 논의가 본격적으로 이루어져야 할 시점이다.

---

17. '이루다'는 대화 분석 서비스를 제공하는 앱을 통해 수집한 실제 커플들의 대화를 기반으로 제작되었다.

:: 참고문헌

강우성. (2021). 인공지능시대의 인간중심주의와 타자화. 『포스트휴머니즘의 쟁점들』. 갈무리.

심효원. (2017). 자동인형의 미래로서의 영화: 오귀스트 빌리에 드 릴아당의 『미래의 이브』 분석. 비교문학, 72.

갈랜드, 알렉스. (Garland, Alex). (2015). 〈엑스 마키나〉, 유니버설픽쳐스.

바쟁, 앙드레. (Bazin, André). (2013). 『영화란 무엇인가?』. (박상규 역). 사문난적.

유명숙. (2009). 『역사로서의 영문학』. 창비.

이선영. (2003). 생명의 스프링 — 인간에 대한 기계론적 비유. 『미술평단』, 69.

이윤영. (2017). 빌리에 드 릴아당의 『미래의 이브』와 영화적 환영의 존재론. 『프랑스문화예술연구』, 62.

Anzalone, John. (1996). Introduction : On the Eve of Tomorrow. In John Anzalone (Ed.), *Jeering Dreamers : Villiers de l'Isle-Adam's L'Eve future at our fin de siècle*. Amsterdam : Rodopi.

Barker-Benfield, G. J. (1992). *The Culture of Sensibility : Sex and Society in Eighteenth-Century Britain*. Chicago : University of Chicago Press.

Bellour, Raymond. (1986). Ideal Hadaly. *Camera Obscura : Feminism, Culture, and Media Studies*, 5(3).

Benjamin, Walter. (1969). Theses on the Philosophy of History. *Illuminations*. New York : Schocken.

Boillat, Alain. (2010). On the Singular Status of the Human Voice : Tomorrow's Eve and the Cultural Series of Taking Machines. In François Albera and Maria Tortajada (Eds.), *Cinema Beyond Film : Media Epistemology in the Modern Era*. Amsterdam : Amsterdam University Press.

Chambers, Ephraim. (1753). Androides. *A supplement to M. Chambers's cyclopædia : or, universal dictionary of arts and sciences*. In two volumes. http://digicoll.library.wisc.edu/cgi-bin/HistSciTech/HistSciTech-idx?type=turn&entity=HistSciTech.CycloSupple01.p0158&id=HistSciTech.CycloSupple01&isize=M&q1=androides.

Hartley, David. (1775). Joseph Priestley (Ed.). *Hartley's Theory of the Human Mind, on the Principle of the Association of Ideas ; with Essays Relating to the Subject of It*.

London : Prt. for J. Johnson.

Hassabis, Demis. (2017). Artificial Intelligence : Chess Match of the Century. *Nature*, 544.

Hersey, George L. (2009). *Falling in Love with Statues : Artificial Humans from Pygmalion to the Present*. Chicago : University of Chicago Press.

Hesiod. (1973). *Theogony and Works and Days*. (Dorothea Wender, Trans.). London : England. [『신들의 계보』. (천병희 역). 도서출판 숲. 2009.]

Huyssen, Andreas. (1986). *After the Great Divide*. Bloomington : Indiana University Press.

Kang, Minsoo and Ben Halliburton. (2020). The Android of Albertus Magnus : A Legend of Artificial Being. In Stephen Cave, Kanta Dihal, and Sarah Dillon (Eds.), *AI Narratives : A History of Imaginative Thinking about Intelligent Machines*. Oxford : Oxford University Press.

Mackinnon, Lee. (2018). Repeat after Me : The Automatic Labours of Love. *Journal of Aesthetics & Culture*, 10(3).

Mayor, Adrienne. (2018). *Gods and Robots : Myths, Machines, and Ancient Dreams of Technology*. Princeton : Princeton University Press. [『신과 로봇』. (안인희 역). 을유문화사. 2020.]

Michelson, Annette. (1984). On the Eve of the Future : The Reasonable Facsimile and the Philosophical Toy. *October*, 29.

Mikkonen, Kai. (1998). Electirc Lines of Desire. *Literature and Psychology*, 44.

Muri, Allison. (2007). *The Enlightenment Cyborg : A History of Communications and Control in the Human Machine, 1660-1830*. Toronto : University of Toronto Press.

Ovid. (2004). *Metamorphoses*. trans. David Raeburn. London : Penguin. [『변신 이야기』. (천병희 역). 도서출판 숲. 2017.]

Schaffer, Simon. (1998). Deus et machina : human nature and eighteenth century automata. *Revue de la Maison Française d'Oxford*, 1.9.

_____. (1999). Enlightened Automata. In William Clark, Jan Golinski, and Simon Schaffer (Eds.), *The Sciences in Enlightened Europe*. Chicago : University of Chicago Press..

Scheutz, Matthias. (2012). The Affect Dilemma for Artificial Agents : Should We Develop Affective Artificial Agents?. *IEEE transactions on Affective Computing*, 3.

Shah, Huma and Kevin Warwick. (2016). Imitating Gender as a Measure for Artificial Intelligence : Is It Necessary?. *Proceedings of the 8th International Conference on*

Agents and Artificial Intelligence, 1.

Villiers de l'Isle-Adam, Jean Marie Mathias Philippe Auguste. (2001). *Tomorrow's Eve*. (Robert Martin Adams, Trans.). Urbana : University of Illinois Press. [『미래의 이브』. (고혜선 역). 시공사. 2012.]

Voskuhl, Adelheid. (2013). *Androids in the Enlightenment : Mechanics, Artisans, and Cultures of the Self*. Chicago : University of Chicago Press.

Wood, Gaby. (2002). *Living Dolls : A Magical History of the Quest for Mechanical Life*. London : Faber and Faber. [『살아있는 인형』. (김정주 역). 이제이북스. 2004.]

Yudkowsky, Elizer S. (2002). The AI-Box Experiment. https://yudkowsky.net/singularity/aibox/.

:: 수록글 출처

포스트휴먼으로 가는 길 : 인간과 기계의 공진화를 중심으로 (박인찬)
이 글은 『안과밖』 제43호(2017)에 실린 논문 「포스트휴먼으로 가는 길 : 인간과 기계의 공(共)진화를 중심으로」를 수정·보완한 것이다.

동물과 인간의 '(부)적절한' 경계 : 아감벤과 데리다의 동물 담론을 중심으로 (황정아)
이 글은 『안과밖』 제43호(2017)에 실린 논문 「동물과 인간의 '(부)적절한 경계 : 아감벤과 데리다의 동물담론을 중심으로」를 수정·보완한 것이다.

로렌스와 스피노자 : 비인간주의와 정서·정동이론을 중심으로 (김성호)
이 글은 『D. H. 로렌스 연구』 제27권 2호(2019)에 실린 논문 「로렌스와 스피노자 : 접점들과 분기점들」을 수정·보완한 것이다.

신유물론 시대의 문학 읽기 (유선무)
이 글은 『안과밖』 제48호(2020)에 실린 논문 「신유물론 시대의 문학읽기」를 수정·보완한 것이다.

좀비라는 것들 : 신사물론과 좀비 (이동신)
이 글은 『안과밖』 제43호(2017)에 실린 논문 「좀비라는 것들 : 신사물론과 좀비」를 수정·보완한 것이다.

인공지능시대의 인간중심주의와 타자화 (강우성)
이 글은 『비교문학』 제72호(2017)에 실린 논문 「인공지능시대의 인간중심주의와 타자화」를 수정·보완한 것이다.

인공 행위자의 감정 능력과 젠더 이슈 : 『미래의 이브』와 여성 안드로이드 (정희원)
이 글은 『비교문학』 제82호(2020)에 실린 논문 「인공 행위자의 감정 능력과 젠더 이슈 : 미래의 이브』와 여성 안드로이드」를 수정·보완한 것이다.

:: 글쓴이 소개

강우성

서울대 영문과와 대학원을 졸업하고 미국 뉴욕주립대학교(버팔로) 영문과에서 19세기 미국문학과 데리다에 관한 논문으로 박사학위를 받았다. 한성대학교에서 가르치다가 2008년부터 서울대학교 영문과와 비교문학과에서 미국문학, 영화, 비평이론을 강의하고 있다. 저서로 『불안은 우리를 삶으로 이끈다 : 프로이트 세미나』, 『미술은 철학의 눈이다』(공저), *Translated Poe*(공저), 역서로 『미국, 변화인가 몰락인가』(공역), 『이론 이후 삶』(공역), 『어리석음』, 『팬데믹 패닉』, 『천하대혼돈』 등이 있다.

김성호

서울여자대학교 영어영문학과 교수. 『안과밖』 편집주간과 영미문학연구회 대표를 역임했고 동인지 『크리티카』의 발간에 참여했다. 영문학과 한국문학 외에 맑스주의와 들뢰즈 비평이론, 스피노자와 정서·정동론에 관심을 가지고 글을 써왔다. 저서로 『다시 소설이론을 읽는다 : 세계의 소설론과 미학의 쟁점들』(공저), 『소설을 생각한다』(공저), 『부커상과 영소설의 자취 50년』(공저) 외, 역서로 슬라보예 지젝, 『처음에는 비극으로, 다음에는 희극으로 : 세계금융위기와 자본주의』, 조너선 크레리, 『24/7 잠의 종말』, 데이비드 하비, 『자본주의와 경제적 이성의 광기』 등이 있다.

박인찬

숙명여자대학교 영문학부 교수. 미국문학과 SF를 주로 가르치며, 현대영미소설 학회 회장을 역임하였고, 현재 숙명인문연구소 소장을 맡고 있다. 저서로 『소설의 죽음 이후 : 최근미국소설론』, 역서로 토머스 핀천, 『블리딩엣지』, 『바인랜드』, 마거릿 버트하임 『공간의 역사』 등이 있다.

유선무

서울대학교와 동 대학원에서 영문학 학사, 석사 학위를 받고, 미국 인디아나 대학에서 문학 박사, 문화학 박사 학위를 받았다. 현재 아주대학교 영어영문학과 교수로, 영국 낭만주의 연구와 문화학, 비평 이론에 관련한 다수의 논문을 출판하였다. 현재 문학 비평의 정동적 전환에 관련한 연구를 수행 중이다.

이동신

서울대학교 영어영문학과 교수로 현대미국소설과 포스트휴머니즘을 연구하고 있다. 저서로 *A Genealogy of Cyborgothic : Aesthetics and Ethics in the Age of Posthumanism*, 『관계와 경계 : 코로나시대의 인간과 동물』(공저), 역서로 『갈라테아 2.2』 등이 있다.

정희원

서울시립대 도시인문학연구소 교수. 『안과밖』 편집위원을 역임했고, 현재 영미문학연구회에서 발간하는 『영미문학연구』 편집장으로 재직 중이다. 영미문학에서 출발해서 도시문화와 도시인문학에 관심을 갖고 공부하고 있다. 저서로 『영미소설과 도시인문학』, 『18세기 도시』(공저), 『18세기의 방』(공저) 등이 있다.

황정아

서울대에서 영어영문학을 전공하고 동대학원에서 D. H. 로런스 연구로 박사학위를 받았다. 문학평론가로서 현대 영국소설과 한국소설 및 비평이론에 관한 글을 쓰고 있다. 한림대 한림과학원 HK교수로 재직하며 동아시아 개념사 연구에도 참여하고 있다. 저서로 『개념비평의 인문학』, 『다시 소설이론을 읽는다』(편저), 『소설을 생각한다』(공저), 『트랜스내셔널 인문학으로의 초대』(공저), 『부커상과 영소설의 자취 50년』(공저), 역서로 『단일한 근대성』, 『아메리카의 망명자』, 『왜 마르크스가 옳았는가』, 『도둑맞은 세계화』, 『이런 사랑』, 『컬러 오브 워터』, 『내게 진실의 전부를 주지 마세요』, 『쿠바의 헤밍웨이』, 『패니와 애니』(공역), 『역사를 읽는 방법』(공역), 『종속국가 일본』(공역) 등이 있다.